图书在版编目（CIP）数据

段玉裁古音学谐声原理研究／杜恒联著.—北京：中国社会科学
出版社，2019.11

ISBN 978－7－5203－5024－2

Ⅰ.①段…　Ⅱ.①杜…　Ⅲ.①汉语—古音—研究　Ⅳ.①H11

中国版本图书馆 CIP 数据核字（2019）第 200650 号

出 版 人	赵剑英	
责任编辑	刘　艳	
责任校对	陈　晨	
责任印制	戴　宽	

出　　　版	中国社会科学出版社
社　　　址	北京鼓楼西大街甲 158 号
邮　　　编	100720
网　　　址	http://www.csspw.cn
发 行 部	010－84083685
门 市 部	010－84029450
经　　　销	新华书店及其他书店

印刷装订	北京市十月印刷有限公司
版　　　次	2019 年 11 月第 1 版
印　　　次	2019 年 11 月第 1 次印刷

开　　　本	710×1000　1/16
印　　　张	15.25
插　　　页	2
字　　　数	235 千字
定　　　价	86.00 元

总　序

　　亭林先生顾炎武"古人之所未及就，后世之所不可无"已成著述者孜孜以求之境界，虽不能，亦向往之。著述辛劳，非亲历者不能体会，于青年学者、学术后进尤为如是。山西师范大学作为山西省人文学科研究的重要阵地，对弘扬山西文化，推动山西人文学科演进发挥了重要作用，文学院作为山西师范大学最大的文科学院之一，集聚了来自海内多所知名高校、科研院所的优秀博士，特别是最近几年，同师大一道，文学院步入快速发展轨道，一批批青年学者来此执教。师大幸甚、学院幸甚！

　　作为地方高师院校，教学任务繁重，然教师以教书育人、著文立言为要务，著文立言为教书育人之总结和升华，二者不可偏废。丛书的作者们大多初登杏坛，大部分时间都给予了课堂、学生，教学之余对或在即有研究基础上锐意进取，或于教学之中笔记碰撞、感悟，终有所获。经年累月，终成此中国语言文学系列著作，内容囊括音韵、文字、艺术、小说、文化、诗歌等领域，为文学院学科建设一大功效。观其书，皆以已精力成之，虽小有舛漏，但不碍达其言，读之"足以长才"，足矣！

　　文学院向以鼓励、资助教师学术研究、学术出版为任，2018年适逢山西师范大学、山西师范大学文学院六十周年庆典，在学校的大力支持下，学院前后奔走，幸蒙中国社会科学出版社大力支持，促成此系列著作的出版。该丛书不仅是学院教师学术研究的一次总结和集中呈现，也是学院学科建设的阶段性成果，更是学院教师们送给学校、学院六十周年庆典的一份不腆之仪。

　　山西师范大学地处临汾，为上古尧王建都之所，董仲舒注《周礼》

"掌成均之法，以治建国之学政，而合国之子弟焉"条，曰：成均，五帝之学。可知尧时已有学堂。文学院追慕上古先贤，设"尧都大讲堂"为学院系列学术讲座、学术活动之共名，"'尧都学堂'青年学者论丛"亦由是得名。书成，为小序，以继往而开来。

赵变亲

2018 年 5 月 16 日

目　　录

第 一 章

绪　论

段玉裁，清代金坛县（今江苏省金坛市）人，字若膺，号茂堂，生于雍正十三年，卒于嘉庆二十年，历雍正、乾隆、嘉庆三朝，享年八十有一。段氏少受庭训，长而受业于戴震，一生研究文字、古音、经学，孜孜不倦，著述不辍。他的古音学研究取得了极高的成就，上承顾炎武、江永，下启孔广森、江有诰，划古韵为十七部，奠定了古韵分部的基本框架；他的古音学思想丰富深刻，沾溉后人，影响深远。他的《说文解字》[1]，贯通形音义，创获甚多，为文字学巨著。

第一节　段玉裁生平

我们根据刘盼遂《段玉裁先生年谱》[2]，可以大致了解段玉裁的生平。清世宗雍正十三年乙卯，段玉裁出生于江苏省金坛县大坝头村。金坛地处茅山东麓，距古城南京八十五公里，历史悠久，人杰地灵。段玉裁的曾祖父名叫段武，祖父名叫段文，二人都是邑庠生，即县学的生员，俗称秀才，按规定，他们需自己拿钱读书。段文生段世续，段世续就是段玉裁的父亲。段世续字得莘，和他祖、父一样，也是秀才，不过他是邑廪生，待遇比庠生高一些，每月由官府供给粮米鱼肉。段家祖孙三代都是读书人，可谓书香门第，不过他们是普通的耕读人家，生活拮据，刘盼遂《段玉裁先生年谱》（以下简称《年谱》）以"食贫""赤贫"形

---

① 段玉裁：《说文解字》，上海古籍出版社 1988 年版，以下简称《段注》。

② 刘盼遂：《段玉裁先生年谱》，天津古籍书店 1982 年版。

容。祖孙三人功名蹭蹬，都终生没有中举。秀才不中举，只好做塾师。段文、段世续父子即以授徒为生，每岁所得脩脯数十两，量入为出，艰难度日。

段玉裁出生的第二年，雍正皇帝突然死去，转年即乾隆元年，段玉裁赶上乾隆盛世，成就了他乾嘉大师的美名。乾隆五年，古稀之年的祖父亲自为长孙段玉裁发蒙，不幸的是，祖父于这一年的九月二十日去世。次日，祖母亦辞世。乾隆七年，段玉裁八岁，跟随四叔祖父季逊公读胡安国《春秋传》，第二年，改从自己的父亲为师。父亲以读经、科举为人生的两大航标，他对段玉裁朝夕课读，督教甚严。段玉裁天资聪颖，学习勤奋，十二岁就成为邑庠生，江苏学使者博野尹元孚赞叹他"孺子可教"，并"赐饭宠异之"①。

弱冠之年，段玉裁认识了一位名叫蔡一帆的先生。蔡一帆比段玉裁的父亲年长十岁，他不但读写八股，追求功名，而且擅长书法，精通词律。段玉裁从他学习音律，"始知古韵大略"②。大约在乾隆二十年，段玉裁和弟弟段玉成前往扬州安定书院深造，在这里，段玉裁结识了不少学友，如赵翼、孙星衍、洪亮吉等，这些人后来都成了乾嘉学坛上闻名后世的学者。

乾隆二十五年，段玉裁二十六岁，参加江苏庚辰恩科乡试，高中举人，完了祖、父的夙愿，欣喜之情自不待言。依照惯例，段玉裁前往京城拜见座师钱汝同。钱汝同非常器重段玉裁，让他住在自己家里。钱家藏书极富，段玉裁博览之际，看到了顾炎武的《音学五书》，"惊其考据之博衍，始有意于音均之学"③。此次钱家之行，竟成了段玉裁后来攻治古音学的契机。

乾隆二十六年春天，段玉裁赴京参加会试，失意落第。虽然没有考中进士，但在景山万寿殿官学谋得教习之职。在北京任教期间，段玉裁结识大学者戴震并拜其为师，这一事件成为清代学术史上的一段佳话。

戴震（1724—1777年），安徽休宁人，生于雍正二年。家境贫寒，却

---

① 刘盼遂：《段玉裁先生年谱》，乾隆十二年丁卯。
② 同上书，乾隆十九年甲戌。
③ 同上书，乾隆二十五年庚辰。

幼时立志，孜孜向学，且不盲目信古，勇于质疑问难。大约二十岁时，戴震拜徽州府婺源硕儒江永为师，江永于经学、天文、地理、律历、数学俱有精深研究，尤其擅长音韵学。戴震受江永指教，学问大进，曾协助晚年的江永撰作古音学著作《古韵标准》。二十二岁，戴震写成《筹算》，二十三岁写成《六书论》，二十四岁写成《考工记图注》，二十五岁写成《转语》，二十七岁写成《尔雅文字考》，三十岁写成《屈原赋注》，此时就已经成为学界大儒，闻名遐迩了。三十一岁写成《诗补传》，三十二岁写成《勾股割圜记》《周礼太史正岁年解》，三十八岁写成《原善》上、中、下三篇。乾隆二十七年，戴震三十九岁时参加江南乡试中举，第二年春，赴京会试不第，滞留于京，居住新安会馆。正在景山万寿殿官学做教习的段玉裁闻声拜访，并聆听戴震讲学。当时段玉裁在学术上还无建树，他被戴震的渊博学识和学术成就深深折服，决心拜戴震为师。这年夏季，戴震回乡，段玉裁去信问安，以弟子署款。戴震比段玉裁年长十一岁，但段玉裁早戴震两年中举，按当时的世风，先中者是年兄，后中者是年弟，所以戴震谦让未遑，坚决不允。段玉裁拜师决心已定，他恭恭敬敬地抄写戴震的著作，执弟子礼甚谦。

乾隆三十二年，段玉裁任教期满，五月出都，归家后与弟段玉成将《毛诗》细加研究，发现顾炎武、江永所分古韵还有不完满之处，于是划古韵为十七部，开始着手写作《诗经韵谱》《群经韵谱》，这应当是段玉裁不带功利目的的学术研究之始。乾隆三十四年春，段玉裁和戴震入京参加会试，均未中。段玉裁执弟子礼更谨，戴震感到段玉裁拜师之真诚，许以师弟相称。乾隆三十四年夏，段玉裁随戴震往山西修方志。秋冬之际，段玉裁回到京师，寓居法门寺旁边的莲花庵内，生活甚窘，曾向戴震告贷，可见二人情谊之深。趁此机会，段玉裁为他先前作的《诗经韵谱》《群经韵谱》作注。《诗经韵谱》《群经韵谱》是他的古音学名著《六书音均表》①的重要组成部分。《六书音均表》卷首作于乙未年（乾隆四十年）的《寄戴东原先生书》说：“成《诗经韵谱》《群经韵谱》各一帙。己丑再至都门，程蕺园舍人赏之。弟其书简略，无注释，不可读，是年冬寓法源寺侧之莲花庵，键户烧石炭，从邵二云孝廉借书，竟为注

---

① 段玉裁：《六书音均表》，中华书局 1983 年版。又附于《说文解字注》后。

释，每一部毕，孝廉辄取写其福。至庚寅二月书成，钱辛楣学士以为凿破混沌，为作序。"

乾隆三十五年春，段玉裁铨授贵州玉屏县知县。当时的玉屏是一个经济文化都很落后的荒僻山区，但段玉裁欣然赴任。两年以后，他"以诖误入都"①，冤屈莫白。云贵总督审查了段玉裁的诉状，认为处理过重，向朝廷申奏，朝廷发段玉裁往四川候补。段玉裁到四川后，先被派到富顺县权知县事，不久又被派去督理化林坪站务。乾隆三十九年九月，又受令署理南溪县事，乾隆四十年，又被派往富顺署理县事。几年的代理知县，段玉裁身心俱疲，他看到仕途险恶，退隐之意就此萌生。其间发生了"金川叛乱"。"金川叛乱"是指乾隆三十六年，大金川土司索诺木与小金川土司僧格桑相勾结，发动叛乱，清朝政府于乾隆四十一年将其平定。段玉裁督理化林坪站务，处身兵火，督运粮草，尽职尽责。政事余暇，则殚精竭虑，在《诗经韵谱》《群经韵谱》的基础上撰写《六书音均表》。他在《寄戴东原先生书》中说："王师申讨金酋，储偫挽输，无敢稍懈怠，然每处分公事毕，漏下三鼓，辄篝镫改窜是书以为常。今年夏六月，偕同官朱云骏入报销局，兴趣略同，暇益潜心商订，九月书成。"此信是乾隆四十年所写，可知《六书音均表》于乾隆四十年完成，段玉裁是年四十一岁。翌年，《六书音均表》刻成于四川。此后《六书音均表》未再重刻，所以其中的一些错误未及修正。

戴震甚为段玉裁的境况担忧。乾隆四十一年，戴震致书段玉裁说："金川平后，何不获吾友一信，悬念之至兹。"②师友之情，一何眷眷。同年春，戴震作《答段若膺论韵》长篇论文，对段玉裁的《六书音均表》作全面评价。戴震语言恳切，剖析毫厘，时有真知灼见。然而没有想到，第二年，即乾隆四十二年，戴震遽然逝世。段玉裁痛失良师，万分悲痛。秋天，段玉裁专程派人前往安徽，厚赠戴震遗属。转年十月，段玉裁又亲撰祭文，派县役往戴震灵前祭奠。在祭文中，段玉裁历叙与老师的桩

---

① 刘盼遂：《段玉裁先生年谱》，乾隆三十七年壬辰。
② 同上书，乾隆四十一年丙申。

桩往事，备极哀伤。以后，段玉裁"朔望必庄诵东原手札一通"[1]，虽到老年，每逢有人说到戴震名讳，必垂拱而立，肃然而敬。段玉裁对戴震的感念持续了整整一生。

在权知任上，段玉裁勤于政务，体察民情，又表彰节烈之女和经传之士，官声甚著。乾隆四十三年，段玉裁正式授任巫山知县。乾隆四十五年，段玉裁在任上突然称疾挂冠，结束了十年的官宦生涯，归田隐居，准备集中精力，从事自己喜爱的学术事业。

段玉裁辞官回家，路过南京，专程往钟山拜访钱大昕。钱大昕字晓征，一字辛楣，号竹汀，出生于雍正六年，比段玉裁大七岁，江苏嘉定人，乾隆十九年进士，官至詹事府少詹氏。乾隆三十八年，以丁父忧归隐，居家三十余年，主讲紫阳、钟山、娄东三书院，为当时硕儒名师。乾嘉学者大都研究古韵学，钱大昕独对古声母有精到发现，他提出的"古无轻唇音""古无舌上音"为不刊之论。钱大昕和段玉裁一见如故，结下终身之谊。回到金坛老家，段玉裁又结识了许多著名学者，如王念孙、姚鼐、阮元、黄丕烈、邵晋涵、卢文弨、金榜、刘端临等，段玉裁和他们结为知交，一起切磋砥砺，学问精进。此时，段玉裁已经成为学海砥柱，很多后生学者慕名向风，前来拜识，其中顾广圻是最突出的一个。顾广圻字千里，江苏元和人，乾隆三十一年出生，是著名汉学家江声的高足。他学问淹博，尤其精于校勘。顾广圻非常崇拜段玉裁，段玉裁也非常赏识顾广圻，顾广圻遂请业于段，二人成了师徒关系。

嘉庆六年，阮元在浙江任上开设《十三经》局校勘《十三经》，力聘段玉裁主持。虽然段玉裁正在撰写《说文解字注》，但是也欣然应允。段玉裁主持《十三经》的校勘，尽职尽责，呕心沥血，为中国的传统文化事业做出了巨大的贡献。

段玉裁把顾千里推荐给阮元，阮元便请顾千里入局主持校勘《毛诗》。令段玉裁想不到的是，顾千里入局后，二人每每在学术问题上意见相左，时起纷争，间有意气之言，嫌隙日滋。嘉庆八年秋，顾千里愤然离开校书局。痛悔之余，段玉裁开始了对顾千里长达三年的笔伐，顾千

---

① 段玉裁：《祭戴东原先生文》，现载道先七叶衍祥堂本《经韵楼集》第四册第七卷，第50页。

里也予以反击，段、顾之争震动了当时的学坛。这个事件显示了段玉裁性格的自信刚强，也说明了段玉裁作为大师，宇量不够博大。

段玉裁一生的心血之作是《说文解字注》。他于乾隆四十一年《六书音均表》付梓后开始编纂长编性质的《说文解字读》，历时十九载，至乾隆五十九年告成，共五百四十卷。继而以此为基础，加工精练，又历时十三载，于嘉庆十二年完成，定名《说文解字注》。以后又过了八年，直到嘉庆二十年，才得以刊行。从属稿到付印，前后达四十年之久。段玉裁最后的二十年身体状况欠佳，为病痛所困，《说文解字注》的撰写工作几度辍而复作，历尽艰辛。乾隆五十八年，段玉裁给刘端临写信叙述自己的状况说："数年来心事沉郁，故今夏病虽不重，而精力大改，兼之背痛，斯惧《说文》等书不能成。"① 到嘉庆元年时，《说文解字注》仅仅完成第二篇的上卷。嘉庆二年正月，段玉裁又大病二十余天，待身体稍好，他又投入《说文解字注》的撰作。嘉庆五年，段玉裁六十六岁，身体虚弱，手无握管之力，但仍然坚持工作。嘉庆六年，段玉裁的曾孙出生，段玉裁的父亲尚在，于是段家五世同堂，嘉庆皇帝赐"七葉衍祥"匾。但从这年春天开始，段玉裁又疾病加重，担心《说文解字注》难以完成，他打算让王引之把剩下的部分注完，把信寄出后，王引之"竟无回书"②。段玉裁只好抛掉幻想，力疾而书。嘉庆十二年，《说文解字注》三十卷全部写成。嘉庆二十年五月，段玉裁八十一岁，《说文解字注》全部刊成，九月段玉裁去世。段玉裁为学术事业贡献了毕生的精力和才智。

第二节　段玉裁古音学著作简介

清代古音学取得了辉煌的成就。王国维在《周代金石文韵读序》中说："古韵之学，自昆山顾氏，而婺源江氏，而休宁戴氏，而金坛段氏，而曲阜孔氏，而高邮王氏，而歙县江氏，作者不过七人，然古音二十二部之目遂令后世无可增损。故训诂名物文字之学有待于将来者甚多，至古韵之学，谓之前无古人，后无来者，可也。原斯学所以能完密至此者，

---

① 刘盼遂：《段玉裁先生年谱》，乾隆五十八年癸丑。
② 同上书，嘉庆七年壬戌。

以其材料不过群经诸子及汉魏有韵之文，其方法则皆因乎古人用韵之自然而不容以后说私意参乎其间；其道至简，而其事有涯，故不数传而遂臻其极也。"[①] 王国维所说的七人，在研究古音学上都取得了卓越的成绩。顾炎武是古音学的奠基人，江有诰是古音学的集大成者。段玉裁则承前启后，划古韵为十七部，构建了古韵分部的基本框架，后人只是在他的基础上做增减和修正工作。他又提出了很多古音学思想，博大精深，启牖后人。如他的古无去声说，启迪后人进一步研讨汉语声调的起源和演变。他的同声必同部说，网罗所有先秦汉字入古韵系统，对明文字通假、通经传训诂，功莫大焉。

段玉裁中岁解绶，致力于小学和经学研究，勤耕砚田，著述丰富。据刘盼遂《先生著述考略》（附于《段玉裁先生年谱》后）统计，段氏遗著共有三十多种，其中古音学及涉及古音学的论著有八种，《六书音均表》和《苔江晋三论韵》是古音学专著，训诂文字类著作如《毛诗故训传定本》《诗经小学》《周礼汉读考》《仪礼汉读考》《说文解字注》等也包含很多古音学资料，文集《经韵楼集》《经韵楼集外编》亦有论韵之作，如《苔丁小山书》。

《六书音均表》是段玉裁早期最重要的古音学著作。乾隆二十五年段玉裁中举，同年赴京拜见座师钱汝同，并住在钱家，得见顾炎武《音学五书》，惊叹不止，遂有意于古音之学。乾隆三十二年，段氏在景山万寿殿官学任教期满回乡，与弟段玉成对《毛诗》细加绅绎，发现顾炎武、江永的古韵分部尚有不完密之处，于是划古韵为十七部，开始撰写《诗经韵谱》《群经韵谱》。乾隆三十四年秋冬之际，段氏在寓居京师法门寺旁的莲花庵内，为《诗经韵谱》《群经韵谱》作注。第二年二月书成，钱大昕为之作序。乾隆三十八年，段氏督理化林坪站务，公事之余，在《诗经韵谱》《群经韵谱》的基础上写作《六书音均表》，乾隆四十年九月书成，翌年刻成于四川。此书五万二千三百二十五字，蕴含丰富，成为清代古音学的一部名著。

关于《六书音均表》的体例和结构，段玉裁在《寄戴东原先生书》

---

① 王国维：《周代金石文韵读序》，载王国维《观堂集林》卷八，中华书局 1959 年版，第394 页。

中这样表述："一曰《今韵古分十七部表》，别其方位也。二曰《古十七部谐声表》，定其物色也。三曰《古十七部合用类分表》，洽其旨趣也。四曰《诗经韵分十七部表》，庐其美富也。五曰《群经韵分十七部表》，资其参证也。"

关于《六书音均表》的名称意义和编撰意图，段玉裁在《寄戴东原先生书》中说："改名曰《六书音均表》。《鹖冠子》曰：'五声不同均。'成公绥曰：'音均不恒。'陶者以钧作器，乐者以均审音。十七部为音均，音均明而六书明，六书明而古经传无不可通。玉裁之为是书，盖将使学者循是以知假借转注，而于故经传无疑义。"卷首序文说："曰：是书何以作？读之将何用也？曰：是书为古音而作也。古今语言不同，古音不明，不独三代秦汉有韵之文不能以读，其无韵之文假借转注音义不能知。立乎今日，而译三代秦汉之音，是书为之舌人也。""其言表，何也？曰：暴诸外以示人也，是太史公十表之义也。其言音均，何也？曰：古言均，今言韵也。韵韵皆不见于《说文》。而韵字则见于薛尚功所载曾侯锺铭是也。其冠以六书何也？曰：知此而古指事、象形、谐声、会意之文举得其部分，得其音韵，知此而古假借转注举可通。故曰六书音均表也。"段氏著此书的目的就是首先划定古韵十七部，然后把所有先秦文字依据同声必同部的原则归入这十七部，而所有文字可用六书理论来概括，故言"六书音均表"，且"六书明而古经传无不可通"，可见此书的目的就是以语音明文字，以文字明训诂，以训诂明圣贤经传。段玉裁的个人目的是为解经服务，然而客观的结果是段氏根据事实材料归纳出古韵十七部，这不也是语言研究吗？

关于此书与古音的关系，王念孙在此书卷首《说文解字序》中说："《说文》之为书，以文字而兼声音训诂者也。凡许氏形声读若，皆与古音相准，或为古之正音，或为古之合音，方以类聚，物以群分，循而考之，各有条理。不得其远近分合之故，则或执今音以疑古音，或执古之正音以疑古之合音，而声音之学晦矣。……吾友段氏若膺，于古音之条理，察之精，剖之密，尝为《六书音均表》立十七部以综核之。因是为《说文注》，形声读若，一以十七部之远近分合求之，而声音之道大明；于许氏之书正义借义，知其典要，观其会通，而引经与今本异者，不以本字废借字，不以借字易本字，揆诸经义，例以本书，若合符节，而训诂之道大明。"段玉裁给《说文解字注》中每个汉字都注明了古韵部，并且增删篆体，改动说解，阐明音义联系，校正衍夺讹误。但是段氏的古韵十七部尚未臻于完密，还没有做出和采用他晚期《荅江晋三论韵》中所做的修正，所以他的改动和音注中也有可商榷之处。

《荅江晋三论韵》① 是段玉裁晚期一篇重要的古音学论文，长达五千余言。嘉庆壬申三月段氏已 78 岁高龄，江有诰寄书于段玉裁，说"敢为先生诤臣"，对《六书音均表》"献其疑焉"②。信中，江有诰对《六书音均表》以下观点或问题提出了疑问和匡正。（一）合韵说。江有诰认为"近者可合，而远者不可合也"。（二）宵部无入。江有诰认为宵部有入。（三）侯部无入。江有诰认为应该割幽部之入之半为侯部之入。（四）侵谈两部的《广韵》离析。段氏以《广韵》侵盐添三韵（举平以该上去入）为第七部，其余覃谈六韵为第八部。江有诰以侵覃两韵为第七部，其余谈盐七韵为第八部，并改占、乏及从占、乏声之字入第八部。（五）以质承真。江有诰认为应以质和物合部承脂。（六）月物合部，以承脂部。江有诰认为月物应分部，物承脂，月部独立。（七）以缉承侵，以盍承谈。江有诰认为侵缉应分立，谈盍应分立。（八）真文分立。江有诰认为真文应合部③。江氏除第八条外，都有道理。尤其是（二）、（三）、（七）条，已经成为不易之论。段玉裁逐条答辩，只完全采纳了江氏的第二条。对于第六条，他只承认月物分立，但坚持以月承脂。另外在信中，段氏还谈到了江氏不及见的一点，就是他赞成孔广森的东冬分部。段氏很有学术品格，对于后进江有诰的匡正，他认为对的，屈己从之，他认为错的，则摆事实，申音理，没意气之言，有长者之风。

---

① 段玉裁：《荅江晋三论韵》，载江有诰《江氏音学十书》卷首，上海古籍出版社 1996 年版。

② 江有诰：《寄段茂堂先生书》，载江有诰《江氏音学十书》卷首。

③ 《江氏音学十书》卷首所附的《寄段茂堂先生书》没有关于真文一段讨论。段氏在《荅江晋三论韵》中引述了江氏的原话："足下又曰：'表分真谆为二，某尝遍考三代有韵之文，皆不能合，惟《三百篇》差近。然其中不合者亦有数章，表中未之录耳。'"江氏后从段氏真文分部之说。

第三节 段玉裁古音学研究史简述及 本书研究重点

段玉裁的《六书音均表》诞生后，立即引起了学术界的关注、评论和匡正。涉及论段的著作有：戴震的《苔段若膺论韵》，王念孙的《与李方伯书》《〈六书音均表〉书后》，张惠言、张成孙的《谐声谱》，刘逢禄的《诗声衍序》《诗声衍条例二十有一则》，江有诰的《寄段茂堂先生书》，傅寿彤的《古音类表》，张行孚的《说文审音》等。其中戴、江的两封信研究段氏较为集中。江氏对段氏的评论已见上述。戴震对《六书音均表》的评论也很重要。《六书音均表》于乾隆四十年完成，乾隆四十一年刻成于四川，同年春，戴震作《苔段若膺论韵》，对段氏多所匡正。戴震之文长达数千言，对段氏的古韵分部和古音思想进行了全面评论，也阐述了自己的古韵分部主张和古音学思想，有精到见解，也有错误观点。

还有一类学者重在检讨各家古音学说的得失，如许桂林的《许氏说音》、胡秉虔的《古韵论》、夏炘的《诗经廿二部古音表集说》、夏燮的《述韵》、庞大堃的《古音辑略》、龙启瑞的《古韵通说》等书，都把段玉裁作为重要的研究对象。总的来说，清代学者对段氏的古韵分部的得失已经有了较为全面的认识，主要成就如支脂之三分、侯部独立、真文分部已为大多数学者肯定和接受，段氏分部中的错误如宵部无入、侯部无入、月物不分、以质承真、支歌同入等已被揭示。

从20世纪初到20世纪70年代末，古音学的研究重点转到了古音构拟。先后出现了董同龢、陆志韦、王力、周法高、李方桂等几家有代表性的古音构拟学说，而古韵分部工作以王力提出脂微分部而宣告结束。这个阶段的学者掌握了现代语言学先进的理论、方法和工具，拥有现代语言学最新的研究成果，他们研究段玉裁，其深度自非清人可比。比如王力的《汉语音韵学》《清代古音学》《中国语言学史》等著作，站在古韵三十部的高度审视段氏学说，评价深刻公正。周祖谟作《古音有上去二声说》，倡古有四声说，兼评段氏的古无去声论，材料翔实，逻辑严密。董同龢的《段玉裁的古音学》，将古音构拟的成果引入段氏古音学研究中，别具新意。

从二十世纪八十年代到现在，古音学研究领域开辟出新天地。此时古韵三十部已成定论，虽然有学者如史存直、汪寿明对支脂之三分、冬部独立等提出过疑问，但都不足以改变大局。段玉裁对声母的研究以前少有人提及，此时期如赵克刚的《段玉裁对上古声母系统的研究》、朱承平的《段玉裁的古声类观》等填补了这一项空白。还有一些学者如杨剑桥、蒋冀骋、吴庆峰、李尚行等对段氏的古音学理论如合韵说、异平同入说、同声必同部说等进行了深入研究。何九盈的《〈说文〉段注音辨》，首次系统地整理了《段注》中古音学说的运用情况，指出了段氏音注中的一些错误。

这里需要提及的是李文 1997 年的南京大学博士毕业论文《段玉裁古音学考论》。此文全面集中地研究了段氏古韵分部和古音理论。论文分为四章：第一章，绪论；第二章，段玉裁古韵分部的早期成果和晚年定论；第三章，段玉裁古音学的理论建树；第四章，"异平同入说"与段玉裁在清代考古派中的地位。此文将段玉裁古韵分部的实践分为两个阶段进行研究。以《六书音均表》十七部的确立为第一阶段，肯定段氏支脂之三分、侯部独立、真文分部及十七部次第安排的创见。以《荅江晋三论韵》为第二阶段，着重讨论段氏对自己学说的修正。论文通过分析东冬分部、以屋承侯、物月分立的修订，描绘段氏古韵十八部的最终面貌。论文还对段氏古音学理论进行了概括和总结。论文认为段氏的古音学理论体系由两部分构成，一是对古韵演变规律的认识，二是对古韵分部基本前提的总结。文章认为段氏以古韵分期论、音转说、音变说、古无去声说为基础勾画出古韵发展的基本线索，又以古韵至谐说、合韵说、同声同部说等理论直接指导分部的实践。文章在阐述这些理论的同时，还特别探讨了段氏与前辈学者学说上的继承关系。文章还认为"异平同入说"代表了段玉裁对古韵系统的基本认识，是段氏以入声为枢纽、阴阳相配古韵体系得以建立的理论基础。文章详细介绍了这一观点的内容及理论来源，着重分析了段氏对入声的处理方式，进而对清代学者入声独立的实质做了探讨。文章认为段氏异平同入说的实质与戴震的阴阳入三分说相同。此文宏观把握，粗线勾勒，重在理论探讨和理论溯源，是近年来难得的一篇研究段氏古音学的优秀论文。

就目前而言，段氏古音学研究领域专家众多，成果卓著。本书拟从押韵和谐声特别是谐声方面对段氏古韵分部和《说文解字注》进行研究。文字谐声可以印证古韵分部。另一方面，段氏研究古音是为了明了文字的古音和古义，贯通形音义，达到明文字训诂、解圣贤经传的目的。所以段氏《六书音均表》刊行后就着手编纂《说文解字注》，在《说文解字注》中，他根据同声必同部的原则把每一个汉字都注明古韵部，并且以他的古韵分部和古音理论增删篆体、改动说解、订正讹误，涉及的大部分都是谐声字。谐声字的声符联系着古音，形符联系着古义。谐声字一方面印证段氏的古韵分部，同时段玉裁的古韵分部思想又影响着他对谐声字的解释。他或者把谐声字改为会意字，或者把会意字改为谐声字，或者对谐声字声符的认定不同于许慎。所以从谐声字入手来研究段氏古音学应当是一个很重要的工作。

本书的第一个任务是探讨段氏古韵十七部的得失和他的晚年修正，以押韵为主，辅以谐声。段氏的古韵十七部虽然取得了巨大成就，如支脂之三分、侯部独立、真文分立，但还未臻于完密，特别是在入声与阴声的相配上。江有诰提出了很中肯的批评，但段氏大部分未予采纳。我们需要研究段氏固执己见的原因。有时段玉裁过于看重谐声字在古韵分部中的作用。如他坚持认为宵部无入，他把药部字全部转为平声。其中一个原因是如他在复江有诰的信中所说——第二部中字有相当比例的宵药阴入相谐。段玉裁的失误就在于他没有认识到古韵分部的本质是对韵文中韵脚字的客观归纳，谐声字只能起到辅助证明的作用。再如段氏侵缉合部，谈盍合部，段氏也承认在韵文中侵缉分押，谈盍分押，而段氏仍然坚持侵缉合部、谈盍合部，一个重要原因就是他认为在谐声字中，侵缉可以相谐、谈盍可以相谐。

本书的第二个任务是用谐声字印证段氏之幽宵侯鱼支六部的阴入合部。段氏的古韵十七部，除歌部没有入声相承外，其余的阴声韵部都有入声相承。谐声字的阴入相谐可以佐证段氏古韵的阴入合部。大致说来，段氏古韵十七部有关入声的韵部可以分为三大类，之幽宵侯鱼支为第一类，歌脂为第二类，侵谈为第三类。第一类以入承阴，继承了顾炎武的格局，没有采取江永入声相对独立的办法。这六部阴入合部，也为王念孙、江有诰所采纳，终有清一代，大部分学者认为这六部有平上去入。

为什么呢？因为这六部在《诗经》中不仅有相当比例的阴入通押，而且谐声字阴入相谐的比例也很大。本书就通检《说文解字注》，根据大徐注音，辅以《广韵》音切，查找段氏古韵十七部谐声表中此五部到底有多少谐声偏旁能够阴入相谐，统计出能够阴入相谐的谐声偏旁占该部所有谐声偏旁的比例，以为段氏阴入合部的佐证。自然从考古派的观点和对韵文作客观归纳的观点来说，阴入应该合部，但从审音派的观点和语音系统性的观点来说，阴入应该分部。歌脂为第二类。顾炎武分古韵为十部，其中阴声韵只有歌部没有入声相承，段玉裁的十七歌部也只有平声没有入声。《诗经》中歌部字绝不和入声字相押，谐声字也给予有力的佐证，因为谐声偏旁也几乎找不到阴入相谐的例子。自然，按照语音系统来讲，歌部相配的入声是月部，这可以从异文、声训、同源词等方面来证明。因为月部在押韵上与歌部没有纠葛，所以月部首先被学者们独立出来。阴声脂部（包括微部）与入声质部（包括物部）相押的例子也很少，所以段氏不以质承脂，而以质承真，这就说明质部具有相当大的独立性，王念孙干脆把质部独立出来，称为至部，为去入韵。在谐声上，脂质极少相谐。清末，章炳麟又把物部独立出来，称为队部，也为去入韵。微物也极少相谐。侵谈是一类。段氏以缉盍承侵谈，是沿袭了顾炎武的做法，但顾炎武认为阳入押韵，这样做有道理，可段氏并不认为阳入押韵，而仍然这样做，他的一个理由就是侵缉相谐、谈盍相谐。虽然侵缉、谈盍在《诗经》中不押韵，但在谐声上确实关系很大，本书就是要查找出到底有哪些谐声偏旁可以阳入相谐。但是我们必须明白阳入相谐并不能证明阳入合部，恐怕只能反映语音的历时变化。

　　本书的第三个重要任务是评判段玉裁利用他的古韵分部、古音思想改动许慎说解的得失。段氏在《说文解字注》中增删了一些篆体。先贤时人有所评说。郭在贻的《说文段注之阙失》说："段氏治《说文》，改篆九十字，增篆二十四字，删篆二十一字，其是处不在少数，然亦偶有谬误。"蒋冀骋的《说文段注改篆评议》[①] 全面地研究了《段注》改篆，总结了《段注》改篆的方法和成就，指出了《段注》改篆的缺失和原因，而且对所改篆文逐一评议。蒋冀骋重在评判段氏改篆的得失，也涉及古

---

① 　蒋冀骋：《说文段注改篆评议》，湖南教育出版社1993年版。

音。但是段氏不仅增删、改动篆体，而且凭他的古音理论改动许氏说解，他或者把谐声字改为会意字，或者把会意字改为谐声字，或者对谐声字声符的认定不同于许慎。在这方面少有学者从古音角度加以评论。本书就拟从现代新的古音学理论和文字学研究成果的基础上对《段注》的改动说解加以评议。

第 二 章

段玉裁古韵十七部和晚年的修正

段玉裁的古韵分部和古音思想集中体现在《六书音均表》中。《六书音均表》是段氏四十二岁时在《诗经韵谱》和《群经韵谱》的基础上加以修订补充而成的。此书又附于《说文解字注》后，共分为五篇：《今韵古分十七部表》《古十七部谐声表》《古十七部合用类分表》《诗经韵分十七部表》《群经韵分十七部表》。段氏承顾炎武、江永之后，根据《诗经》群经押韵，分古韵为十七部。

第一节　段玉裁早期古韵十七部

段玉裁古韵十七部与《广韵》韵目对照如下：

声调 韵部	平	上	去	入
第一部	七之 十六咍	六止 十五海	七志 十九代	二十四职 二十五德
第二部	三萧 四宵 五肴 六豪	二十九篠 三十小 三十一巧 三十二皓	三十四啸 三十五笑 三十六效 三十七号	
第三部	十八尤 二十幽	四十四有 四十六黝	四十九宥 五十一幼	一屋 二沃 三烛 四觉

续表

声调 韵部	平	上	去	入
第四部	十九侯	四十五厚	五十候	
第五部	九鱼 十虞 十一模	八语 九麌 是姥	九御 十遇 十一暮	十八药 十九铎
第六部	十六蒸 十七登	四十二拯 四十三等	四十七证 四十八嶝	
第七部	二十一侵 二十四盐 二十五添	四十七寝 五十琰 五十一忝	五十二沁 五十五艳 五十六榇	二十六缉 二十九叶 三十帖
第八部	二十二覃 二十三谈 二十六咸 二十七衔 二十八严 二十九凡	四十八感 四十九敢 五十二豏 五十三槛 五十四俨 五十五范	五十三勘 五十四阚 五十七陷 五十八鉴 五十九酽 六十梵	二十七合 二十八盍 三十一洽 三十二狎 三十三业 三十四乏
第九部	一东 二冬 三钟 四江	一董 二肿 三讲	一送 二宋 三用 四绛	
第十部	十阳 十一唐	三十六养 三十七荡	四十一漾 四十二宕	
第十一部	十二庚 十三耕 十四清 十五青	三十八梗 三十九耿 四十静 四十一迥	四十三映 四十四诤 四十五劲 四十六径	
第十二部	十七真 十九臻 一先	十六轸 二十七铣	二十一震 三十二霰	五质 七栉 十六屑

声调 韵部	平	上	去	入
第十三部	十八谆 二十文 二十一欣 二十三魂 二十四痕	十七准 十八吻 十九隐 二十一混 二十一很	二十二稕 二十三问 二十四焮 二十六慁 二十七恨	
第十四部	二十二元 二十五寒 二十六桓 二十七删 二十八山 二仙	二十阮 二十三旱 二十四缓 二十五潸 二十六产 二十八狝	二十五愿 二十八翰 二十九换 三十谏 三十一裥 三十三线	
第十五部	六脂 八微 十二齐 十四皆 十五灰	五旨 七尾 十一荠 十三骇 十四贿	六至 八未 十二霁 十三祭 十四泰 十六怪 十七夬 十八队 二十废	六术 八物 九迄 十月 十一没 十二曷 十三末 十四黠 十五辖 十七薛
第十六部	五支 十三佳	四纸 十二蟹	五寘 十五卦	二十陌 二十一麦 二十二昔 二十三锡
第十七部	七歌 八戈 九麻	三十三哿 三十四果 三十五马	三十八箇 三十九过 四十祃	

我们以王力的古韵三十部来审视清代古韵学家的分部。段氏的第一部包括王力的之部和职部,我们称为第一之部。第二部包括宵部和药部,他把药部字全部归入平声,我们称为第二宵部。第三部包括幽部、觉部、屋部,我们称为第三幽部。第四部包括侯部,我们称为第四侯部。第五部包括鱼部和铎部,我们称为第五鱼部。第六部包括蒸部,我们称为第六蒸部。第七部包括侵部和缉部,我们称为第七侵部。第八部包括谈部和盍部,我们称为第八谈部。第九部包括东部和冬部,我们称为第九东部。第十部包括阳部,我们称为第十阳部。第十一部包括耕部,我们称为第十一耕部。第十二部包括真部和质部,我们称为第十二真部。第十三部包括文部,我们称为第十三文部。第十四部包括元部,我们称为第十四元部。第十五部包括脂部、微部、物部、月部,我们称为第十五脂部。第十六部包括支部和锡部,我们称为第十六支部。第十七部包括歌部,我们称为第十七歌部。段氏的古韵分部成就巨大,包括支脂之三分、真文分部、侯幽分部,前贤时人多有论述,本书不再赘述。段氏的古韵分部还不够完善,他的缺失主要是:宵部无入,侯部无入,东冬合部,以质承真,月物合部,以月承脂,侵缉合部,谈盍合部。

段玉裁的十七部古音体系问世后,就有学者对段氏的学说进行评价和修正,其中尤以戴震、王念孙、江有诰的评价和修正最为中的。而段玉裁晚年也部分采纳了他们的意见,增立冬部,以屋承侯,月物分立,同时段氏对宵部无入、以质承真、以月承脂、侵缉合部、谈盍合部等则尽力举证事实、申述音理加以维护和辩解。

第二节　关于宵部无入的讨论和修正

我们首先检视戴震、江有诰诸家关于段氏宵部无入的讨论和修正。

拿现在的观点来看,《广韵》的药韵和铎韵都应该分别离析为二,一属宵部之入,一属鱼部之入。具体地说,药韵的"属药籥跃绰虐谑龠削爵勺妁弱雀酌约"等字、铎韵的"凿鹤乐(卢各切)爆"等字,属于药部,加上觉韵的"较驳濯乐(五角切)邈貌"等字、锡韵的"栎砾的翟(徒历切)溺激檄"等字、沃韵的"沃"等字,就构成了药部的全部。段氏把这些字也都离析出来了,但是他不认为这些字上古是入声,在他的《诗经韵分十七部表》中，全部变成了平声字，而且他坚持终生，不加改变。这个原因，我们需要探讨。

追本溯源，顾炎武首创药铎有分，而江永药铎不分，段氏药铎有分，而以药为平。顾炎武的第五部是《广韵》的萧宵肴豪幽和尤半，相承的入声是屋半、沃半、觉半、药半、铎半、锡半。就是幽部和宵部合为一部，相承的入声觉部和药部合为一部。虽然顾炎武幽宵合部，觉药合部，分部粗疏，但阴入相承的关系是对的。在《唐韵正》里，顾炎武往往把觉部字转为平、上、去声的幽部字，把药部字转为平、上、去声的宵部字。戴震说："其（顾炎武）第五部虽误以尤幽合于萧肴豪，而分一屋之半、二沃之半、四觉之半、十八药之半、十九铎之半、二十三锡之半为萧宵肴豪之入者，独得之。"① 江永的入声第四部是《广韵》的药韵、铎韵，分沃觉陌麦昔锡韵字属之，又别收御祃韵字，也就是现在的药部和铎部。江永在《古韵标准》里全部拿来和鱼部相配，在《四声切韵表》中则兼配鱼部和宵部。这显然失当。江永拘泥于《广韵》206 韵的等呼关系和数韵共一入的观点，把鱼部入声和宵部入声混在一起，反而批评顾炎武的离析为非。《四声切韵表·凡例》云："顾氏分药为模豪入，是不知辨等也；毛先舒通以药为鱼虞入，是不知辨类也，又不知宵小笑尤相近也。"其实是江氏拘于等呼，不知辨类。故江有诰从维护真理出发，说江永"以药铎全韵配鱼模，复以全韵配宵豪，则不若顾氏割其半之为确"②。所以戴震在《荅段若膺论韵》中说："顾药铎有别，而江不分，此顾优于江处。"

虽然江永药铎合部，但是他承认药部是入声，段氏药铎有分，但是段氏不承认药部是入声，在《诗经韵分十七部表》里，第二部只有平声，他把药部字全部归入平声。这招致后来学者的批评。江有诰在《寄段茂堂先生书》中说："表中谓宵部无入，其入声字皆读为平。有诰则谓不若割沃觉药铎锡之半为宵入，不必全以沃觉配幽，药铎配鱼，锡配支也。"段氏的性格是自信而倔强，戴、江的意见他最终都没有采纳，在《荅江

---

① 戴震：《荅段若膺论韵》，载戴震《声类表》卷首，《戴震文集》第十八卷，中华书局1980 年版。

② 江永：《四声切韵表·入声表凡例》，上海古籍出版社 1996 年版。

晋三论韵》中，为自己的观点辩护："此说非不善，仆岂不知之，而取目下但云陆韵平声萧宵肴豪，上声篠小巧皓，去声啸笑效号，不列入声药三字者，不欲以今韵为古韵也。陆法言之书以药铎配阳唐之平上去，不以为萧宵肴豪之入也。兹之表以古韵正之，故不列入声药三字，而举其四声之本然者，谓全部皆平，古四声与今大不同。即以此部言之，亦易憭。以本声与用以谐声之字互相求，以一声数字互相求，参之伍之，反之复之，于以知此部古无上去入，而有入者以此部混于五部之入而为阳唐之入也。故正药韵之字为平声，正所以定萧宵肴豪为古音独用之部也。足下取药铎昔（按，昔应是锡之误）沃觉之字定此部有入非无入，则谓之正今韵也可，不得谓之定古韵。"段氏揭示了一些事实真相，但这些事实并不足以说明宵部无入。

段氏宵部无入的主要理据有二。一是《诗经》宵部阴入相押比较严重。王力根据段氏《六书音均表》统计第二部阴入通押所占的百分比是16.4%强[①]，高于之幽侯鱼支诸部。

二是"以本声与用以谐声之字互相求"，即谐声字中阴入相谐的比例也很高。段氏《六书音均表·古十七部谐声表》宵部列了53个声符，其中有二级声符和三级声符。可以合并的如下：

枭声，澡声。澡以枭为声，可以合并一个。

丿声，少声。少以丿为声，[②] 可以合并一个。

夭声，芺声。芺以夭为声，可以合并一个。

刀声，召声，到声。召、到以刀为声，可以合并两个。

爻声，孝[③]声，教声。教以孝为声，孝以爻为声，可以合并两个。

丵声，鑿声。鑿以丵为声，可以合并一个。

号声，號声，號以号为声，可以合并一个。

总共可以合并9个声符，那么宵部共有44个声符。据我们统计，可以阴入相谐的声符共有18个，约占总数的40.9%，比例很高。这18个

---

① 王力：《上古汉语入声和阴声的分野及其收音》，载《龙虫并雕斋文集》第一册，中华书局1980年版，第181页。

② 《说文·小部》："少，不多也。从小，丿声。"

③ 非孝字，孝从老省，从子。

声符如下：

（1）乔（繁体为喬）。——乔为声符，可谐阴入。

乔。——《说文·夭部》（以下书名《说文》从略）："乔，高而曲也。从夭，从高省。《诗》曰：'南有乔木。'"①（35 页）巨妖切（此为徐铉所加的《唐韵》的反切，与《广韵》切音相同，有的只是反切用字不同。如果切音不同，加注《广韵》反切）。群母三等开口平声宵韵，阴声韵。

骄。——《马部》："骄，马高六尺为骄。从马，乔声。《诗》曰：'我马唯骄。'一曰：野马。"（200 页）举乔切。见母三等开口平声宵韵，阴声韵。

屩。——《履部》："屩，屐也。从履省，乔声。"（176 页）居勺切。见母三等开口入声药韵。

蹻。——《足部》："蹻，举足行高也。从足，乔声。"（46 页）居勺切。见母三等开口入声药韵。《广韵》有五个反切：去遥切、居夭切、巨娇切，都是宵韵阴声韵；居勺切、其虐切，都是药韵入声韵。

（2）敫。——敫为声符，可谐阴入。

敫。——《放部》："敫，光景流也。从白，从放。读若龠。"（84 页）以灼切。以母三等开口入声药韵。

璬。——《玉部》："璬，玉佩。从玉，敫声。"（11 页）古了切。见母四等开口上声篠韵，阴声韵。

憿。——《心部》："憿，幸也。从心，敫声。"（221 页）古尧切。见母四等开口平声萧韵，阴声韵。

檄。——《木部》："檄，二尺书。从木，敫声。"（124 页）胡狄切。匣母四等开口入声锡韵。

（3）翟。——翟为声符，可谐阴入。

翟。——《羽部》："翟，山雉也。从羽，从隹。"（75 页）徒历切。定母四等开口入声锡韵。

嬥。——《女部》："嬥，直好皃。从女，翟声。一曰：婐也。"

---

① 许慎撰、徐铉校定：《说文解字》，中华书局 1963 年版，第 214 页。以下所引《说文》均为此版本，只在所引文后面加括号，注明页码，简称《说文》。

（262页）徒了切。定母四等开口上声篠韵，阴声韵。《广韵》有四个反切：徒聊切（平声萧韵）、徒了切（上声篠韵）、徒吊切（去声啸韵）、直角切（入声觉韵）。趯有阴入异读。

擢。——《手部》："擢，引也。从手，翟声。"（255页）直角切。澄母二等开口入声觉韵。

（4）爻。——爻为声符，可谐阴入。

爻。——《爻部》："爻，交也。……凡爻之属皆从爻。"（70页）胡茅切。匣母二等开口平声肴韵，阴声韵。

肴。——《肉部》："肴，啖也。从肉，爻声。"（89页）胡茅切。匣母二等开口平声肴韵，阴声韵。

駁。——《马部》："駁，马色不纯。从马，爻声。"（199页）北角切。帮母二等开口入声觉韵。

較。——《车部》："較，车骑上曲铜也。从车，爻声。"（301页）古岳切。见母二等开口入声觉韵。

（5）劳。——劳为声符，可谐阴入。

劳。——《力部》："劳，剧也。从力、荧省。荧火烧门，用力者劳。"（292页）鲁刀切。来母一等开口平声豪韵，阴声韵。

犖。——《牛部》："犖，驳牛也。从牛，劳省声。"（29页）吕角切。来母二等开口入声觉韵。

（6）勺。——勺作声符，可谐阴入。

勺。——《勺部》："勺，挹取也。象形，中有实，与包同意。凡勺之属皆从勺。"（299页）之若切。章母三等开口入声药韵。

扚。——《手部》："扚，疾击也。从手，勺声。"（256页）都了切。端母四等开口上声篠韵，阴声韵。

芍。——《艸部》："芍，凫茈也。从艸，勺声。"（20页）胡了切。匣母四等开口上声篠韵，阴声韵。《广韵》有五个反切：胡了切（上声篠韵）、市若切（入声药韵）、张略切（入声药韵）、七雀切（入声药韵）、都历切（入声锡韵）。芍有阴入异读。

杓。——《木部》："杓，枓柄也。从木，勺声。"（122页）甫遥切。帮母三等开口平声宵韵，阴声韵。《广韵》有四个反切：甫遥切（平声宵韵）、抚招切（平声宵韵）、市若切（入声药韵）、都历切（入声锡韵）。

枸有阴入异读。

（7）小。——小为声符，可谐阴入。

小。——《小部》："小，物之微也。从八，丨见而八分之。凡小之属皆从小。"（28 页）私兆切。心母三等开口上声小韵，阴声韵。

肖。——《肉部》："肖，骨肉相似也。从肉，小声。不似其先，故曰不肖也。"（88 页）私妙切。心母三等开口去声笑韵。

削。——《刀部》："削，鞞也。从刀，肖声。一曰：析也。"（91 页）息约切。心母三等开口入声药韵。

娋。——《女部》："娋，小小侵也。从女，肖声。"（263 页）息约切。心母三等开口入声药韵。《广韵》有两个反切：所交切（平声肴韵）、所教切（去声效韵）。娋有阴入异读。

（8）高。——高作声符，可谐阴入。

高。——《高部》："高，崇也。象台观高之形。从冂口。与仓舍同意。凡高之属皆从高。"（110 页）古牢切。见母一等开口平声豪韵，阴声韵。

膏。——《肉部》："膏，肥也。从肉，高声。"（87 页）古劳切。见母一等开口平声豪韵，阴声韵。

熇。——《火部》："熇，火热也。从火，高声。"（208 页）火屋切。晓母一等合口入声屋韵。《广韵》有三个反切：呼木切（入声屋韵）、火酷切（入声沃韵）、呵各切（入声铎韵）。都为入声韵。

翯。——《羽部》："翯，鸟白肥泽皃。从羽，高声。《诗》曰：'白鸟翯翯。'"（75 页）胡角切。匣母二等开口入声觉韵。《广韵》有三个反切：胡觉切（入声觉韵）、许角切（入声觉韵）和胡沃切（入声沃韵）。都为入声韵。

（9）毛。——毛为声符，可谐阴入。

毛。——《毛部》："毛，眉髮之属及兽毛也。象形。凡毛之属皆从毛。"（173 页）莫袍切。明母一等开口平声豪韵，阴声韵。

髦。——《髟部》："髦，髮也。从髟毛。"（185 页）莫袍切。明母一等开口平声豪韵，阴声韵。

翍。——《说文》无。应为形声字，从羽，毛声。《方言》："翍，好也。"郭璞注："翍翍，小好皃，音沐。"《广韵》：莫卜切。明母一等合口入声屋韵。

眊。——《目部》:"眊,目少精也。从目,毛声。《虞书》耄字从此。"(71 页)亡报切。此义《广韵》有两个反切:莫报切(同亡报切,去声号韵)、莫角切(入声觉韵)。眊可读为入声。

(10)交。——交作声符,可谐阴入。

交。——《交部》:"交,交胫也。从大,象交形。凡交之属皆属交。"(214 页)古爻切。见母二等开口平声肴韵,阴声韵。

皎。——《白部》:"皎,月之白也。从白,交声。"(160 页)古了切。见母四等开口上声篠韵,阴声韵。

駮。——《马部》:"駮,兽,如马,倨牙,食虎豹。从马,交声。"(201 页)北角切。帮母二等开口入声觉韵。

㼬。——《瓜部》:"㼬,小瓜也。从瓜,交声。"(337 页)蒲角切。並母二等开口入声觉韵。

(11)皃。——皃作声符,可谐阴入。

皃。——《皃部》:"皃,颂仪也。从儿,白象面形。凡皃之属皆从皃。䫉,皃或从页,豹省声。貌,籒文皃从豹省。"(177 页)莫教切。明母二等开口去声效韵。

藐。——《艸部》:"藐,茈艸也。从艸,貌声。"(23 页)莫觉切。明母二等开口入声觉韵。段玉裁注:"古多借用为眇字。如'说大人则藐之'及凡言藐藐者皆是。"《广韵》有二切:莫角切(同莫觉切,入声觉韵),义为茈艸;亡沼切,明母三等开口上声小韵,通"眇"。藐有阴入异读。

(12)卓。——卓为声符,可谐阴入。

卓。——《匕部》:"卓,高也。早匕为卓,匕卪为卬,皆同义。"(168 页)竹角切。知母二等开口入声觉韵。

倬。——《人部》:"倬,箸大也。从人,卓声。《诗》曰:'倬彼云汉。'"(163 页)竹角切。知母二等开口入声觉韵。

掉。——《手部》:"掉,摇也。从手,卓声。"(254 页)徒吊切。定母四等开口去声啸韵。《广韵》有三个反切:徒吊切(去声啸韵)、女角切(入声觉韵)、徒了切(上声篠韵)。掉有阴入异读。

（13）羔。——羔作声符，可谐阴入。

羔。——《羊部》："羔，羊子也。从羊，照省声。"（78 页）古牢切。见母一等开口平声豪韵，阴声韵。"照省声"不为定论，此字结构有不同的说法，我们把羔作为一个独立的声符看待。

䅽。——《禾部》："䅽，禾皮也。从禾，羔声。"（145 页）之若切。章母三等开口入声药韵。

（14）刀。——刀作声符，可谐阴入。

刀。——《刀部》："刀，兵也。象形。凡刀之属皆从刀。"（91 页）都牢切。端母一等开口平声豪韵，阴声韵。

到。——《至部》："到，至也。从至，刀声。"（247 页）都悼切。端母一等开口去声号韵。

菿。——《艸部》："菿，艸大也。从艸，到声。"（此从段注本 41页）都盗切。端母一等开口去声号韵。《广韵》有三个反切：都导切（去声号韵）、都教切（去声效韵）、竹角切（入声觉韵）。菿有阴入异读。

（15）夭。——夭作声符，可谐阴入。

夭。——《夭部》："夭，屈也。从大，象形。凡夭之属皆从夭。"（214 页）於兆切。影母三等开口上声小韵，阴声韵。

芺。——《艸部》："芺，艸也。味苦。江南食之以下气。从艸，夭声。"（18 页）乌皓切。影母一等开口上声皓韵，阴声韵。

渶。——《水部》："渶，溉灌也。从水，芺声。"（233 页）乌酷切。影母一等合口入声沃韵。此字后作沃。

（16）皀。——皀作声符，可谐阴入。

皀。——《日部》："皀，望远合也。从日匕，匕，合也。"（138 页）乌皎切。影母四等开口上声篠韵，阴声韵。

宨。——《宀部》："宨，户枢声也，室之东南隅。从宀，皀声。"（150 页）乌皎切。影母四等开口上声篠韵，阴声韵。

炅。——《火部》："炅，望见火皃。从火，皀声。读若駒颡之駒。"（依段注本 209 页）都历切。端母四等开口入声锡韵。

（17）吊。——吊作声符，可谐阴入。

吊。——《人部》："吊，问终也。古之葬者，厚衣之以薪。从人持弓，会敺禽。"（167 页）多啸切。端母四等开口去声啸韵。《广韵》除多啸切外，还有都历切，端母四等开口入声锡韵。

盄。——《皿部》："盄，器也。从皿，吊声。"（104 页）止遥切。章母三等开口平声宵韵，阴声韵。

（18）弱。——弱作声符，可谐阴入。

弱——《乡部》："弱，桡也。上象桡曲，乡象毛氂桡弱也。"（185页）而勺切。日母三等开口入声药韵，入声韵。

惄。——《心部》："惄，忧皃。从心，弱声。读与怒同。"（222 页）奴历切。泥母四等开口入声锡韵。

嫋。——《女部》："嫋，姢也。从女，弱声。"（261 页）奴鸟切。泥母四等开口上声篠韵，阴声韵。

以上两个理由并不足以把宵部入声转入平声，因为宵部阴入相押、相谐和之部、幽部、侯部、鱼部、支部阴入相押、相谐没有质的区别。之幽侯鱼支五部都存在阴入通押、相谐的现象，而段氏承认上述五部都有入声。他的第四部虽然没列入声，但在《古异平同入说》中说："屋沃烛觉为弟（第）三部之入声，而弟四部及弟九部之入音即此也。"而且第三部兼谐阴入的声符（即兼谐幽觉）据我们统计达到 24 个，绝对数字超过第二部，可是段氏并没有把觉部字归入平上去声。可见段氏转药入宵是违反逻辑的。而且按照汉语语音发展规律，入声是逐渐趋于消亡的，不可能上古是平声，中古反而变成了入声。

第三节　关于侯部无入的讨论和修正

诸家对段氏侯部无入的观点也进行了讨论和修正。

段氏的第四部是侯部，与之相配的入声屋部，他归入了第三部，与觉部合一，作为幽部的入声。也就是说，段氏侯幽分部，但屋觉合部。江永侯幽合部，屋觉合部。在屋觉的离合和阴入分配上，江永和段玉裁均不如顾炎武。顾炎武第三部的阴声韵为侯鱼，相承的入声韵为屋铎。顾炎武第五部的阴声韵是幽宵，相承的入声韵是觉药。也就是说，顾炎武药铎有分，屋觉有分。江永药铎不分，段玉裁屋觉不分，于此可见顾炎武卓识。

顾炎武对屋部觉部离析的精审，还可以拿顾炎武《唐韵正》对《广韵》屋沃烛觉四韵的离析和古音读来证明。顾炎武《唐韵正》把屋韵一分为三，屋一等韵字［下面简称屋（1）］如"屋独谷哭木速禄鹿扑斛"等字为一类，屋三等韵一部分字［下面简称屋（2）］如"复六逐轴熟育肉目宿鞠祝淑陆"等字为一类，屋三等韵另一部分字［下面简称屋（3）］如"辐服伏囿或牧郁"等字为一类。这样的分类，正合后人之意。屋（1）即上古屋部，屋（2）即上古觉部，屋（3）即上古职部。顾氏《唐韵正》把屋韵离析为三，屋（1）多转去声入御遇暮，屋（2）多转去声入啸笑幼，屋（3）归职德韵然后多转去声入寘至志。因为顾氏认为入为闰声，所以他把入声多转为上古的平上去。察顾氏《唐韵正》的古音读，其屋（2）入啸笑幼者，古音读绝大部分为尤韵字（举平赅上去，下同。尤字上古为之部，此处实指幽部），例如：复，去声扶究反。缩，平声音羞。陆，去声音溜。鞠，平声音鸠。逐，去声直救反。轴，平声音稠。祝，平声音州。筑，上声张纠反。育，去声音柚。覆，平声方浮反。熟，去声殊溜反。虽然顾氏幽宵不分，但以上觉部字，顾氏都转入了尤韵字。当然，顾氏于屋（1）字，很多转入鱼部，这是因为他侯鱼不分。于屋（3）字，很多转入支部和脂部，这是因为他支脂之不分。顾氏屋韵三分，韵类离析无误，只是与去声韵相配的规定有差误。江氏、段氏的入声分配，就不如顾氏精辨。江、段二人对屋韵只有二分，他们把顾氏的屋（1）和屋（2）并作一类。

　　王念孙和江有诰各自进行独立研究，得到屋觉分立的结论。王念孙说："又案屋沃烛觉四部中，凡从屋、从谷、从木、从卜、从族、从鹿、从豰、从敄、从彔、从束、从狱、从辱、从豕、从曲、从玉、从属、从足、从局、从角、从岳、从青之字，及秃哭粟珏等字，皆侯部之入声，而《六书音均表》以为幽部之入声，于是《小戎》首章之'毂軝玉屋曲'（小戎俴收，五楘梁辀。游环胁驱，阴靷鋈续。文茵畅毂，驾我骐馵。言念君子，温其如玉。在其板屋，乱我心曲）、《楚茨》六章之'奏禄'（乐具入奏，以绥后禄）、《角弓》三章之'裕瘉'（此令兄弟，绰绰有裕。不令兄弟，交相为愈）、《六章》之'木附属'（毋教猱升木，如涂涂附。君子有徽猷，小人与属）、《桑柔》十二章之'谷垢'（维此良人，作为式谷。维彼不顺，征以中垢）、《左传》哀十七年繇辞之'窦踰'（阖门塞窦，乃自后逾）、《楚辞·离骚》之'属具'（前望舒使先驱兮，后飞廉使奔属。鸾皇为余先戒兮，雷师告余以未具）、《天问》之

'属数'（九天之际，安放安属？隔限多有，谁知其数），皆不以为本韵而以为合韵矣。且于《角弓》之'君子有徽猷，小人与属'，《晋》初六之'罔孚裕，无咎'，皆非韵而以为韵矣。"① 江有诰在《寄段茂堂先生书》中说："表中又以屋沃烛觉为幽入，有诰则谓当以屋沃之半配幽，以烛与屋觉之半配侯也。"二人的批评可谓中肯。大略言之，《广韵》的屋三等韵、沃韵大部分、觉韵从𡐓声之字属幽部入声，屋一等韵、烛韵、觉韵大部分属屋部。

段氏为什么屋觉合部呢？段氏在《苔江晋三论韵》中最终承认了错误并谈到致误的原因。段氏在信中说："此条（按，即屋觉分部）最为足下中綮之言。……是说也，精确之极，仆撰表时亦再四分之，而牵于一二不可分者，遂以中辍。洎乎壬子以后，始得孔㧑约检讨《诗声类》一书，分举厘然，始为大快，欲改拙书而未暇也。"段氏所说"牵于一二不可分者"，主要是指《诗经》中有幽侯屋、幽屋、屋觉合韵之处。据段氏《六书音均表四》，《角弓》猷韵木、附、属（见上），猷是幽部，附是侯部，属是屋部。《文王有声》孝韵欲（匪棘其欲，遹追来孝），孝是幽部，欲是屋部。《采绿》绿、局、沐韵匊（终朝采绿，不盈一匊。予发曲局，薄言归沐），匊是觉部，绿、局、沐是屋部。只有这三处纠葛。但是如果以屋承幽，则造成了更多的合韵，《诗经》中《小戎》《楚茨》《角弓》《桑柔》侯屋五处合韵（这五处和下文三处见上文王念孙所举），《左传》《离骚》《天问》侯屋三处合韵，共八处合韵，段氏以少失多，显然不当。

另外，在谐声方面，一字异读方面，《说文》大徐音与《广韵》音的参差方面，侯屋与幽觉也有纠葛。一般把《广韵》的屋一等韵、烛韵归屋部，把屋三等韵、沃韵归觉部，但谐声方面并不如此分明。例如：旭，从日，九声。九是幽部，但《广韵》旭为许玉切，是烛韵。勖，从力，冒声。冒是幽部，但《广韵》勖为许玉切，是烛韵。顾炎武屋觉相分，故他的《唐韵正》勖下注："以上二字（按：指旭和勖）当改入沃韵。"②

---

① 王念孙：《与李方伯书》，载王引之《经义述闻》卷三十一，江苏古籍出版社 1985年版。

② 顾炎武：《唐韵正》，载顾炎武《音学五书》，中华书局 1982 年版，第 429 页。

癹，《广韵》有蒲木和方六二切，蒲木是屋一等韵，方六是屋三等韵。
仆，《广韵》有蒲木、蒲沃二切，蒲木是屋一等韵，蒲沃是沃韵。鹜，
《广韵》有亡遇、莫卜二切，上推上古音是侯部或屋部，《王力古汉语字
典》取亡遇切，定为侯部。但鹜从务声，务从矛声，矛是幽部。续、读、
觌，诸家都定为屋部，但声符卖，从先声，先从六声，六是觉部。另外，
《广韵》大徐音与《广韵》音的参差，也使段误合屋觉为一。豕，大徐丑
六切，觉部①，但《广韵》丑玉切，屋部。现在一般取丑玉切，定豕及从
豕声之字为屋部。竹，大徐张玉切，屋部，但《广韵》陟六切，觉部。
现在一般取陟六切，定为觉部。赎，大徐殊六切，觉部，但《广韵》神
属切，屋部。现在一般取神属切，定为屋部。穆，大徐莫卜切，屋部，
但《广韵》莫六切，觉部。现在一般取莫六切，定为觉部。筑，大徐陟
玉切，屋部，但《广韵》张六切，觉部。现在一般取张六切，定为觉部。
但这些都是比较少的现象，不能泯灭幽觉和侯屋的界限。

但谐声偏旁的侯屋相谐，更能直接证明以屋承侯的正确性。

据我们统计，段氏《古十七部谐声表》第四部中能够阴入相谐的声
符有 12 个，如下：

（1）後。——後作声符，可谐阴入。

後。——《彳部》："後，迟也。从彳幺夊者，後也。"（43 页）胡口
切。匣母一等开口上声厚韵，阴声韵。

䌕。——《麻部》："䌕，未练治纑也。从麻，後声。"（149 页）空
谷切。溪母一等合口入声屋韵。

（2）娄。——娄作声符，可谐阴入。

娄。——《女部》："娄，空也。从毋中女，空之意也。一曰：娄务
也。"（264 页）洛侯切。来母一等开口平声侯韵，阴声韵。

楼。——《木部》："楼，重屋也。从木，娄声。"（120 页）洛侯切。
来母一等开口平声侯韵，阴声韵。

数。——《攴部》："数，计也。从攴，娄声。"（68 页）所矩切。生
母三等合口上声麌韵。《广韵》有四个反切：所矩切（上声麌韵）、色句
切（去声遇韵）、桑谷切（入声屋韵）、所角切（入声觉韵）。数有阴入

① 指丑六切为屋三等韵，按语音系统为上古觉部。下仿此。

异读。

（3）罭。——罭作声符，可谐阴入。

罭。——《金部》："鎑，酒器也。从金，罭象器形。罭，鎑或省金。"（295页）大口切。定母一等开口上声厚韵，阴声韵。

覴。——《见部》："覴，目蔽垢也。从见，罭声。读若兜（兜字从《段注》410页）。"（178页）当侯切。端母一等开口平声侯韵，阴声韵。

斲。——《斤部》："斲，斫也。从斤罭。"（300页）按：徐锴本作"罭声"，段玉裁、朱骏声均从之。竹角切。知母二等开口入声觉韵。

（4）冓。——冓作声符，可谐阴入。

冓。——《冓部》："冓，交积材也，象对交之形。凡冓之属皆从冓。"（83页）古候切。见母一等开口去声候韵。

篝。——《竹部》："篝，笿也，可熏衣。从竹，冓声。宋楚谓竹篝墙以居也。"（96页）古侯切。见母一等开口平声侯韵，阴声韵。

斠。——《斗部》："斠，平斗斛也。从斗，冓声。"（300页）古岳切。见母二等开口入声觉韵。

（5）主。——主作声符，可谐阴入。

主。——《丶部》："主，灯中火主也。从呈，象形；从丶，丶亦声。"（105页）按：篆文作坓，是通体象形字，丶像火苗。我们把主作为一个独立的声符看待。之庾切。章母三等合口上声麌韵，阴声韵。

柱。——《木部》："柱，楹也。从木，主声。"（120页）直主切。澄母三等合口上声麌韵，阴声韵。

罜。——《网部》："罜，罜麗，鱼罟也。从网，主声。"（157页）之庾切。章母三等合口上声麌韵。《广韵》有两个反切：之戍切（去声遇韵）和徒谷切（入声屋韵）。罜有阴入异读。

（6）具。——具作声符，可谐阴入。

具。——《廾部》："具，共置也。从廾，从贝省。古以贝为货。"（59页）其遇切。群母三等合口去声遇韵。

俱。——《人部》："俱，偕也。从人，具声。"（164页）举朱切。见母三等合口平声虞韵，阴声韵。

椇。——《木部》："椇，举食者。从木，具声。"（127页）俱烛切。见母三等合口入声烛韵。

（7）取。——取作声符，可谐阴入。

取。——《又部》："取，捕取也。从又，从耳。《周礼》：'获者取左耳。'《司马法》曰：'载献聝。'聝者，耳也。"（64页）七庾切。清母三等合口上声虞韵，阴声韵。

菆。——《艸部》："菆，麻蒸也。从艸，取声。一曰：蓐也。"（27页）侧鸠切。庄母三等开口平声尤韵，阴声韵。

趣。——《走部》："趣，疾也。从走，取声。"（35页）七句切。清母三等合口去声遇韵。《广韵》有四个反切：七逾切（平声虞韵）、仓苟切（上声厚韵）、七句切（去声遇韵）、七玉切（入声烛韵）。趣有阴入异读。

齱。——《齿部》："齱，齵也。从齿，取声。"（44页）侧鸠切。庄母三等开口平声尤韵。《广韵》有两个反切：侧鸠切（平声尤韵）、侧角切（入声觉韵）。齱有阴入异读。

（8）刍。——刍作声符，可谐阴入。

刍。——《艸部》："刍，刈艸也。象包束艸之形。"（25页）又愚切。初母三等合口平声虞韵，阴声韵。

雏。——《隹部》："雏，鸡子也。从隹，刍声。"（76页）士于切。崇母三等合口平声虞韵，阴声韵。

齺。——《齿部》："齺，齿搚也。一曰：齰也。一曰：马口中橛也。从齿，刍声。"（44页）侧鸠切。庄母三等开口平声尤韵，阴声韵。《广韵》士角切，为入声觉韵。

（9）谷。——谷作声符，可谐阴入。

谷。——《谷部》："谷，泉出通川为谷。从水半见，出于口。凡谷之属皆从谷。"（240页）古禄切。见母一等合口入声屋韵。

欲。——《欠部》："欲，贪欲也。从欠，谷声。"（179页）余属切。以母三等合口入声烛韵。

蜀。——《虫部》："蜀，葵中蚕。垂腴也。从虫，欲声。"（281页）余足切。以母三等合口入声烛韵。《广韵》羊朱切，平声虞韵。蜀有阴入异读。

（10）殳。——殳作声符，可谐阴入。

殳。——《殳部》："殳，从上击下也。一曰：素也。从殳，𠘧声。"

（66 页）苦角切。溪母二等开口入声觉韵。段玉裁注："或作壳。"青为口江切，东部，与嗀东屋对转。我们把嗀作为独立的声符看待。

穀。——《禾部》："穀，续也。百谷之总名。从禾，嗀声。"（146 页）古禄切。见母一等合口入声屋韵。

䍃。——《缶部》："䍃，未烧瓦器也。从缶，嗀声。读若筩莩。"（109 页）又苦候切。莩为芳无切，平声虞韵，阴声韵。

（11）束。——束作声符，可谐阴入。

束。——《束部》："束，缚也。从口木。凡束之属皆从属。"（128 页）书玉切。书母三等合口入声烛韵。

速。——《辵部》："速，疾也。从辵，束声。"（40 页）桑谷切。心母一等合口入声屋韵。

涑。——《水部》："涑，浣也。从水，束声。河东有涑水。"（237 页）速候切。心母一等开口平声候韵。《广韵》有三个反切：相玉切（入声烛韵）、桑谷切（入声屋韵）、速候切（平声候韵）。涑有阴入异读。

（12）族。——族作声符，可谐阴入。

族。——《㫃部》："族，矢锋也。束之族族也。从㫃，从矢。"（141 页）昨木切。从母一等合口入声屋韵。

鷟。——《鸟部》："鷟，鸑鷟也。从鸟，族声。"（79 页）士角切。崇母二等开口入声觉韵。

嗾。——《口部》："嗾，使犬声。从口，族声。《春秋传》曰：'公嗾夫獒。'"（34 页）稣奏切。心母一等开口去声候韵。《广韵》有三个反切：仓奏切（去声候韵），苏奏切（去声候韵），苏后切（上声厚韵）。嗾有阴入异读。

第四节　关于以质承真的讨论和修正

《广韵》三十四个入声韵分别承阳声韵。顾炎武第一个变更《广韵》结构，除了侵覃以下九韵阳入相配，歌部无入声外，其余的阴声韵均以入声韵相承。这是符合《诗经》押韵实际的，得到了后世古音学家的首肯和赞扬。段氏第十二部以质承真，而不是以质承脂，遭到了戴震、王念孙、江有诰的强烈批评，但是段氏固执己见，最终都没有改变他的观点。检讨一下段氏坚持己见的原因，是很有意义的。

我们必须明确，在实践中，段玉裁、王念孙、江有诰的质部（江有诰的质部不独立）的范围大体一致，大体都包括《广韵》质栉屑韵字和谐声与质栉屑韵字相通的至霁韵去声字，都为去入韵，所以王念孙又称至部。不在质部范围的字，即使是入声字，比如物部字，段玉裁、王念孙、江有诰三人也被叫作脂部字，因为段玉裁、王念孙、江有诰三人没有独立出物部，物部是脂部的入声，而脂部是包括现在的微部的。王念孙在《与李方伯书》中划定了质部的范围，并把质部独立，既非真部的入声，也非脂部的入声。他说："又案去声之至霁二部、入声之质栉黠屑薛五部中，凡从至，从疐，从吉，从七，从日，从疾，从悉，从栗，从桼，从毕，从乙，从失，从八，从必，从卩，从节，从血，从彻，从设之字，及闭实逸一抑别等字，皆以去入同用，而不与平上同用，因非脂部之入声，亦非真部之入声。"王念孙把薛韵中的"彻设别"三字定为质部，是因为在《诗经》中，"彻设"二字押质部。《小雅·十月之交》八章彻韵逸（天命不彻，我不敢效我友自逸），逸是质部。《小雅·宾之初筵》设韵逸（钟鼓既设，举酬逸逸），逸是质部。但《诗经》无"别"字，《管子·弟子职》别韵鳖（鸟兽鱼鳖，必先菜羹。羹菹中别，菹在酱前，其设要方），鳖是月部。现在一般把《广韵》薛韵划归上古的月部，"彻设别"三字都定为月部，上述《诗经》两例定为月质合韵。

对于质部，段玉裁、王念孙、江有诰各有处理办法，段氏以质承真，王念孙质部独立，江有诰以质承脂。段氏的处理理据不足，王念孙和江有诰的处理都有一定的道理，并且两人书信往来，展开了学术争论。

《诗经》及群经里有脂（王念孙、江有诰的脂部包括现在的脂部、微部、物部）质相押的例子。根据王念孙与江有诰讨论质部是否独立的引证[①]，《诗经·载驰》三章济、閟相押（既不我嘉，不能旋济？视尔不臧，我思不閟），济是脂部，閟是质部。《诗经·皇矣》八章类、致相押（是类是禡，是致是附，四方以无侮），类是脂部（现在一般定为物部），

---

　　① 见王念孙《王石臞先生来书》及江有诰《复王石臞先生书》，附于江有诰《江氏音学十书》卷首。

致是质部。《诗经·抑》首章疾、戾相押（人亦有言：靡哲不愚，庶人之愚，亦职维疾。哲人之愚，亦维斯戾），疾是质部，戾是脂部（现在一般定为质部）。《诗经·终风》三章曀、寐、嚏相押（终风且曀，不日有曀，寤言不寐，愿言则嚏），寐、嚏是脂部（寐，现在一般定为物部），曀是质部。《诗经·宾之初筵》二章礼、至相押（烝衎烈祖，以洽百礼。百礼既至，有壬有林。锡尔纯嘏，子孙其湛），礼是脂部，至是质部。《楚辞·悲回风》至、比相押（岁曶曶其若颓兮，时亦冉冉而将至。薠蘅槁而节离兮，芳以歇而不比），至是质部，比是脂部。《楚辞·九辨》济、至、死相押（霜露惨悽而交下兮，心尚幸其弗济。霰雪雰糅其增加兮，乃知遭命之将至。原徼幸而有待兮，泊莽莽与野草同死），济、死是脂部，至是质部。《楚辞·风赋》栗、欷相押（故其风中人状，直憯凄惏栗，清凉增欷），栗是质部，欷是脂部（现在一般定为微部）。现代严格意义上的脂质阴入相押的例子有《载驰》《悲回风》《九辨》《风赋》四例。因为有这些例子，所以江有诰把质物合一，以承脂部。也因为相押的例子非常少，所以王念孙把质部独立。同样的事实得出了不同的结论。如果按照段氏和江氏的著书体例，一以韵文押韵为据，并且考虑到物部没有独立，微部没有独立，自应质物合一，以承脂部。如果从审音的角度考虑，从语音的系统性角度考虑，自应质部独立。但是二人都不同意以质承真。

那么谐声字上有没有脂微与质物阴入相谐的例子呢？有，但很少。例如：

（1）兀。——兀作声符，可谐阴入。

兀。——《儿部》："兀，高而上平也。从一在人上。……"（176页）五忽切。疑母一等合口入声没韵，上古物部。

虺。——《虫部》："虺，虺以注鸣。《诗》曰：'胡为虺蜥。'从虫，兀声。"（279页）许伟切。晓母三等合口上声尾韵，阴声韵，上古微部。

（2）尼。——尼作声符，可谐阴入。

尼。——《尸部》："尼，从后近之。从尸，匕声。"（174页）女夷切。娘母三等开口平声脂韵，上古脂部。

泥。——《水部》："泥，水。出北地郁郅北蛮中。从水，尼声。"（228页）奴低切。泥母四等开口平声齐韵，上古脂部。

昵。——《日部》："暱，日近也。从日，匿声。《春秋传》曰：'私降暚燕。'昵，暚或从尼。"（139 页）尼质切。娘母三等开口入声质韵，上古质部。

（3）戌。——戌作声符，可谐阴入。

戌。——《戌部》："戌，灭也。九月，阳气微，万物毕成，阳下入地也。五行，土生于戌，盛于戌。从戊含一。凡戌之属皆从戌。"（314 页）辛聿切。心母三等合口入声术韵，上古物部。

威。——《女部》："威，姑也。从女，从戌。汉律曰：'妇告威姑。'"锴本："从女，戌声。"段注本从之。（261 页）於非切。影母三等合口平声微韵，上古微部。但林义光《文源》："（威）象戈戮人，女见之，女畏慑之象。"① 林义光把威作会意字看待。

（4）自。——自作声符，可谐阴入。

自。——《自部》："自，小阜也。象形。凡自之属皆从自。"（303 页）都回切。端母一等合口平声灰韵，上古微部。

帅。——《巾部》："帅，佩巾也。从巾自。"锴本："从巾，自声。"段注本从之。（158 页）所律切。生母三等合口入声术韵，上古物部。但现代学者对帅的结构有不同的解释。金文作帅（五祀卫鼎），声符像一手持杖牵引另一手之形，非自。

以上四例，只有前两例比较可靠。

段氏以质承真，那么《诗经》中有没有真质相押的例子呢？仅有一例。据他的《诗经韵分十七部表》，《召旻》五章替、引、频相押（彼疏斯粹，胡不自替？职兄斯引。池之竭矣，不云自频），段氏认为引、频是真部，替是质部。但是替是去声霁韵，没有证据判断替是质部，就算替是质部，仅以此一例定以质承真，并且忽视脂质相押的例子较多，应该是个失误。

在谐声上，真与质相谐的少数几个例子也可能误使段玉裁以质承真。

（1）卂。——卂作声符，可谐阳入。

卂。——《卂部》："卂，疾飞也。从飞而羽不见。凡卂之属皆从卂。"（246 页）息晋切。心母三等开口去声震韵，上古真部。

蝨。——《蚰部》："蝨，啮人虫。从蚰，卂声。"（283 页）所栉切。

---

① 转引自《说文解字今释》第 1751 页。汤可敬：《说文解字今释》，岳麓书社 1997 年版。

生母三等开口入声栉韵，上古质部。

（2）必。——必作声符，可谐阳入。

必。——《八部》："必，分极也。从八弋，弋亦声。"（28 页）卑吉切。帮母三等开口入声质韵。

覕。——《见部》："覕，蔽不相见也。从见，必声。"（178 页）莫结切。明母三等开口入声屑韵。《广韵》有两个反切：莫结切，必刃切（帮母三等开口去声震韵）。覕有阳入异读。

（3）八。——八作声符，可谐阳入。

八。——《八部》："八，刖也。象分刖相北之形。凡八之属皆从八。"（28 页）博拔切。帮母三等开口入声黠韵。

汃。——《水部》："汃，西极之水也。从水，八声。……"（224 页）府巾切。帮母三等开口平声真韵，阳声韵。《广韵》有两个反切：府巾切、普八切（滂母二等开口入声黠韵）。汃有阳入异读。

（4）因。——因作声符，可谐阳入。

因。——《口部》："因，就也。从口大。"（129 页）於真切。影母三等开口平声真韵，阳声韵。

茵。——《艸部》："茵，车重席。从艸，因声。"（25 页）於真切。影母三等开口平声真韵，阳声韵。

咽。——《口部》："咽，嗌也。从口，因声。"（30 页）乌前切。影母四等开口平声先韵，阳声韵。《广韵》有三个反切：乌前切（阳声先韵）、於甸切（阳声霰韵）、乌结切（入声屑韵）。咽有阳入异读。

谐声字可谐文物的例子如下：

（1）盾。——盾作声符，可谐阳入。

盾。——《盾部》："盾，瞂也。所以扞身蔽目。象形。凡盾之属皆从盾。"（74 页）食问切。船母三等合口去声问韵，阳声韵。《广韵》有两个反切：食尹切（阳声准韵）和徒损切（阳声混韵）。上古文部。

遁。——《辵部》："遁，迁也。一曰：逃也。从辵，盾声。"（40 页）徒困切。定母一等合口去声慁韵，阳声韵。上古文部。

腯。——《肉部》："腯，牛羊曰肥，豕曰腯。从肉，盾声。"（89 页）他骨切。透母一等合口入声没韵。上古物部。

（2）罬。——罬作声符，可谐阳入。

盈。——《皿部》："盈，仁也。从皿，以食囚也。官溥说。"（104页）乌浑切。影母一等合口平声魂韵，阳声韵。上古文部。

温。——《水部》："温，水。出犍为涪南入黔水。从水，盈声。"（225页）乌魂切。影母一等合口平声魂韵，阳声韵。上古文部。

唱。——《口部》："唱，咽也。从口，盈声。"（33页）乌没切。影母一等合口入声没韵。《广韵》有两个反切：乌没切（入声没韵）、乌八切（入声黠韵）。

（3）㐱。——㐱作声符，可谐阳入。

㐱。——《人部》："稠发也。从彡，从人。《诗》曰：㐱发如云。"（185页）之忍切。章母三等开口上声轸韵，阳声韵。上古文部。

殄。——《歹部》："殄，尽也。从歹，㐱声。"（85页）徒典切。定母四等开口上声铣韵，阳声韵。上古文部。

飻。——《食部》："飻，贪也。从食，殄省声。《春秋传》曰：'谓之饕飻。'"按：后作餮。（108页）他结切。透母四等开口入声屑韵，上古物部。

（4）勿。——勿作声符，可谐阳入。

勿。——《勿部》："州里所建旗。象其柄，有三游。杂帛，幅半异。所以趣民，故遽，称勿勿。凡勿之属皆从勿。"（196页）文弗切。微母三等合口入声物韵。上古物部。

物。——《牛部》："物，万物也，牛为大物；天地之数，起于牵牛：故从牛。勿声。"（30页）文弗切。微母三等合口入声物韵。

吻。——《口部》："吻，口边也。从口，勿声。"（30页）武粉切。微母三等合口上声吻韵，阳声韵。上古文部。

（5）兀。——兀作声符。可谐阳入。

兀。——《儿部》："兀，高而上平也。从一在人上。读若夐。茂陵有兀桑里。"（176页）五忽切。疑母一等合口入声没韵，上古物部。

扤。——《手部》："扤，动也。从手，兀声。"（256页）五忽切。疑母一等合口入声没韵，上古物部。

髡。——《髟部》："髡，鬀髪也。从髟，兀声。"（186页）苦昆切。溪母一等合口平声魂韵，阳声韵。上古文部。

谐声字的阳入相谐只能作古韵分部的参考，不能做古韵分部的根据，而且能阳入相谐的字毕竟还是少数。

第五节　关于月物合一、以承脂部的
讨论和修正

　　段玉裁月物合一，以承脂部，引起了诸家的讨论和修正。

　　段氏的第十五部阴声韵包括现在的脂部和微部，入声韵包括现在的月部和物部，去声祭泰夬废四韵归入月部，并且说第十三部文部、第十四部元部与第十五部同入。这样就形成了一部阴声韵和两部阳声韵共一部入声韵的局面。阴阳入的搭配出现参差。月物应否分开呢？这在段氏是很矛盾的。如果不分，一阴一入相照应，但两阳一入不相照应；如果分开，以月承元，以物承文，两阳两入相照应，但一阴与两入又不相照应。

　　段氏也曾考虑再三，最后《六书音均表》定为月物合部，以承脂部。那么月与脂（包括现在的微部、物部）押不押韵呢？有，但很少。据王念孙《寄江晋三书》举例，《诗经》中《候人》四章荟、蔚押韵（荟兮蔚兮，南山朝隮），会是月部，蔚是脂部（现在一般定为物部）；《出车》二章旆、瘁押韵（彼旟旐斯，胡不旆旆？忧心悄悄，仆夫况瘁），旆是月部，瘁是脂部（现在一般定为物部）；《雨无正》二章灭、戾、勩押韵（周宗既灭，靡所止戾。正大夫离居，莫知我勩），灭、勩是月部，戾是脂部（现在一般定为质部）；《小弁》四章嘒、渂、届、寐押韵（菀彼柳斯，鸣蜩嘒嘒，有漼者渊，萑苇渂渂。譬彼舟流，不知所届，心之忧矣，不遑假寐），嘒是月部，渂、届、寐是脂部（现在一般把渂、届定为质部，寐定为物部）；《采菽》二章渂、嘒、骊、届押韵（其旂渂渂，鸾声嘒嘒。载骖载骊，君子所届），嘒是月部，渂、骊是脂部（现在二字一般定为质部），届是物部；《生民》四章旆、穟押韵（荏之荏菽，荏菽旆旆。禾役穟穟，麻麦幪幪，瓜瓞唪唪），旆是月部，穟是脂部（现在一般定为物部）。以上例中的脂部字都是去声字，段氏主张古无去声说，这几个脂部字实际上是质部和物部，这些押韵例子实际上是月物质合韵。因为段玉裁脂物合部，而月物可以相押，故段玉裁月物合一，以承脂部。但月物质合韵和月本部字大量相押、物本部字大量相押、质本部字大量相押相比，比例很小，并不能泯灭月物质之间的界限，因极少数的合韵而合部，正如王力所说，是不难走上苗夔的七部上去的。这几个例子可以解释为音近相押或方言转读，月物质应该分开。而且月部与真正的阴声字相押几乎没有，那么月部脱离脂部，同时又脱离物部独立，就理所当然了。

戴震首先把祭部独立，月部独立，王念孙进而把祭、月合一，称为祭部而独立，实为一大功绩。

在谐声上，脂微与月也很少纠葛，仅有两个疑似例子。

（1）示。——示作声符，可谐脂月。

示。——《示部》："示，天垂象见吉凶所以示人也。从二，三垂，日月星也。……"（7页）神至切。船母三等开口去声至韵，上古脂部。

柰。——《木部》："柰，果也。从木，示声。"（114页）奴带切。泥母一等开口去声泰韵。

祋。——《殳部》："祋，殳也。从殳，示声。……"（66页）丁外切。定母一等合口去声泰韵。

这两个例子可疑，柰和祋虽然在中古属于泰韵，但不能证明在上古二字属于入声。

（2）矢。——矢作声符，可谐脂月。

矢。——《矢部》："矢，弓弩矢也。从入，象镝栝羽之形。古者夷牟初作矢。凡矢之属皆从矢。"（110页）式视切。书母三等开口上声旨韵，上古脂部。

彘。——《彑部》："彘，豕也。后蹏发谓之彘。从彑，矢声。从二匕，彘足与鹿足同。"（197页）直例切。澄母三等开口去声祭韵。

彘，甲骨文作 _{前四·五一·五}，金文作 _{裘卫盉}，象豕着矢，似为会意字。即便声符是矢，也不能证明彘字在上古是入声。所以谐声字是不支持以月承脂的。

段氏最终承认月物应该分开，但仍坚持以月承脂。他在《苔江晋三论韵》中说："仆《六书音均表》数易其稿。初稿有见于十五部入声分配文元二部，如一易一夆之不同，诗人所用实有畛域。故十五表入声有分合之稿。既以牵于一二不可分者，且惑于一部不当首同尾异，竟浑并之。及东原师札来，乃知分者为是，今又得足下札，正同。三占从二，仆书当改易明矣。虽然足下之分是也，足下谓祭泰夬废月曷末鎋薛为一部，皆古无平上之韵，与弟十五部平上合用者不过百中之一二，此恐亿必之言。各韵有有平无入者，未有有入无平者。且去入与平上不合用，他部多有然者，足下突增一部无平上韵，岂不骇俗？"在此段话中，段氏承认月物分立，但坚持以月承脂。为什么他坚持以月承脂？段氏提出两个观点，一个是"一部不当首同尾异"，一个是"有有平无入者，未有有入无平者"①。第一个观点段氏早年坚持，晚年放弃。第二个观点坚持终生。

我们先来分析段氏的第一个观点。他的第一个观点可以理解为首尾一致观点。如果把他的首尾一致理解为一部入声只和一部阴声照应，一部入声只和一部阳声照应，或一部入声照应一部阴声的同时，也可以同时照应一部阳声，那么他的观点应该是对的。首，段氏也称源、称平，是指平上声韵；尾，段氏也称委、称入，是指入声韵。《广韵》中去声则分属二者。段氏还没有阴阳入三分，首尾照应既指阴入照应，也指阳入照应。审音派阴阳入三分相配，形成整齐的局面，可谓首尾一致、源委照应，这是很符合语音系统性的。

如果把月物分开，同时照应脂部，段玉裁就认为是首同尾异，是不正确的。所以他把月物合一，以承脂部，做到一阴一阳，首尾照应。在《苔江晋三论韵》中，段氏主张月物分开，同承脂部，那就是段氏承认可以一阴两入，首同尾异。这个观点是不正确的，一部阴声不可能有两部入声。段玉裁也认为可以首异尾同，即一部入声可以同时照应两部阴声，或一部入声可以同时照应两部阳声，所以段氏《六书音均表》第十三文部和第十四元部同以第十五部的入声为入声，也就不足为奇了。这个观点也是不正确的，违反了语音的系统性原则。

段氏《六书音均表三·古异平同入说》：

入为平委。平音十七，入音不能具也。故异平而同入。职德二韵为弟一部之入声，而弟二部弟六部之入音即此也。屋沃烛觉为弟三部之入声，而弟四部及弟九部之入音即此也。药铎为弟五部之入声，而弟十部之入音即此也。质栉屑为弟十二部之入声，亦即弟十一部之入音。术物

---

① 这两个观点都出自段玉裁《苔江晋三论韵》。

迄月没曷末黠辖薛为弟十五部之入声，亦即弟十三部、弟十四部字入音，陌麦昔锡为弟十六部之入声，而弟十七部之入音即此也。合韵之枢纽于此可求矣。

现在根据段说，换成现代韵部名称，制成表格如下：

异　平	同　入
之部（阴声） 宵部（阴声） 蒸部（阳部）	第一部入声
幽部（阴声） 侯部（阴声） 东部（阳声）	第三部入声
鱼部（阴声） 阳部（阳声）	第五部入声
真部（阳声） 耕部（阳声）	第十二部入声
脂部（阴声） 文部（阳声） 元部（阳声）	第十五部入声
支部（阴声） 歌部（阴声）	第十六部入声

可以看到，段氏第一部入声对应两部阴声一部阳声，第三部入声对应两部阴声一部阳声，第十二部入声对应两部阳声，第十五部入声对应一部阴声两部阳声，第十六部入声对应两部阴声，首尾参差，源委异流，可见段氏作《六书音均表》时已经放弃了首尾一致、源委照应的正确观点。除了鱼部和阳部配第五部入声之外，其余的都不很恰当，不能体现语音的系统性。

段氏在《苔江晋三论韵》中说"惑于一部不当首同尾异，竟浑并之", 他把月物合为一部, 照应了阴声脂部, 做到了首尾一致, 但是一部入声韵部同时照应文部和元部, 首尾又不一致了。段氏的第十五部无论是月物分立还是月物合一, 都不能首尾照应, 以致阴阳入参差相配, 主要原因就是他脂微合一和以月承脂。

　　整个有清一代, 没有人试图把脂微分部。为什么呢? 在谐声字上, 董同龢《上古音韵表稿》① 对脂部、微部的谐声字有详细分析, 脂微两部在谐声上几乎没有纠葛, 有力地支持了脂微分部。但在《诗经》押韵上, 脂微相押比例较大。王力在《上古韵母系统研究》中说:"以上共一百一十个例子, 可认为脂微分用者八十四个, 可认为脂微合用者二十六个, 不及全数四分之一。"② 几乎四分之一的合用比例, 使清代学者不敢也没想到脂微分部。戴震主张整齐的阴阳入三分, 他因为脂微合一, 所以也把真文合一, 把质物合一。戴震在《荅段若膺论韵》中说:"江先生分真以下十四韵、侵以下九韵各为二, 今又分真以下为三, 分尤幽与侯为二, 而不分脂微齐皆灰为三, 东冬锺不分为二, 谆文至山仙虽分而同入不分, 尤幽侯虽分而同入不分。"戴震此段话, 有学者认为对后人脂微分部很有启发。"东冬锺不分为二", 孔广森东冬分为二部; "谆文至山仙虽分而同入不分", 王念孙、江有诰月物分为二部; "尤幽侯虽分而同入不分", 王念孙、江有诰屋觉分为二部。这几个问题, 当时学者都解决了。为什么戴震认为脂微齐皆灰(戴氏把歌戈麻归入歌部, 认为是阳声韵, 与鱼铎相配, 则不恰当)当分为三呢? 因为戴震主张阴阳相配, 既然真文元分为三部, 那么脂微齐皆灰也应分为三部。后人把月部划出, 和歌元相配。那么脂微齐皆灰应分为二部, 就成为一个当然的问题了。这个问题, 由王力彻底完成③。在《上古韵母系统研究》中, 王力分等析韵, 明确地划分了脂部和微部的畛域, 为后来学者所赞同。脂微分部的完成, 彻底解决了段玉裁第十五部首尾照应的问题。

---

① 董同龢:《上古音韵表稿》, 台北台联国风出版社 1975 年版。

② 王力:《龙虫并雕斋文集》第一册, 中华书局 1980 年版, 第 146 页。

③ 据何九盈《中国现代语言学史》(广东教育出版社 1995 年版, 第 264—266 页)介绍, 曾运乾早在 20 世纪 20 年代就已经进行脂微分部并定古韵为三十部。

段玉裁把入声称为委，称为尾，则不恰当。他显然承袭了顾炎武"入为闰声"的观点。上古韵部阴阳入三分，鼎足而立，是无所谓首尾、源委的。

段氏第二个观点基本不正确。上古韵部本质上是对上古韵文韵脚字的概括，在《诗经》中，月曷末鎋薛诸入声韵和祭泰夬废诸去声韵押韵，没有发现严格意义上的与平上声的押韵，所以王念孙和江有诰都认为月部（他们称祭部）只有去入，没有平上，这是事实的概括，没有参以私见。为什么段氏认为"各韵有有平无入者，未有有入无平者"呢？这是因为段氏以之幽宵侯鱼支六部来概括其他各部的结果。之幽宵侯鱼支六部在《诗经》及先秦韵文中，不仅阴入可以相押，而且在谐声字中，阴入也可以相谐。王念孙、江有诰认为这六个韵部都有平上去入，段氏还认为宵部只有平而无入，段氏就据此推断其余各部都应该有平上去入，甚至可以有平无入，而不可以有入无平。这个推断有点武断，因为语音的发展是不平衡的，之幽宵侯鱼支六部和脂微歌三部的语音发展的步调是不一致的。脂微歌与之幽宵侯鱼支的不同，表现在入声质物月在上古韵文中一般不与阴声韵相押，特别是月部，在《诗经》中不但不与脂微相押，而且绝对不与歌部相押。顾炎武支脂之职锡质物月合部，段氏沿袭顾氏错误，以月承脂，这显然是错误的。

第六节　歌月元相配的证明及歌月元在谐声上的独特个性

从归纳古韵的角度看，月部是个比较纯粹的去入韵，月部不应承脂，同时也不应承歌，但从语音系统看，与月相配的阴声韵应该是歌部。但歌月不相押，而且在谐声字上歌月也不相谐，只有一个"敠"。《老子》："大成若敠，其用不弊。""敠"同"缺"。缺上古是月部，但"敠"所从的"垂"上古是歌部。但这个例子并不可靠。《说文》无"敠"，段玉裁"缺"字注："俗误作敠。"（段注本109页）故这个例子可以排除。

怎样证明歌月相配呢？《诗经》中，歌元可以相押，元月可以相押，这样歌月通过元部联系起来。据段氏《诗经韵分十七部表》，歌元相押的例子有：《竹竿》傩①韵左、瑳（淇水在右，泉源在左。巧笑之瑳，佩玉之傩），《东门之枌》原韵差、麻、娑（穀旦于差，南方之原。不绩其麻，市也婆娑），《隰桑》难韵阿、何（隰桑有阿，其叶有难。既见君子，其乐如何）。元月相押的例子：《甫田》怛韵桀②（无田甫田，维莠桀桀。无思远人，劳心怛怛），《匪风》怛韵发、偈（匪风发兮，匪车偈兮。顾瞻周道，中心怛兮）。江永在《四声切韵表·凡例》中分析等呼和谐声，以月兼配歌元，歌月元互转，可称卓识。他说："曷一等开口呼，为寒旱翰之入，末一等合口呼，为桓缓换之入，而曷又为歌哿箇之入，末又为戈果过之入，曷末又同为泰韵之入，皆音呼等列同，得以相转也。寒桓与歌戈音每相转，如难字得通傩，筕字得通秆，若干即若个，鼍骝弹皆从单，惮瘅有丁佐切之音。字从番转重唇音，桓韵为潘蟠，而番有波音，蟠鄱有婆音。至入声，则怛妲笪从旦，頞从安，翰从干省声，何曷亦一声之转，故寒桓歌戈同用曷末为入声。""寒桓歌戈同用曷末为入声"即歌月元相配。江永正是从谐声字的歌元相谐、元月相谐来证明歌月相配。

南京大学业师李开先生举出歌月通韵相配的押韵、异文、联绵词实例：

> 《礼记·聘礼》："廉而不刿（上古月部），义（上古歌部）也。垂之如队（上古物部），礼（上古脂部）也。"按：此为韵文，为上古月歌对转、物脂旁对转例。在江永分部中为月歌相配，质支相配。歌月对转，王力曾举出"施：设"。今还可举出"刭（歌）：刿（月）"。《说文·刀部》："刭，刭刿，曲刀也。"《广雅·释器》："刭刿，刀也。"王念孙疏证："刭之言阿曲，刿之言曲折也。"并引《说文》后说："刿与刿同。"故亦作"刭刿"。行文中"刭刿"为同义连用。《楚辞·严忌〈哀时命〉》："握刭刿而不用兮，操规榘而无所施。"王逸注："刭刿，刻镂刀也。"③

①　傩，《广韵》诺何切，歌韵。但傩从难声，故段氏认傩为元部。
②　怛，《广韵》当割切，曷韵。但怛从旦声，故段氏认怛为元部。
③　李开：《论江永上古韵元部阴阳入之分配及其古韵学说》，《南京大学学报》2001年第2期。

现在我们再举出异文、读若、同源词中歌月相配的例子：

（1）《易·说卦传》："为科上槁。"《经典释文》（以下简称《释文》）："科，虞作折。"科，哭禾切，上古溪母歌部；折，旨热切，上古章母月部。这是月歌异文例。

（2）《山海经·海外东经》郭璞注："𢨵或作髪。"𢨵，子邪切，上古精母歌部；髪，方伐切，上古帮母月部。这是月歌异文例。

（3）《左传·哀公元年》："无折骨。"《周礼·大祝》郑众注作"无破骨"。折，旨热切，上古章母月部；破，普过切，上古滂母歌部。这是月歌异文例。

（4）《女部》："㛥，疾悍也。从女，叕声。读若唾。"㛥，丁滑切，上古端母月部。唾，汤卧切，上古透母歌部。这是月歌读若例。

（5）靡：蔑。①《尔雅·释言》："靡，无也。"《诗·邶风·泉水》："靡日不思。"郑笺："靡，无也。"《小尔雅·广诂》："蔑，无。"《易·剥卦》："剥牀以足，蔑贞，凶。"《释文》："蔑，无也。"靡，文彼切，上古明母歌部；蔑，莫结切，上古明母月部。这是同源词月歌相通例。

（6）何：曷。《广雅·释诂》："何，问也。"《说文·曰部》："曷，何也。"《书·五子之歌》："呜呼！曷归？"孔安国传："曷，何也。"何，胡歌切，上古匣母歌部；曷，胡葛切，上古匣母月部。这是同源词月歌相通例。

（7）施：设。《史记·韩世家》："施三川而归。"张守节正义："施犹设也。"《言部》："设，施陈也。"《广雅·释诂三》："设，施也。"《公羊传·桓公十一年》："权之所设。"何休注："设，施也。"施，式支切，上古书母歌部；设，识列切，上古书母月部。这是同源词月歌相通例。

（8）个：介。《集韵·箇韵》："个，枚也。"《仪礼·士虞礼》："俎释三个。"郑玄注："个，犹枚也。"《史记·货殖传》："竹竿万个。"张守节正义："竹曰个，木曰枚。"字亦作箇。《广韵·箇韵》："箇，箇数，

_____

① 文中"靡：蔑、何：曷、施：设、个：介、加：盖、疧：疥"6例均采自王力《同源字典》，商务印书馆1982年版。余下的例子采自刘钧杰《同源字典补》，商务印书馆1999年版。文字有简省。

又枚也。"《广雅·释诂三》:"介,独也。"《书·秦誓》:"如有一个臣。"
《礼记·大学》作"如有一个臣"。《释文》:"个,古贺反,一读作介,
音界。"《国语·吴语》:"一介嫡女。"韦昭注:"一介,一人。"王引之
《经义述闻·通说上》:"介音古拜反,又音古贺反,犹大之音唐佐反,奈
之音奴箇反,皆转音也。后人于古拜反者则作介,于古贺反者则作个,
而不知个即介字隶书之省,非两字也。"个,古贺切,上古见母歌部。
介,古拜切,上古见母月部。这是同源词月歌相通例。如按王引之的说
法,则为一词异体而分化为两个字形。

(9) 加:盖(葢)。《玉篇·力部》:"加,盖也。"《论语·乡党》:
"加朝服,拖绅。"皇侃疏:"加,覆也。"一物放在另一物的上面叫加。
《左传·成公二年》:"再拜稽首,奉觞加璧以进。"《释名·释言语》:
"盖,加也,加物上也。"《墨子·备穴》:"盆盖井口,毋令烟上泄。"
《庄子·应帝王》:"功盖天下。"《荀子·王制》:"我今将脩饰之,拊循
之,掩盖之。"加,古牙切,上古见母歌部。盖,古太切,上古见母月
部。这是同源词月歌相通例。

(10) 痂:疥。《疒部》:"痂,疥也。"段注:"按痂本谓疥,后人乃
谓疮所蜕鳞为痂,此古义今义之不同也。"《广雅·释诂一》:"痂,创
也。"《疒部》:"疥,搔也。"《急就篇》:"痂疕疥疠痴聋盲。"颜师古注:
"疥,小虫攻啮皮肤灗错如鳞甲也。"痂,古牙切,上古见母歌部;疥,
古拜切,上古见母月部。这是同源词月歌相通例。

(11) 峨:轙:嶭。峨是山高,是高的样子;轙是车载物载得高的样
子;嶭是危高。

《说文》:"峨,嵯峨也。"《玉篇》残卷:"峨,五多反。《楚辞》:
'冠浮云之峨峨。'王逸曰:'峨,高皃也。'"《广雅·释训》:"峨峨,高
也。"《文选·张衡·西京赋》:"神山峨峨。"薛综注:"峨峨,高大也。"
《说文》:"轙,载高皃也。"《广雅·释训》:"轙轙,高也。"《诗·卫
风·硕人》:"庶姜孽孽。"《释文》:"孽,韩诗作轙,长貌。"峨,牛何
切,上古疑母歌部;轙、嶭,鱼列切,上古疑母月部。这是同源词月歌
相通例。

(12) 阿:荷:豁:鱖。阿是大山,荷是大叶,豁是大而空,鱖是鱼
大口。

　　《说文》："阿，大陵也。"《尔雅·释地》："大陵曰阿。"郝懿行曰："土地高大名阜，阜最大名曰陵，陵大者名阿。"《诗·小雅·菁菁者莪》："在彼中阿。"传："大陵曰阿。"又《大雅·皇矣》："我陵我阿。"笺："大陵曰阿。"又卷阿："有卷者阿。"笺："大陵曰阿。"说文："荷，扶渠叶。"段玉裁曰："盖大叶骇人，故谓之荷。"《广雅·释诂三》："豁，空也。"《一切经音义》："豁然，字书：豁，大也。考声：豁，开也。"又四十一引《广雅》："豁，空也，大也。"《史记·司马相如传·上林赋》："谽呀豁閜。"《集解》引郭璞云："皆涧谷之形容也。"《索隐》引司马彪云："豁閜，空虚也。"《文选·郭璞·江赋》："豁若天开。"注："豁，开貌。"陶潜《桃花源记》："初极狭，才通人，复行数十步，豁然开朗。"说文："鱖，鱼名。"桂馥引《六书故》："鱖，鱼之挚者，决吻。"决吻即大开之口。玉篇："鱖，鱼，大口细鳞班彩。"《尔雅翼·释鱼》："鱖鱼，巨口而细鳞。"《广韵·祭韵》："鱖，鱼名，大口细鳞有班丈。"丈当是文之误。阿，乌何切，上古影母歌部；荷，胡歌切，上古匣母歌部。豁，呼括切，上古晓母月部；鱖，居卫切，上古见母月部。这是同源词月歌相通例。

　　（13）隋：睡：裂：蘖。隋是祭品的残余，睡是残田，裂是裁剪布帛的剩余，蘖是树伐倒后再生的枝芽，枝芽是原树的残余。

　　《说文》："裂，缯余也。"段玉裁曰："引伸凡分散残余之称。"《文选左思·魏都赋》："汉罪流御，秦余徒裂。"注引《广雅》："裂，余也。"《尔雅·释诂下》："烈、栦（蘖），余也。"注："晋卫之间曰蘖，陈郑之间曰烈。"《方言·一》："烈、栦，余也。"王引之《经义述闻》："大雅皇矣'修之平之，其灌其栵'，读为烈，谓伐木之余也。"《诗·大雅·云汉序》："宣王承厉王之烈。"《笺》："烈，余也。"《说文》："隋，裂肉也。"段玉裁曰："裂肉谓尸所祭之余也。"《说文》："睡，残田也。"段玉裁："（残）而且芜之田也。"隋，徒果切，上古定母歌部；睡，昨何切，上古从母歌部。裂，良薛切，上古来母月部；蘖，鱼列切，上古疑母月部。这是同源词月歌相通例。

　　（14）列：罗。列是陈列，布置，引申指行列。罗是排列，分布。

　　《广雅·释诂二》："列，陈也。"又《释诂》："列，布也。"《左传·昭公二十九年》："实列受氏姓。"《疏》："列谓行列。"《礼记·丧服大记》："火三列。"《疏》："列,行。"《文选·扬雄长杨赋》："掉八列之舞。"注："八列,八佾也。"又张衡《东京赋》："胪人列。"注："言鸿胪所主羌胡之人皆罗于朝廷也。"《尔雅·释诂一》："罗,列也。"《方言·七》："罗谓之离,离谓之罗。"注："皆行列物也。"《楚辞·屈原少司命》："秋兰兮麋芜,罗生兮堂下。"注："言众香之草又环其堂下,罗列而生。"又《宋玉·招魂》："步骑罗些。"注："罗,列也。"罗,鲁和切,上古来母歌部。列,良薛切,上古月来母部。这是同源词月歌相通例。

(15)塺:末。可解为尘土粉末。说文:"塺,尘也。"末,解为粉末。《世说新语·汰侈》:"豆至难煮,唯豫作熟末,客至,作白粥以投之。"塺,莫杯切,上古歌部。末,莫拨切,上古月部。这是同源词月歌相通例。

江永《四声切韵表》成书于《六书音均表》之前,而段玉裁不采纳江氏歌月相配的成果,实为遗憾。戴震曾经协助过江永撰写《古韵标准》,但戴氏的古韵系统里,却是鱼铎歌相配,歌的入声是铎,并且视歌为阳声韵,更是错上加错。可见不是精于等韵之学善于审音如江永者,是很难发现歌月相配的。

那么段氏的歌部没有相配的入声了吗? 有。段氏《六书音均表一·弟十七部与弟十六部同入说》:"弟十七部与弟十六部合用最近,其入音同弟十六部。"即支歌同入,入音是锡部。证据有韵文和形声字。《诗·小雅·斯干》地、裼、瓦、仪、议、罹相押(乃生女子,载寝之地。载衣之裼,载弄之瓦。无非无仪,唯酒食是议,无父母诒罹)。地、瓦、仪、议、罹是歌部,裼是锡部。在《六书音均表三·古一字异体说》中,他举出了谐声例证:"凡一字异体者,即可征合韵之条理。以弟十六部言之,……芰或为茤,鬄或为髢,饧或为饨,輗或为輨,弛或为虒。支声、易声、儿声、虒声在十六部,多声、也声、宜声在十七部,此可见次第相近合用之理。""芰或为茤",芰从支声,支部;茤从多声,歌部。"輗或为輨",輗从儿声,支部;輨从宜声,歌部。"弛或为虒",弛从也声,歌部;虒从虒声,支部。此三例证明支歌相近。"鬄或为髢",髢从也声,歌部;鬄从易声,锡部。"饧或为饨",饨从也声,歌部;饧从易声,锡部。此两例证明歌部之入为锡。然而仅凭此三两例来证明歌之入为锡,是不能服人的。这只能证明支歌相近，支锡可相押、相谐，故歌锡也偶尔相押相谐，是合韵之理，而非本部押韵。

与月部相似的是质部和物部。此三部的韵尾是 - t。它们的共同特点是与阴声几乎不或极少相押、相谐。脂质相押、相谐极少，故王念孙至部独立；微物相押、相谐极少，故章炳麟队部独立。祭（月）、至（质）、队（物）三部都是去入韵，此三部的独立，达到了清代古音学的高峰。

在谐声上，歌月元三部表现出了非常强烈的个性，即歌月不相谐，歌元可以相谐，元月大量相谐。如江永《四声切韵表·凡例》所举例，难、可、单、番作声符，可谐阴阳；旦、安、祉作声符，可谐阳入。但是可谐阳入的声符不仅仅有 3 个，据我们统计，可谐阳入的声符有 18 个。如下：

（1）安作声符，可谐阳入。

安。——《宀部》："安，静也。从女在宀下。"（150 页）乌寒切。影母一等开口平声寒韵，阳声韵。

案。——《木部》："案，几属。从木，安声。"（122 页）乌旰切。影母一等开口去声翰韵，阳声韵。

頞。——《页部》："頞，鼻茎也。从页，安声。"（181 页）乌割切。影母一等开口入声曷韵。

（2）晏。——晏作声符，可谐阳入。

晏。——《女部》："晏，安也。从女、日。《诗》曰：'以晏父母。'"（262 页）乌谏切。影母二等开口去声谏韵，阳声韵。

匽。——《匚部》："匽，匿也。从匚，晏声。"（267 页）于寒切。影母三等开口上声阮韵，阳声韵。

揠。——《手部》："揠，拔也。从手，匽声。"（255 页）乌黠切。影母二等开口入声黠韵。

（3）元。——元作声符，可谐阳入。

元。——《一部》："元，始也。从一，从兀。"（7 页）愚袁切。疑母三等合口平声元韵，阳声韵。

完。——《宀部》："完，全也。从宀，元声。古文以为宽字。"（150 页）胡宽切。匣母一等合口平声桓韵，阳声韵。

輐。——《车部》："輐，车辕耑持衡者。从车，元声。"（302 页）

鱼厥切。疑母三等合口入声月韵。

（4）冤。——冤作声符，可谐阳入。

冤。——《兔部》："冤，屈也。从兔，从冖。兔在冖下，不得走，益屈折也。"（235 页）於袁切。影母三等合口平声元韵。

蒬。——《艸部》："蒬，棘蒬也。从艸，冤声。"（19 页）於元切。影母三等合口平声元韵，阳声韵。

黦。——《黑部》："黦，黑有文也。从黑，冤声。"（211 页）於月切。影母三等合口入声月韵。

（5）厂。——厂作声符，可谐阳入。

厂。——《厂部》："厂，山石之厓岩，人可居。象形。凡厂之属皆从厂。厈，籀文从干。"（193 页）呼旱切。晓母一等开口上声旱韵，阳声韵。

雁。——《隹部》："雁，鸟也。从隹，从人，厂声。"（76 页）五晏切。疑母二等开口去声谏韵，阳声韵。

屵。——《屵部》："屵，岸高也。从山厂，厂亦声。凡屵之属皆从屵。"（191 页）五葛切。疑母一等开口入声曷韵。

（6）㫃。——㫃作声符，可谐阳入。

㫃。——《㫃部》："㫃，旌旗之游，㫃蹇之皃。从屮，曲而下；垂㫃，相出入也。读若偃。古人名㫃，字子游。凡㫃之属皆从㫃。"（140 页）于幰切。影母三等开口上声阮韵，阳声韵。

倝。——《倝部》："倝，日始出，光倝倝也。从旦，㫃声。凡倝之属皆从倝。"（140 页）古案切。见母一等开口去声翰韵，阳声韵。

翰。——《羽部》："翰，天鸡赤羽也。从羽，倝声。《逸周书》曰：'大翰，若翚雉，一名鷐风。周成王时蜀人献之。'"（75 页）侯干切。匣母一等开口去声翰韵，阳声韵。

斡。——《斗部》："斡，蠡柄也。从斗，倝声。扬雄、杜林说，皆以为辐车轮斡。"（300 页）乌括切。影母一等合口入声末韵。

（7）虎。——虎作声符，可谐阳入。

虎。——《高部》："虎，高属。从高，虍声。"虍在上古属鱼部，本书把虎作为独立的声符看待，上古属元部。（62 页）牛建切。疑母三等开口去声愿韵。

献。——《犬部》："献，宗庙犬名羹献。犬肥者以献之。从犬，鬳声。"（205 页）许建切。晓母三等开口去声愿韵，阳声韵。《广韵》有三个反切：许建切（阳声愿韵）、鱼列切（入声薛韵）、素何切（阴声歌韵）。献有阴阳入三读。

櫱。——《木部》："櫱，伐木余也。从木，献声。"（125 页）五葛切。疑母一等开口入声曷韵。《广韵》为鱼列切，疑母三等开口入声薛韵。

讞。——《广韵·狝韵》："讞，议狱。"①（292 页）鱼蹇切，疑母三等开口上声狝韵；又鱼列切，疑母三等开口入声薛韵。按，《说文》从水，作瓛。鱼列切。

（8）丰。——丰作声符，可谐阳入。

丰。——《丰部》："丰，艸蔡也。象艸生之散乱也。凡丰之属皆从丰。读若介。"（93 页）古拜切。见母二等开口去声怪韵，上古月部。

害。——《宀部》："害，伤也。从宀，从口。宀口，言从家起也。丰声。"（151 页）胡盖切。匣母一等开口去声泰韵，上古月部。

割。——《刀部》："割，剥也。从刀，害声。"（92 页）古达切。见母一等开口入声曷韵。

憲。——《心母》："憲，敏也。从心、从目，害省声。"（217 页）许建切。晓母三等开口去声愿韵，阳声韵。

（9）閒。——閒作声符，可谐阳入。

閒。——《门部》："閒，隙（此从段注本）也。从门，从月。"后也作间。（248 页）古闲切。见母二等开口平声山韵，阳声韵。

简。——《竹部》："简，牒也。从竹，閒声。"（379 页）古限切。见母二等开口上声产韵，阳声韵。

鬜。——《髟部》："鬜，鬓秃也。从髟，閒声。"（186 页）苦闲切。溪母二等开口平声山韵，阳声韵。《广韵》有三个反切：可颜切（阳声删韵）、苦闲切（阳声山韵）、恪八切（入声黠韵）。鬜有阳入异读。

（10）见。——见作声符，可谐阳入。

见。——《见部》："见，视也。从儿，从目。凡见之属皆从见。"

---

① 余廼永：《新校互注宋本广韵定稿本》，上海人民出版社 2005 年版。

（177 页）古甸切。见母四等开口去声霰韵，阳声韵。

　　砚。——《石部》："砚，石滑也。从石，见声。"（195 页）五甸切。
疑母四等开口去声霰韵，阳声韵。

　　靮。——《革部》："靮，繫牛胫也。从革，见声。"（62 页）已彳
切。以母三等开口入声昔韵。《广韵》虎结切，晓母四等开口入声屑韵。

　　（11）干。——干作声符，可谐阳入。

　　干。——《干部》："干，犯也。从反入，从一。凡干之属皆从干。"
（50 页）古寒切。见母一等开口平声寒韵，阳声韵。

　　旱。——《日部》："旱，不雨也。从日，干声。"（138 页）乎旰切。
匣母一等开口去声翰韵，阳声韵。《广韵》胡笴切，匣母一等开口上声旱
韵，阳声韵。

　　讦。——《言部》："讦，面相斥（即斥）罪，相告讦也。从言，干
声。"（56 页）居谒切。见母三等开口入声月部。

　　（12）官。——官作声符，可谐阳入。

　　官。——《𠂤部》："官，吏，事君也。从宀，从𠂤。𠂤犹众也，此与
师同意。"（304 页）古丸切。见母一等合口平声桓韵，阳声韵。

　　菅。——《艸部》："菅，茅也。从艸，官声。"（17 页）古颜切。见
母二等开口平声删韵，阳声韵。

　　捾。——《手部》："捾，搯捾也。从手，官声。一曰：援也。"
（251 页）乌括切。影母一等合口入声末韵。

　　婠。——《女部》："婠，体德好也。从女，官声。读若楚郤宛。"
（261 页）一完切。影母一等合口平声桓韵，阳声韵。《广韵》有三个反
切：一丸切（阳声桓韵）、古玩切（阳声换韵）、乌八切（入声黠韵）。
婠有阳入异读。

　　（13）奊。——奊作声符，可谐阳入。

　　奊。——《大部》："奊，稍前大也。从大，而声。读若畏偄。"
（215 页）朱骏声注："按：当作梢前大也。从大，从耑省会意，耑亦声。
所谓本不胜末也，所谓末大必折也。"[1] 本书把奊作为独立的声符看待，
上古为元部。而沇切。日母三等合口上声狝韵，阳声韵。

---

① 朱骏声：《说文通训定声》，中华书局 1984 年版，第 384 页。

媆。——《女部》："媆，好皃。从女，耎声。"（264 页）而沇切。
日母三等合口上声狝韵，阳声韵。

瓹。——《瓦部》："瓹，蹈瓦声。从瓦，耎声。"（269 页）零帖切。
来母四等开口入声帖韵。

（14）旦。——旦作声符，可谐阳入。

旦。——《旦部》："旦，明也。从日见一上。一，地也。凡旦之属
皆从旦。"（140 页）得案切。端母一等开口去声翰韵，阳声韵。

但。——《人部》："但，褐也。从人，旦声。"（167 页）徒旱切。
定母一等开口上声旱韵，阳声韵。

怛。——《心部》："怛，憯也。从心，旦声。"（222 页）得案切
（阳声翰韵），又当割切（入声曷韵）。怛有阳入异读。

笪。——《竹部》："笪，笞也。从竹，旦声。"（98 页）当割切。端
母一等开口入声曷韵。

（15）算。——算作声符，可谐阳入。

算。——《竹部》："算，数也。从竹，从具。读若筭。"（99 页）苏
管切。心母一等合口上声缓韵，阳声韵。

篡。——《厶部》："篡，屰而夺取曰篡。从厶，算声。"（189 页）
初官切。《广韵》初患切，初母二等合口去声谏韵，阳声韵。

纂。——《黑部》："纂，黄黑而白也。从黑，算声。一曰：短黑。
读若以芥为齑，名曰芥荃也。"（211 页）初刮切。初母二等合口入声
辖韵。

潊。——《水部》："潊，饮歃也。一曰：呧也。从水，算声。"（236
页）衫洽切（入声洽韵），又先活切（入声末韵）。

（16）戋。——戋作声符，可谐阳入。

戋。——《戋部》："戋，贼也。从二戈。《周书》曰：'戋戋巧言。'"
（266 页）昨干切，从母一等开口平声寒韵。

栈。——《木部》："栈棚也。竹木之车曰栈。从木，戋声。"（123 页）
士限切。崇母二等开口上声产韵，阳声韵。

幧。——《巾部》："幧，帗也。一曰：帗也。一曰：妇人胁衣。从
巾，戋声。读若末杀之杀。"（204 页）所八切。生母二等开口入声黠韵。
《广韵》有五个反切：所八切（入声黠韵）、昨干切（阳声寒韵）、则前切

（阳声先韵）、即浅切（阳声狝韵）、苏旰切（阳声翰韵）。幓有阳入异读。

（17）夐。——夐作声符，可谐阳入。

夐。——《夏部》："夐，营求也。从攵，从人在穴中。《商书》曰：'高宗梦得说，使百工夐求，得之傅巖。'巖，穴也。"（70 页）朽正切。晓母三等去声劲韵，阳声韵。《广韵》有两个反切：休正切（阳声劲韵）、许县切（阳声霰韵）。上古音段氏归为元部。

讂。——《言部》："讂，流言也。从言，夐声。"（57 页）火县切。晓母四等合口去声霰韵，阳声韵。

觼。——《角部》："觼，环之有舌者。从角，夐声。鐍，觼或从金矞。"（94 页）古穴切。见母四等合口入声屑韵。

（18）肙。——肙作声符，可谐阳入。

肙。——《肉部》："肙，小虫也。从肉，口声。"我们把肙作为一个独立的声符看待。（90 页）乌玄切。影母四等合口平声先韵。

涓。——《水部》："涓，小流也。从水，肙声。《尔雅》曰：'汝为涓。'"（229 页）古玄切。见母四等合口平声先韵，阳声韵。

焆。——《火部》："焆，焆焆，烟皃。从火，肙声。"（209 页）因悦切。影母三等合口入声薛韵。

第七节　关于以缉承侵、以盍承谈的 讨论和修正

段氏第七部阳声韵是侵盐添（举平以该上去）[①]，入声韵是缉叶帖，包括现在的侵和缉两部。第八部阳声韵是覃谈咸衔严凡（举平以该上去），入声韵是合盍洽狎业乏，包括现在的谈和盍两部。

顾炎武研究古韵，第一个改变《广韵》以入承阳的格局为以入承阴，只有缉以下九韵在《诗经》中找不到相押的阴声字，故仍以缉以下九个入声韵承侵以下九个阳声韵，构成他的第十部。段氏有三个韵部是以入

---

① 侵部和谈部具体包括哪些《广韵》韵母，学者们意见不一。段玉裁和戴震相同。江有诰侵部包括侵覃。王力春秋时期韵部侵冬合一，所以他的侵部包括侵覃冬，又咸东之半。由于闭口韵押韵字数少，可不深究。

承阳，即第十二部以质承真，第七部以缉承侵，第八部以盍承谈。这三部的安排都欠妥当。上文对以质承真已经作了辨析。

　　闭口韵的以入承阳，段氏和顾氏的理由是不同的。顾氏按照他理解的《诗经》韵例，阳入相押，故阳入合部。段氏按照他理解的《诗经》韵例，阳入不相押，可他仍然把侵缉合部，把谈盍合部，显然失当。

　　在《诗经》中，只有两处阳入有纠葛。《秦风·小戎》第二章："四牡孔阜，六辔在手。骐駵是中，騧骊是骖。龙盾之合，鋈以觼軜。言念君子，温其在邑。方何为期，胡然我念之。"顾炎武以阜、手押韵，以骖、合、軜、邑、念押韵。阜、手押幽部，没有异议。骖、合、軜、邑、念都是闭口韵，骖是阳声平声韵，念是阳声去声韵，合、軜、邑是入声韵。故顾氏说："此章以平去入通为一韵。"① 《小雅·常棣》第七章："妻子好合，如鼓瑟琴。兄弟既翕，和乐且湛。"顾氏以合、琴、翕、湛押韵。合、翕为入声，琴、湛为阳声平声。② 故顾氏说："合与翕、琴与湛各以平入相谐，亦可通为一韵。"③ "亦可通为一韵"，即阳入相谐。顾氏因为没有发现与缉以下九个入声韵相押的阴声韵，而《小戎》二章骖、念两个阳声韵与入声韵合、軜、邑相押，《常棣》七章阳入通为一韵，故顾氏阳入合部，应该是有理由的。

　　江永的《古韵标准》把顾氏的第十部分为四部，即平声韵第十二侵部、第十三谈部，入声第七缉部、第八盍部。这是正确的。江氏说："二十一侵至二十九凡九韵，词家谓之闭口音。顾氏合为一部，愚谓此九韵与真至仙十四韵相似，当以音之侈弇分为两部。……'南男参三'等字，古音口弇呼之，若'岩詹谈餤甘监'等字，《诗》中固不与'心林钦音'等字为韵也。"④ 即侵部音弇，现代学者把其主元音拟为 ə；谈部音侈，现代学者把其主元音拟为 ɑ。江氏对《小戎》二章韵例的理解也不同于顾氏，他认为中、骖押韵，合、軜、邑押韵，期、之押韵。他说："骐駵是

----

① 顾炎武：《音学五书》，中华书局 1982 年版，第 97 页。
② 江永《古韵标准》（中华书局 1982 年版，第 46 页）："《中庸》引《诗》作'和乐且耽'，耽今音丁含切。"故湛为平声覃韵。
③ 顾炎武：《音学五书》，第 111 页。
④ 江永：《古韵标准》，第 46—47 页。

中与骖韵，此方音稍转似陟林切，犹《易·恒》象传中与深、禽韵也。"① 这实际上是冬侵合韵，也许《诗经》时代冬读如侵，故严可均、王力以冬归侵。江氏又说："案《小戎》二章骐駵是中、騧骊是骖自相谐，龙盾之合与軜、邑韵，末二句期、之自为韵。顾氏蔽于入声通转平上去之说，谓骖、合、軜、邑、念平去入通为一韵。骖何能与合、軜、邑韵？末二句韵本分明，乃读念字为韵，误甚。"② 江氏《古韵标准》对《常棣》七章的处理也是以合、翕入声自相押韵，琴、湛阳声自相押韵。这样闭口韵的阳声与入声在押韵上就没有纠葛，那么侵与缉应独立为两部，谈与盍应独立为两部。

段玉裁虽然对《小戎》二章、《常棣》七章押韵的处理与江永完全一样，他仍然把侵缉合部，谈盍合部。王念孙和江有诰主张缉和盍独立，对顾氏、段氏提出了批评。王念孙说："入声自一屋至二十五德，其分配平上去之某部某部，顾氏一以九经《楚辞》所用之韵为韵，而不用《切韵》以屋承东、以德承登之例，可称卓识；独于二十六缉至三十四乏仍从《切韵》以缉承侵、以乏承凡，此两歧之见也。……今案缉合以下九部当分为二部。遍考《三百篇》及群经《楚辞》所用之韵皆在入声中，而无与去声同用者，而平声侵覃以下九部，亦但与上去同用而入不与焉。然则缉合以下九部本无平上去，明矣。"③ 王氏的原则是："此皆以九经《楚辞》用韵之文为例，而不从《切韵》之例。"④ 江有诰说："缉合九韵之配侵覃历来举无异说。有诰则谓平入分配必以《诗》《骚》平入合用之章为据。支部古人用者甚少，《诗》《易》《左传》《楚辞》仅三十九见，而四声互用者十之三。今考侵覃九韵《诗》《易》《左传》《楚辞》共五十七见，缉合九韵《诗》《易》《大戴》《楚辞》共二十二见，并无一字合用者，即遍考先秦两汉之文，亦无之。检《唐韵》之偏旁又复殊异，盖几于此疆尔界绝不相蒙，乌能强不类者而合之也。则当以缉合为一部，盍叶以下为一部，其类无平上去。"⑤ 江有诰的原则是"平入分配必以

---

① 江永：《古韵标准》，第13页。
② 同上书，第81页。
③ 见王念孙《与李方伯书》。
④ 同上。
⑤ 见江有诰《寄段茂堂先生书》。

《诗》《骚》平入合用之章为据"，与王念孙的原则言异意同，即平入合用，则平入合为一部，如之职合部；平入不合用，则平入分为两部，如侵为一部，缉为一部。这个划分韵部的原则是正确的。

但江有诰此段话的"检《唐韵》之偏旁又复殊异"是不能服人的，因为侵与缉、谈与盍在谐声上有瓜葛。据我们统计，段氏的第七、第八两部的谐声表中，有 15 个声符可兼谐阳入。如下：

（1）朁。——朁作声符，可谐阳入。

朁。——《曰部》："朁，曾也。从曰，兓声。《诗》曰：'朁不畏明。'"我们把朁作为一个独立的声符看待。（100 页）七感切。清母一等开口上声感韵，阳声韵。

僭。——《人部》："僭，假也。从人，朁声。"（166 页）子念切。精母四等开口去声栎韵，阳声韵。

噆。——《口部》："噆，嗛也。从口，朁声。"（34 页）子苔切。精母一等开口入声合韵。《广韵》有两个反切：子苔切（入声合韵）、七感切（阳声感韵）。噆有阳入异读。

（2）甚。——甚作声符，可谐阳入。

甚。——《甘部》："甚，尤安乐也。从甘，从匹耦也。"（100 页）常枕切。禅母三等开口上声寝韵，阳声韵。

糂。——《米部》："糂，以米和羹也。一曰：粒也。从米，甚声。"（147 页）桑感切。心母一等开口上声感韵，阳声韵。

勘。——《十部》："勘，勘勘，盛也。从十，从甚。汝南名蚕盛曰勘。"（50 页）按，段注本作："从十，甚声。"（89 页）朱注本作："从十，从甚，会意。甚亦声。"段朱可从。（142 页）子入切。精母三等开口入声缉韵。

（3）音。——音作声符，可谐阳入。

音。——《音部》："音，声也。声于心，有节于外，谓之音。宫商角征羽，声；丝竹金石匏土革木，音也。从言含一。凡音之属皆从音。"（58 页）於今切。影母三等开口平声侵韵，阳声韵。

谙。——《言部》："谙，悉也。从言，音声。"（57 页）乌含切。影母一等开口平声覃韵，阳声韵。

湆。——《水部》："湆，幽溼也。从水，音声。"（235 页）去急切。

溪母三等开口入声缉韵。

（4）今。——今作声符，可谐阳入。

今。——《人部》："今，是时也。"（108 页）居音切。见母三等开口平声侵韵，阳声韵。

念。——《心部》："念，常思也。从心，今声。"（217 页）奴店切。泥母四等开口去声桥韵，阳声韵。

㪍。——《攴部》："㪍，塞也。从攴，念声。"（69 页）奴叶切。泥母四等开口入声帖韵。

酓。——《酉部》（大徐本无，此从段注本 748 页）："酓，酒味苦也。从酉，今声。"於剡切。影母三等开口上声琰韵，阳声韵。

盦。——《皿部》："盦，覆盖也。从皿，酓声。"（104 页）乌合切。影母一等开口入声合韵。《广韵》有两个反切：安盍切（入声盍韵）、乌含切（阳声覃韵）。盦有阳入异读。

（5）咸。——咸作声符，可谐阳入。

咸。——《口部》："咸，皆也，悉也。从口，从戌。戌，悉也。"（654 页）胡监切。匣母二等开口平声衔韵（《广韵》胡谗切，为咸韵），阳声韵。

箴。——《竹部》："箴，缀衣箴也。从竹，咸声。"（98 页）职深切。章母三等开口平声侵韵，阳声韵。

瞡。——《目部》："瞡，目陷也。从目，咸声。"（73 页）苦夹切。溪母二等开口入声洽韵。

（6）合。——合作声符，可谐阳入。

合。——《人部》："合，合口也。从人，从口。"（108 页）侯閤切。匣母一等开口入声合韵。

翕。——《羽部》："翕，起也。从羽，合声。"（75 页）许及切。晓母三等开口入声缉韵。

颌。——《页部》："颌，颐也。从页，合声。"（182 页）胡感切。匣母一等开口上声感韵，阳声韵。

（7）执。——《㚔部》："执，捕罪人也。从丮，从㚔，㚔亦声。"（214 页）之入切。章母三等开口入声缉韵。本书把"执"作为一个独立的声符看待。

蛰。——《虫部》："蛰，藏也。从虫，执声。"（282 页）直立切。

澄母三等开口入声缉韵。

垫。——《土部》："垫，下也。《春秋传》曰：'垫隘。'从土，执声。"（288 页）都念切。端母四等开口去声㮇韵，阳声韵。

（8）占。——占作声符，可谐阳入。

占。——《卜部》："占，视兆问也。从卜，从口。"（70 页）职廉切。章母三等开口平声盐韵，阳声韵。

苫。——《艸部》："苫，盖也。从艸，占声。"（24 页）失廉切。书母三等开口平声盐韵，阳声韵。

帖。——《巾部》："帖，帛书署也。从巾，占声。"（159 页）他叶切。透母四等开口入声帖韵。

（9）弇。——弇作声符，可谐阳入。

弇。——《廾部》："弇，盖也。从廾，从合。"（59 页）古南切（见母一等开口平声覃韵，阳声韵），又一俭切（影母三等开口上声琰韵，阳声韵）。

撜。——《手部》："撜，自关以东谓取曰撜。一曰：覆也。从手，弇声。"（253 页）衣检切。影母三等开口上声琰韵，阳声韵。

婗。——《女部》："婗，女有心婗婗也。从女，弇声。"（262 页）衣检切。影母三等开口上声琰韵，阳声韵。《广韵》有三个反切：乌含切（阳声覃韵）、衣检切（阳声琰韵）、乌合切（入声合韵）。婗有阳入异读。

鞈。——《革部》："鞈，鞈鞈。从革，弇声。读若膺。一曰：龙头绕者。"（61 页）乌合切。影母一等开口入声合韵。

（10）奄。——奄作声符，可谐阳入。

奄。——《大部》："奄，覆也。大有余也。又欠也。从大，从申；申，展也。"（213 页）依检切。影母三等开口上声琰韵，阳声韵。

掩。——《手部》："掩，敛也。小上曰掩。从手，奄声。"（256 页）衣检切。影母三等开口上声琰韵，阳声韵。

腌。——《肉部》："腌，渍肉也。从肉，奄声。"（313 页）於业切。影母三等开口入声业韵。《广韵》有三个反切：於严切（阳声严韵）、於辄切（入声叶韵）、於业切（入声业韵）。腌有阳入异读。

罨。——《网部》："罨，罕也。从网，奄声。"（157 页）於业切。影母三等开口入声业韵。《广韵》有三个反切：衣俭切（阳声琰韵）、乌合切（入声合韵）、於业切（入声业韵）。罨有阳入异读。

（11）厌。——厌作声符，可谐阳入。

厌。——《厂部》："厌，笮也。从厂，猒声。一曰：合也。"本书把厌作为一个独立的声符看待。（194 页）於辄切（影母三等开口入声叶韵），又一琰切（影母三等开口上声琰韵，阳声韵）。厌有阳入异读。

檿。——《木部》："檿，山桑也。从木，厌声。《诗》曰：'其檿其柘。'"（117 页）於琰切。影母三等开口上声琰韵，阳声韵。

壓。——《土部》："壓，坏也。一曰：塞补。从土，厌声。"（289 页）乌狎切。影母二等开口入声狎韵。

（12）盍（盇）。——盍作声符，可谐阳入。

盇。——《血部》："盇，覆也。从血、大。"盇后也作盍。（105 页）胡腊切。匣母一等开口入声盍韵。

饁。——《食部》："饁，饷田也。从食，盍声。《诗》曰：'饁彼南亩。'"（107 页）筠辄切。云母三等开口入声叶韵。

豓。——《丰部》："豓，好而长也。从豐；豐，大也。盍声。《春秋传》曰：'美而豓。'"（103 页）以赡切。以母三等开口去声艳韵。

（13）乏。——乏作声符，可谐阳入。

乏。——《正部》："乏，《春秋传》曰：'反正为乏。'"（39 页）房法切。並母三等合口入声乏韵。

姂。——《女部》："姂，妇人兒。从女，乏声。"（261 页）房法切。並母三等合口入声乏韵。

窆。——《穴部》："窆，葬下棺也。从穴，乏声。《周礼》曰：'及窆执斧。'"（153 页）方验切。帮母三等开口去声艳韵，阳声韵。

泛。——《水部》："泛，浮也。从水，乏声。"（233 页）孚梵切。敷母三等合口去声梵韵，阳声韵。

（14）夹。——夹作声符，可谐阳入。

夹。——《大部》："夹，持也。从大，侠二人。"（213 页）古狎切。见母二等开口入声狎韵。

荚。——《艸部》："荚，艸实。从艸，夹声。"（22 页）古叶切。见母四等开口入声帖韵。

㬂。——《黄部》："㬂，赤黄也。一曰：轻易人受姁也。从黄，夹声。"（299 页）许兼切。晓母四等开口平声添韵，阳声韵。

（15）疌。——疌作声符，可谐阳入。

疌。——《止部》："疌，疾也。从止，从又。又，手也。屮声。"（38 页）疾叶切。从母三等开口入声叶韵。按：屮，《广韵》丑列切，上古为月部。本书把疌作为一个独立的声符看待。

婕。——《女部》："婕，女字也。从女，疌声。"（260 页）子叶切。精母三等开口入声叶韵。

寁。——《宀部》："寁，居之速也。从宀，疌声。"（151 页）子感切。精母一等开口上声感韵，阳声韵。

这些谐声偏旁的阳入相谐，是段玉裁侵缉合部、谈盍合部的重要原因之一。他举例说："如'今'字从古文'及'会意，中有形声也。又'念'，'今'声，诗以韵入声。……"① 另一个原因如第一章所说，他始终认为"各韵有有平无入者，未有有入无平者"。但谐声字不是归纳韵部的根本依据，韵文的押韵才是归纳韵部的根本依据。我们认为研究古韵应采取王念孙和江有诰的原则，以先秦韵文押韵为主要依据，谐声只能参考。一个谐声偏旁兼谐阴入或兼谐阳入或兼谐阴阳，可能反映了方言的歧异或韵部的历时转化，而韵部的归纳是在共时的平面上进行的。比如，圭可兼谐阴阳。圭，古携切，阴声韵；洼，口迥切，阳声韵。卑可兼谐阴阳。卑，府移切，阴声韵；鞞，《广韵》又音补鼎切，阳声韵。难道可以不依韵文而据谐声把支耕合部吗？

在《苔江晋三论韵》中，段玉裁确立了他的晚年古韵分部体系。他对戴震、王念孙、江有诰的意见有的采纳，有的拒绝。采纳的有以屋承侯、月物分立、冬部独立。不采纳的有宵部有入、质部独立或以质承脂、月部独立、侵缉分立、谈盍分立。这样，构成段氏古韵十八部的最后体系。我们根据段氏在《苔江晋三论韵》中的修正，制成下表：

声调 韵部	平	上	去	入
第一部	七之 十六咍	六止 十五海	七志 十九代	二十四职 二十五德

① 见段玉裁《苔江晋三论韵》。

续表

声调 韵部	平	上	去	入
第二部	三萧 四宵 五肴 六豪	二十九篠 三十小 三十一巧 三十二皓	三十四啸 三十五笑 三十六效 三十七号	
第三部	十八尤 二十幽	四十四有 四十六黝	四十九宥 五十一幼	一屋三 二沃
第四部	十九侯	四十五厚	五十候	一屋一 三烛 四觉①
第五部	九鱼 十虞 十一模	八语 九麌 十姥	九御 十遇 十一暮	十八药 十九铎
第六部	十六蒸 十七登	四十二拯 四十三等	四十七证 四十八嶝	
第七部	二十一侵 二十四盐 二十五添	四十七寝 五十琰 五十一忝	五十二沁 五十五艳 五十六桥	二十六缉 二十九叶 三十帖
第八部	二十二覃 二十三谈 二十六咸 二十七衔 二十八严 二十九凡	四十八感 四十九敢 五十二豏 五十三槛 五十四俨 五十五范	五十三勘 五十四阚 五十七陷 五十八鉴 五十九酽 六十梵	二十七合 二十八盍 三十一洽 三十二狎 三十三业 三十四乏
第九部	一东一 三钟 四江②	一董一 二肿 三讲	一送一 三用 四绛	
第十部	一东三 二冬	一董三	一送三 二宋	

① 《广韵》觉韵大部分字上古属屋部，极少字如学字及学省声之字上古属觉部。

② 江韵字（举平该上去）大部分上古属东部，只有极少字上古属冬部，如从夅声之字。

续表

声调 韵部	平	上	去	入
第十一部	十阳 十一唐	三十六养 三十七荡	四十一漾 四十二宕	
第十二部	十二庚 十三耕 十四清 十五青	三十八梗 三十九耿 四十静 四十一迥	四十三映 四十四诤 四十五劲 四十六径	
第十三部	十七真 十九臻 一先	十六轸 二十七铣	二十一震 三十二霰	五质 七栉 十六屑
第十四部	十八谆 二十文 二十一欣 二十三魂 二十四痕	十七准 十八吻 十九隐 二十一混 二十一很	二十二稕 二十三问 二十四焮 二十六慁 二十七恨	
第十五部	二十二元 二十五寒 二十六桓 二十七删 二十八山 二仙	二十阮 二十三旱 二十四缓 二十五潸 二十六产 二十八狝	二十五愿 二十八翰 二十九换 三十谏 三十一裥 三十三线	
第十六部	六脂 八微 十二齐 十四皆 十五灰	五旨 七尾 十一荠 十三骇 十四贿	六至 八未 十二霁 十六怪 十八队 十三祭① 十四泰 十七夬 二十废	六术 八物 九迄 十一没 十月 十二曷 十三末 十四黠 十五鎋 十七薛

① 根据段氏古无去声的观点，祭泰夬废和月曷末黠鎋薛构成一个入声韵部，承脂，承元。

韵部 　声调	平	上	去	入
第十七部	五支	四纸	五寘	二十陌
				二十一麦
				二十二昔
	十三佳	十二蟹	十五卦	二十三锡
第十八部	七歌	三十三哿	三十八箇	
	八戈	三十四果	三十九过	
	就麻	三十五马	四十祃	

第八节　段玉裁异平同入的谐声佐证

段玉裁有异平同入说，段氏《六书音均表三·古异平同入说》："入为平委。平音十七，入音不能具也。故异平而同入。职德二韵为弟一部之入声，而弟二部弟六部之入音即此也。屋沃烛觉为弟三部之入声，而弟四部及弟九部之入音即此也。药铎为弟五部之入声，而弟十部之入音即此也。质栉屑为弟十二部之入声，亦即弟十一部之入音。术物迄月没曷末黠辖薛为弟十五部之入声，亦即弟十三部、弟十四部字入音，陌麦昔锡为弟十六部之入声，而弟十七部之入音即此也。合韵之枢纽于此可求矣。"这实际是说阴阳入在语音上是相通的，这在谐声上是有佐证的。

有一些字可谐阴阳入。例如：

（1）见。——见作声符，可谐阴阳入。

《广韵·荠韵》："混，水名，在高陵。"胡礼切，匣母上声四等开口荠韵，阴声韵。

见，视也。从儿从目。凡见之属皆从见。（177页）（引自《说文》，以下不特别注明，均引自《说文》）古甸切，见母去声四等开口霰韵，阳声韵。

覡，系牛胫也。从革见声。（62页）已彳切，见母开口三等昔韵，入声韵。又虎结切，晓母开口四等屑韵，入声韵。

（2）谷。——谷作声符，可谐阴阳入。

裕，衣物饶也。从衣谷声。（172 页）羊戍切，以母去声三等遇韵，阴声韵。

蜬，蠡丑，蜬垂腴也。从虫、欲声。（281 页）余足切。《广韵》羊朱切，以母平声三等虞韵，阴声韵。

容，盛也。从宀、谷。臣铉等曰：屋与谷，皆所以盛受也。（150 页）按：实为从宀，谷声。余封切，以母平声三等钟韵。

谷，泉出通川为谷。从水半见，出于口。凡谷之属皆从谷。（240 页）古禄切，见母入声三等屋韵。

（3）瘞。——瘞作声符，可谐阴阳入。

瘞，幽薶也。从土，痰声。（289 页）於罽切，影母去声三等开口祭韵。

娆，得志娆娆。一曰：娆，息也。一曰：少气也。从女，夹声。（264 页）呼帖切，晓母入声开口四等帖韵。《广韵》虚检切，解为："娆娇，性不端良。"晓母上声开口三等琰韵，阳声韵。

夹，持也。从大、挟二人。（213 页）古狎切，见母开口二等入声洽韵。

（4）气。——气作声符，可谐阴阳入。

刉，划伤也。从刀，气声。一曰：断也。又读若殲。一曰：刀不利，于瓦石上刉之。（91 页）古外切。《广韵》又音渠希切，群母平声三等开口微韵。

頎，秃也。从页，气声。（183 页）苦骨切。《广韵》又音苦本切，溪母上声一等合口混韵，阳声韵。

乞，是气的变体字，《广韵·迄韵》去讫切，解为："乞，求也。"（477 页）溪母入声三等开口迄韵。

（5）示。——示作声符，可谐阴阳入。

示，天垂象，见吉凶，所以示人也。从二，二，古文上字。（7 页）巨支切，群母平声三等开口支韵，阴声韵。又神至切，船母去声三等开口至韵，阴声韵。

狋，犬怒皃。从犬，示声。一曰：犬难得。代郡有狋氏县。读又若银。（204 页）语其切，疑母平声三等开口之韵，阴声韵。代郡有狋氏县，

《广韵》音巨员切，群母平声三等合口仙韵，阳声韵。

祋，殳也。从殳，示声。或说：城郭市里，高县羊皮，有不当入而欲入者，暂下以惊牛马曰祋，故从示、殳。《诗》曰：何戈与祋。（66页）丁外切，端母去声泰韵，又丁括切，端母入声一等合口末韵。

（6）兒。——兒作声符，可谐阴阳入。

兒，孺子也。从儿，象小儿头囟未合。（176页）汝移切，日母平声三等开口支韵，阴声韵。

硯，《广韵》同研。五坚切，疑母平声四等开口先韵，阳声韵。

霓，屈虹青赤或白色阴气也。从雨，儿声。（242页）五鸡切。《广韵》又音五结切，疑母开口四等入声屑韵。

（7）兀。——兀作声符，可谐阴阳入。

虺，虺以注鸣。《诗》曰：胡为虺蜥。从虫，兀声。（279页）许伟切，晓母上声三等合口尾韵，阴声韵。

髡，剔发也。从髟，兀声。髨或从元。（186页）苦昆切，溪母平声一等合口魂韵，阳声韵。

兀，高而上平也。从一在人上。读若敻。茂陵有兀桑里。（176页）五忽切，疑母入声一等合口没韵。

（8）内。——内作声符，可谐阴阳入。

内，入也。从冂，自外而入也。（109页）奴对切，泥母去声一等合口队韵，阴声韵。

焫，《广韵·混韵》乃本切，解为："焫焫，热也。"（283页）泥母上声一等合口混韵，阳声韵。

讷，言难也。从言，内声。（54页）内骨切，泥母入声一等合口没韵。

（9）叕。——叕作声符，可谐阴阳入。

娺，疾悍也。从女，叕声。读若唾。（263页）丁滑切，知母入声二等合口黠韵。《广韵》又音陟隹切，知母平声三等合口脂韵，阴声韵。

豩，《广韵·问韵》居运切，解为："猪求食也。"（396页）见母去声三等合口问韵，阳声韵。

叕，缀联也。象形。凡叕之属皆从叕。（307页）陟劣切，知母入声三等合口薛韵。

（10）豖。——豖作声符，可谐阴阳入。

䝐，《广韵·候韵》都豆切，解为："䝐尾。"（410页）端母去声一等开口候韵，阴声韵。

冢，高坟也。从勹，豖声。（188页）知陇切，知母上声肿韵，阳声韵。

豖，豖绊足行豖豖。从豕，系二足。（197页）丑六切。《广韵》丑玉切，彻母入声烛韵。

（11）矛。——矛作声符，可谐阴阳入。

矛，酋矛也。建于兵车，长二丈。象形。凡矛之属皆从矛。（300页）莫浮切，明母平声尤韵。

雺，地气发，天不应。从雨，敄声。臣铉等曰：今俗从务。雺，籀文省。（242页）莫红切，明母平声一等东韵，阳声韵。

鹜，舒凫也。从鸟，敄声。（81页）莫卜切，明母入声一等屋韵。

（12）母。——母作声符，可谐阴阳入。

母，牧也。从女，象裹子形。一曰：象乳子也。（259页）莫后切，明母上声开口一等厚韵，阴声韵。

敏，疾也。从攴，每声。（67页）眉殒切，明母上声三等开口真韵，阳声韵。

坶，通"牧"。《说文》：坶，朝歌南七十里地。《周书》：武王与纣战于坶野。从土，母声。（286页）莫六切，明母入声三等屋韵。

（13）冒。——冒作声符，可谐阴阳入。

媢，夫妒妇也。从女，冒声。一曰：相视也。（263页）莫报切，明母去声一等号韵，阴声韵。

赗，赠死者。从贝、从冒。冒者，衣衾覆冒之意。（131页）抚凤切，滂母去声三等送韵，阳声韵。

冒，冢而前也。从冃、从目。（157页）莫报切。《广韵》又音莫北切，明母入声一等开口德韵。

（14）卑。——卑作声符，可谐阴阳入。

卑，贱也。执事也。从ナ、甲。（65页）府移切，帮母平声三等开口支韵，阴声韵。

鞞，刀室也。从革，卑声。（61页）并顶切，帮母上声开口四等迥韵，阳声韵。

綼，《广韵·质韵》毗必切，解为："紷也。"（471 页）並母三等开口入声质韵。又音必觅切，帮母入声开口四等锡韵。

（15）音。——音作声符，可谐阴阳入。

掊，把也。今盐官入水取盐为掊。从手，音声。（252 页）父沟切。《广韵·厚韵》又音方垢切，帮母上声开口一等厚韵，阴声韵。

棓，棁也。从木，音声。（123 页）步项切，並母上声二等讲韵，阳声韵。

踣，僵也。从足，音声。《春秋传》曰：晋人踣之。（47 页）蒲北切，並母入声一等开口德韵。

（16）尼。——尼作声符，可谐阴阳入。

尼，从后近之。从尸，匕声。（174 页）女夷切，娘母平声三等开口脂韵，阴声韵。

蓂，《广韵·青韵》莫经切，解为："渍米。"（197 页）明母平声四等开口青韵，阳声韵。

暱，日近也。从日，匿声。《春秋传》曰：私降暱燕。昵，暱或从尼。（139 页）尼质切，娘母入声三等开口质韵。

（17）比。——作声符，可谐阴阳入。

比，密也。二人为从，反从为比。凡比之属皆从比。夶，古文比。（169 页）卑履切，帮母上声三等开口旨韵，阴声韵。《广韵·质韵》又音毗必切，並母入声三等开口质韵。

玭，珠也。从玉，比声。宋弘云：淮水中出玭珠。玭，珠之有声。蠙，《夏书》玭从虫、宾。（13 页）步因切，並母平声三等开口真韵，阳声韵。

（18）勿。——勿作声符，可谐阴阳入。

眒，目冥远视也。从目，勿声。一曰：久也。一曰：旦明也。（71 页）莫佩切。明母去声一等对韵，阳声韵。《广韵》又音莫拜切，明母去声合口二等怪韵，阴声韵。

吻，口边也。从口，勿声。（31 页）武粉切，明母上声三等合口吻韵，阳声韵。

勿，州里所建旗，象其柄有三游杂帛幅半异，所以趣民，故遽称勿勿。凡勿之属皆从勿。（196 页）文弗切，明母入声三等合口物韵。

（19）取。——取作声符，可谐阴阳入。

取，捕取也。从又，从耳。《周礼》：获者取左耳。《司马法》曰：载献聝。聝者，耳也。（64 页）七庾切，清母上声三等麌韵，阴声韵。

丛，聚也。从丵，取声。（58 页）徂红切，从母平声一等东韵，阳声韵。

齱，齲也。从齿，取声。（44 页）侧鸠切。《广韵·觉韵》又音测角切，解为："《汉书》云：握齱，急促也。"初母入声开口二等觉韵。

（20）隹。——隹作声符，可谐阴阳入。

隹，鸟之短尾总名也。象形。凡隹之属皆从隹。（76 页）职追切，章母平声三等合口脂韵，阴声韵。

雔，祝鸠也。从鸟，隹声。隼，雔或从隹、一。一曰：鹑字。（79 页）思允切，心母上声三等合口准韵，阳声韵。

准，平也。从水，隼声。（235 页）之允切。《广韵·薛韵》又音职悦切，章母入声三等合口薛韵。

（21）寺。——寺作声符，可谐阴阳入。

待，竢也。从彳，寺声。（43 页）徒在切，定母上声一等开口海韵，阴声韵。

等，齐简也。从竹、从寺，寺官曹之等平也。（95 页）多肯切，端母上声一等开口等韵，阳声韵。

特，朴特，牛父也。从牛，寺声。（29 页）徒得切，定母入声一等开口德韵。

（22）厽。——厽作声符，可谐阴阳入。

泠，水不利也。从水，厽声。《五行传》曰：若其泠作。（231 页）郎计切，来母去声四等开口霁韵，阴声韵。

参，稠发也。从彡、从人。《诗》曰：参发如云。鬖，参或从髟、眞声。（185 页）之忍切，章母上声三等开口轸韵，阳声韵。

殄，尽也。从歺，厽声。徒典切。（85 页）《广韵·屑韵》又音他结切，透母入声四等开口屑韵。

（23）朕。——朕作声符，可谐阴阳入。

黱，画眉也。从黑，朕声。（211 页）徒耐切，定母去声一等开口代韵，阴声韵。

腾，传也。从马，朕声。一曰：腾，辖马也。（201 页）徒登切，定母平声一等开口登韵，阳声韵。

螣，神蛇也。从虫，朕声。（278 页）徒登切。《广韵·德韵》又音徒得切，定母入声一等开口德韵，入声韵。

（24）疑。——疑作声符，可谐阴阳入。

疑，惑也。从子、止、匕，矢声。（310 页）语其切，以母平声三等开口之韵，阴声韵。

冰，水坚也。从仌、从水。鱼陵切。凝，俗冰从疑。（240 页）鱼陵切，疑母平声三等开口蒸韵，阳声韵。

嶷，九嶷山，舜所葬，在零陵营道。从山，疑声。语其切。（190 页）鱼力切，疑母入声三等开口职韵。

（25）束。——束作声符，可谐阴阳入。

涑，浣也。从水，束声。河东有涑水。（237 页）速侯切，心母平声一等开口候韵，阴声韵。

束，缚也。从囗、从木。凡束之属皆从束。（128 页）书玉切，审母入声三等烛韵。

悚，《广韵·肿韵》息拱切，解为："悚怖也。"（239 页）息拱切，心母上声三等肿韵，阳声韵。

（26）臣。——臣作声符，可谐阴阳入。

𦧶，訐也。从言，臣声。读若指。（56 页）职雉切，章母上声三等开口旨韵，阴声韵。

臣，牵也。事君也。象屈服之形。凡臣之属皆从臣。（66 页）植邻切，禅母平声三等开口真韵，阳声韵。

犟，牛很不从引也。从牛、从臤，臤亦声。一曰：大皃。读若贤。（29 页）喫善切。《广韵》又音胡结切，匣母入声四等开口屑韵。

（27）是。——是作声符，可谐阴阳入。

是，直也。从日、正。凡是之属皆从是。（39 页）承旨切。《广韵·纸韵》承纸切，禅母上声三等开口纸韵，阴声韵。

眡，迎视也。从目，是声。读若珥瑱之瑱。（72 页）也计切。《广韵·霰韵》又音他甸切，透母去声四等开口霰韵，阳声韵。

寔，止也。从宀，是声。（150 页）常职切，禅母入声三等开口职韵。

(28) 於。——於作声符，可谐阴阳入。

乌（与“於”是异体字），孝鸟也。象形。孔子曰：乌盱，呼也。取其助气，故以为乌呼。凡乌之属皆从乌。(82 页) 哀都切。於，古文乌，象形。《广韵 · 鱼韵》央居切，影母平声三等鱼韵，阴声韵。

阏，遮拥也。从门，於声。(248 页) 乌割切，影母入声一等开口曷韵。《广韵 · 先韵》又音乌前切，影母平声四等开口先韵，阳声韵。

(29) 能。——能作声符，可谐阴阳入。

能，熊属，足似鹿。从肉，目声。能兽坚中，故称贤能，而彊壮称能杰也。凡能之属皆从能。(207 页) 奴来切，泥母平声一等开口咍韵，阴声韵。《广韵 · 登韵》又音奴登切，泥母平声一等开口登韵，阳声韵。

䘅，《广韵 · 德韵》奴勒切，解为：“虫名，似虻而小，青班色，啮人。”(530 页) 泥母入声一等开口德韵。

(30) 易。——易作声符，可谐阴阳入。

舓，以舌取食也。从舌，易声。(49 页) 神旨切。䑛，舓或从也。《广韵》神纸切，船母上声三等开口纸韵，阴声韵。

餳，饴和馓者也。从食易声。(107 页) 徐盈切，邪母平声三等开口清韵，阳声韵。

易，蜥易，蝘蜓，守宫也。象形。《祕书》说：日月为易，象阴阳也。一曰：从勿。凡易之属皆从易。(198 页) 羊益切，以母入声三等开口昔韵。

(31) 眔。——眔作声符，可谐阴阳入。

褱，侠也。从衣，眔声。一曰：橐。(171 页) 户乖切，匣母平声二等开口皆韵，阴声韵。

鰥，鱼也。从鱼，眔声。(243 页) 古顽切，见母平声二等开口删韵，阳声韵。

眔，目相及也。从目、从隶省。(72 页) 徒合切，定母入声一等开口合韵。

(32) 必。——必作声符，可谐阴阳入。

䀣，《广韵 · 支韵》武移切，解为：“污面皃。”(48 页) 明母平声三等开口支韵，阴声韵。又音莫结切，明母入声四等开口屑韵。

䀛，《广韵 · 东韵》莫红切，解为：“器满。”明母平声一等东韵，阳声韵。

奭，《广韵·职韵》亡逼切，解为："细视也。"（529 页）明母入声三等开口职韵。又音莫北切，明母入声一等开口德韵。

（33）劦。——劦作声符，可谐阴阳入。

荔，艸也，似蒲而小，根可作刷。从艸，劦声。（26 页）郎计切，来母去声四等开口霁韵，阴声韵。

胁，两膀也。从肉，劦声。（87 页）虚业切，晓母入声三等开口业韵，入声韵。《广韵·梵韵》又音许欠切，晓母去声三等开口梵韵，阳声韵。

劦，同力也。从三力。《山海经》曰：惟号之山，其风若劦。凡劦之属皆从劦。（293 页）胡颊切。匣母入声四等开口帖韵，入声韵。

（34）来。——来作声符，可谐阴阳入。

来，周所受瑞麦来麰，一来二缝，象芒束之形，天所来也，故为行来之来。《诗》曰：诒我来麰。凡来之属皆从来。（111 页）洛哀切，来母平声一等开口咍韵，阴声韵。

狋，犬张齗怒也。从犬，来声。读又若银。（205 页）鱼仅切，疑母去声三等开口焮韵，阳声韵。

麦，芒谷，秋穜厚薶，故谓之麦。麦，金也。金王而生，火王而死。从来有穗者、从夊。凡麦之属皆从麦。按，应为从夊，来声，本义是来去之来的本字。（113 页）莫获切，明母入声二等开口麦韵。

（35）簋。——簋作声符，可谐阴阳入。

簋，黍稷方器也。从竹，从皿，从皂。居洧切。匭，古文簋从匚、饥。㔲，古文簋或从轨。朹，亦古文簋。（97 页）居洧切，见母上声三等合口旨韵，阴声韵。

嬎，竦身也。从女，簋声。读若《诗》：纠纠葛屦。（261 页）居夭切。见母上声三等开口小韵，阴声韵。《广韵·忝韵》又音兼玷切，见母上声四等开口忝韵，阳声韵。《广韵·德韵》又音古得切，见母入声一等开口德韵，入声韵。

（36）乍。——乍作声符，可谐阴阳入。

鲊，《广韵·马韵》侧下切，解为："《释名》曰：鲊，菹也，以盐米酿鱼以为菹。"（309 页）庄母上声二等开口马韵，阴声韵。

酢，《广韵·潸韵》侧板切，解为："面皱。"（286 页）庄母上声二等开口潸韵，阳声韵。

作，起也。从人、从乍。（165 页）则洛切。精母入声一等开口铎韵。

（37）且。——且作声符，可谐阴阳入。

且，荐也。从几，足有二横，一其下地也。凡且之属皆从且。（299页）子余切，精母平声三等鱼韵，阴声韵。又千也切，清母上声三等开口马韵，阴声韵。

駔，牡马也。从马，且声。一曰：马蹲駔也。（201 页）子朗切，精母上声一等开口荡韵，阳声韵。

碏，《广韵·昔韵》资昔切，解为："碏硝。"精母入声三等开口昔韵，入声韵。

（38）多。——多作声符，可谐阴阳入。

多，重也。从重夕。夕者，相绎也，故为多。重夕为多，重日为叠。凡多之属皆从多。（142 页）得何切，端母平声一等开口歌韵，阴声韵。

瘥，马病也。从疒，多声。《诗》曰：瘥瘥骆马。（156 页）丁可切。《广韵·寒韵》又音他干切，透母平声一等开口寒韵，阳声韵。

蛥，《广韵·薛韵》食列切，解为："蛥蚗，蟪蛄别名。"船母入声三等开口薛韵。

（39）彖。——彖作声符，可谐阴阳入。

蠡，虫啮木中也。从蚰，彖声。（284 页）卢启切，来母上声四等开口荠韵，阴声韵。

彖，豕走也。从彑、从豕省。（197 页）通贯切，透母去声一等合口换韵，阳声韵。

飈，《广韵》许勿切，疾风，飈之俗字也。晓母入声三等合口物韵。

（40）赞。——赞作声符，可谐阴阳入。

蹪，《广韵·歌韵》昨何切，解为："蹋也。"从母平声一等开口歌韵，阴声韵。

赞，见也。从贝、从兟。臣铉等曰：兟，音诜，进也。执贽而进，有司赞相之。（130 页）则旰切，精母去声一等开口翰韵，阳声韵。

囋，《广韵·翰韵》徂赞切，解为："讥囋，嘲也。"又音才葛切，解为："嘈囋，鼓声。"从母入声一等开口曷韵。

（41）毳。——毳作声符，可谐阴阳入。

毳，兽细毛也。从三毛。凡毳之属皆从毳。（174 页）此芮切，清母去声三等开口祭韵，阴声韵。

窜，穿地也。从穴，毳声。一曰：小鼠。《周礼》曰：大丧甫窜。（153 页）充芮切。《广韵·线韵》又音尺绢切，昌母去声三等合口线韵，阳声韵。

膬，耎易破也。从肉，毳声。（90 页）七绝切，清母入声三等合口薛韵。

（42）宛。——宛作声符，可谐阴阳入。

涴，《广韵·过韵》乌卧切，解为："泥着物也。亦作污。"影母去声一等合口过韵，阴声韵。又音乌官切，影母平声一等开口桓韵，阳声韵。

宛，屈草自覆也。从宀，夗声。（150 页）於阮切，影母上声三等合口阮韵，阳声韵。

餐，《广韵·物韵》纡物切，解为："饴和豆也。"影母入声三等合口物韵。又於月切，影母入声三等合口月韵。

（43）坐。——坐作声符，可谐阴阳入。

坐，止也。从土、从留省。土，所止也，此与留同意。（287 页）徂卧切，从母去声一等合口过韵，阴声韵。

塮，《广韵·山韵》士山切，解为："门聚。"崇母平声二等开口山韵，阳声韵。

锉，《广韵·屋韵》昨木切，解为："锉鏆，釜属。"从母入声一等屋韵。

（44）算。——算作声符，可谐阴阳入。

算，数也。从竹、从具。读若笇。（99 页）苏管切，心母上声一等合口缓韵，阳声韵。

嶲，《广韵·祭韵》此芮切，解为："断也。"清母去声三等合口祭韵，阴声韵。

籫，《广韵·鎋韵》初刮切，解为："黑也。"初母入声二等开口鎋韵。

（45）矢。——矢作声符，可谐阴阳入。

矢，弓弩矢也。从入，象镝栝羽之形。古者夷牟初作矢。凡矢之属皆从矢。（110 页）式视切，审母上声旨韵，阴声韵。

朕，《广韵·稕韵》舒闰切，解为："同瞬。"书母去声三等合口稕韵，阳声韵。

疾，病也。从疒，矢声。（154 页）秦悉切，从母入声三等开口质韵。

（46）夋。——夋作声符，可谐阴阳入。

朘，赤子阴也。从肉，夋声。或从血。（90 页）子回切，精母平声一等合口灰韵，阴声韵。

俊，材千人也。从人，夋声。（162 页）子峻切，精母去声三等合口稕韵，阳声韵。

焌，然火也。从火，夋声。（207 页）仓聿切，清母入声三等合口术韵，入声韵。

（47）尹。——尹作声符，可谐阴阳入。

尹，治也。从又、丿，握事者也。（64 页）余准切，以母上声三等合口准韵，阳声韵。

芛，艸之葟荣也。从艸，尹声。（22 页）羊捶切，以母上声三等合口纸韵，阴声韵。《广韵》又音余律切，以母入声三等合口术韵。

（48）希。——希作声符，可谐阴阳入。

希，《广韵·微韵》香衣切，解为："止也。望也。散也。施也。《尔雅》：罕也。"晓母平声三等开口微韵，阴声韵。

膎，创肉反出也。从肉，希声。（88 页）香近切，晓母去声三等开口焮韵，阳声韵。

唏，《广韵·迄韵》许迄切，解为："语瞋声。"晓母入声三等开口迄韵。

（49）献。——献作声符，可谐阴阳入。

献，宗庙犬名羹献，犬肥者以献之。从犬，鬳声。（205 页）许建切，晓母去声三等开口愿韵。《广韵·歌韵》又音素何切，心母平声一等开口歌韵，阴声韵。义为刻镂纹饰。《礼记·明堂位》："夏后氏以楬豆，殷玉豆，周献豆。"

谳，《广韵·狝韵》鱼蹇切，解为："议狱。"疑母三等开口狝韵，阳声韵。又音鱼列切，以母入声三等开口薛韵。

（50）卉。——卉作声符，可谐阴阳入。

卉，艸之总名也。从艸、屮。（25 页）许伟切，晓母三等上声尾韵，阴声韵。

贲，饰也。从贝，卉声。（130 页）彼义切。《广韵·魂韵》又音博昆切，解为："勇也。周礼有虎贲氏。"帮母一等合口平声魂韵，阳声韵。

枿，《广韵·曷韵》五割切，解为："伐木余枿。"疑母入声一等开口曷韵，入声韵。

（51）比。——比作声符，可谐阴阳入。

毖，慎也。从比，必声。《周书》曰：无毖于卹。（169 页）兵媚切，帮母去声三等开口至韵，阴声韵。

覕，蔽不相见也。从见，必声。（178 页）莫结切，明母四等开口入声屑韵。《广韵·震韵》又音必刃切，帮母去声开口三等震韵，阳声韵。

必，分极也。从八、弋，弋亦声。（28 页）卑吉切，帮母入声开口三等入声质韵，入声韵。

（52）益。——益作声符，可谐阴阳入。

缢，经也。从糸，益声。《春秋传》曰：夷姜缢。（277 页）於赐切，影母三等开口去声寘韵，阴声韵。

蠲，马蠲也。从虫、目，益声。了，象形。《明堂月令》曰：腐艸为蠲。（279 页）古玄切，见母四等合口平声先韵，阳声韵。

益，饶也。从水、皿，皿益之意也。（104 页）伊昔切，影母三等开口入声昔韵。

搤，捉也。从手，益声。（252 页）於革切，影母二等开口入声麦韵。

（53）而。——而作声符，可谐阴阳入。

而，颊毛也。象毛之形。《周礼》曰：作其鳞之而。凡而之属皆从而。（196 页）如之切，日母平声三等开口之韵，阴声韵。

�，稍前大也。从大，而声。读若畏偄。（215 页）而沇切，日母上声三等合口狝韵，阳声韵。

恧，惭也。从心，而声。（223 页）女六切，娘母入声三等屋韵。

（54）寽。——寽作声符，可谐阴阳入。

脟，胁肉也。从肉，寽声。一曰：脟，肠间肥也。一曰：膫也。（87 页）力辍切，来母入声三等合口薛韵。《广韵·狝韵》又音力兖切，解为："割也。"来母上声三等合口狝韵，阳声韵。

　　寽，五指持也。从受，一声。读若律。（84 页）吕戌切，来母入声三等合口术韵。

　　捋，取易也。从手，寽声。（252 页）郎括切，来母入声一等合口末韵。

　　（55）刺。——刺作声符，可谐阴阳入。

　　赖，赢也。从贝，剌声。（130 页）洛带切，来母一等开口去声泰韵，阴声韵。

　　剌，戾也。从束、从刀。刀者，剌之也。徐锴曰：剌，乖违也。束而乖违者，莫若刀也。（128 页）卢达切，来母一等开口入声曷韵。

　　嬾，懈也。怠也。一曰：卧也。从女，赖声。（264 页）洛旱切，来母上声一等开口旱韵，阳声韵。

　　有些字有阴阳两读。例如：

　　（1）鮦，鱼名。从鱼，同声。读若绔襱。（243 页）直陇切，澄母上声三等合口肿韵，阳声韵。《广韵·有韵》又音除柳切，解为："鮦阳县，在汝南。"澄母上声三等开口有韵，阴声韵。

　　（2）霧，地气发，天不应。从雨，敄声。臣铉等曰：今俗从务。（242 页）莫候切，明母一等开口去声候韵，阴声韵。《尔雅·释天》："天气下地不应曰霧。"郭璞注："霧，言蒙昧。"《广韵·东韵》莫红切，明母平声一等东韵，阳声韵；又音莫综切，明母平声一等冬韵，阳声韵。

　　（3）憅，虑也。从心，曹声。（219 页）藏宗切，从母一等平声冬韵，阳声韵。《广韵·尤韵》又音似由切，邪母平声开口三等尤韵，阴声韵。

　　（4）獳，犬恶毛也。从犬，农声。（204 页）奴刀切，泥母平声一等开口豪韵，阴声韵。《广韵·冬韵》又音奴冬切，泥母平声一等冬韵，阳声韵。

　　（5）鰅，鱼名，皮有文，出乐浪东暆。神爵四年初捕收，输考工。周成王时扬州献鰅。从鱼，禺声。（244 页）鱼容切，疑母平声三等钟韵，阳声韵。《广韵·虞韵》又音遇俱切，疑母平声三等虞韵，阴声韵。

　　（6）氒，巴蜀山名。岸胁之旁箸欲落堕者曰氒，氒崩闻数百里，象形，乁声。凡氏之属皆从氏。扬雄《赋》：响若氏隤。（265 页）承旨切，禅母上声三等开口脂韵，阴声韵。

狋氏，地名，故地在今山西省浑源县东。《广韵·清韵》子盈切，精母平声三等开口清韵，阳声韵。

（7）弜，彊也。从二弓。凡弜之属皆从弜。（270 页）其两切，群母上声三等开口养韵，阳声韵。《广韵·支韵》又音渠羁切，群母平声三等开口支韵，阴声韵。

（8）觟，角匕也。从角，亘声。读若讙。（94 页）况袁切，晓母平声三等合口元韵，阳声韵。

《集韵》虚宜切，解为："觟，角上也。"晓母平声三等开口支韵，阴声韵。

（9）鞞，刀室也。从革，卑声。（61 页）并顶切，帮母上声四等开口迥韵，阳声韵。《广韵·纸韵》又音并弭切，帮母上声三等开口纸韵，阴声韵。

（10）蠯，阶也。脩为蠯，圜为蟡。从虫、庳。（281 页）符支切，并母平声三等开口支韵，阴声韵。《广韵·耿韵》又音蒲幸切，并母上声二等开口耿韵，阳声韵。

（11）膌，臞也。从肉，脊声。读若纂。（90 页）子沇切，精母上声三等合口狝韵，阳声韵。《广韵·支韵》又音遵为切，精母平声三等合口支韵，阴声韵。

（12）寅，髌也。正月阳气动，去黄泉欲上出，阴尚彊，象宀不达髌，寅于下也。凡寅之属皆从寅。（310 页）以脂切，以母平声三等开口脂韵，阴声韵。《广韵·真韵》又音翼真切，以母平声三等开口真韵，阳声韵。

（13）羡，贪欲也。从次，从羑省。羑呼之羡，文王所拘羑里。（180 页）似面切，邪母三等开口去声线韵，阳声韵。

沙羡，地名，在今武汉市江夏区。《广韵·脂韵》以脂切，以母平声三等开口脂韵，阴声韵。

（14）辴，《广韵·轸隐》："辴，大笑。"丑忍切，彻母上声三等开口轸韵，阳声韵。又丑饥切，彻母平声三等开口脂韵，阴声韵。

（15）奞，鸟张毛羽自奋也。从大，从隹。凡奞之属皆从奞。读若

睢。（77 页）息遗切，心母平声三等合口脂韵，阴声韵。《广韵·谆韵》
又音私闰切，心母去声三等合口谆韵，阳声韵。

（16）狠，犬怒皃。从犬，示声。一曰：犬难得。代郡有狠氏县。读
又若银。（204 页）语其切，疑母平声三等开口之韵。

狠氏，地名，今山西省浑源县东。《广韵·仙韵》巨员切，群母平声
三等合口仙韵，阳声韵。

（17）獂，獸名。从犬，军声。（206 页）许韦切，晓母平声三等合
口微韵。《广韵·魂韵》胡昆切，匣母一等合口平声魂韵，阳声韵。

（18）圻，地垠也。一曰：岸也。从土、斤声。（288 页）语斤切，
疑母平声三等开口文韵，阳声韵。

又解为方千里之地。《左传·昭公二十三年》："今土数圻，而郢是
城，不亦难乎？"杜预注："方千里为圻。"《广韵·微韵》渠希切，群母
平声三等开口微韵，阴声韵。

（19）蕲，艸也。江夏有蕲春亭。（17 页）渠希切，群母平声三等开
口微韵，阴声韵。

山蕲，药草当归的别名。《广韵·真韵》巨巾切，群母平声三等开口
真韵，阳声韵。

（20）帑，金币所藏也。从巾，奴声。（160 页）乃都切。《广韵·荡
韵》他朗切，透母上声一等开口荡韵，阳声韵。

又解为鸟尾。《左传·襄公二十八年》："以害鸟帑。"杜注："鸟尾
曰帑。"孔颖达疏："帑者，细弱之名，于人则妻子为帑，于鸟则鸟尾曰
帑。妻子为人之后，鸟尾亦鸟之后，故俱以帑为言也。"《广韵·模韵》
乃都切，泥母平声一等模韵，阴声韵。

（21）能，熊属，足似鹿。从肉，㠯声。能兽坚中，故称贤能，而彊
壮称能杰也。凡能之属皆从能。（207 页）奴来切，泥母平声一等开口咍
韵，阴声韵。《广韵·登韵》又音奴登切，泥母平声一等开口登韵，阳
声韵。

（22）蜦，蛇属，黑色，潜于神渊，能兴风雨。从虫，仑声。读若戾
艸。蜧，蜦或从戾。（281 页）力屯切，来母平声三等合口谆韵，阳声韵。
《广韵·霁韵》又音郎计切，来母去声四等开口霁韵，阴声韵。

（23）番，兽足谓之番。从釆，田象其掌。（28 页）附袁切，並母平

声三等合口元韵，阳声韵。《广韵·过韵》又音补过切，帮母去声一等合口过韵，阴声韵。

（24）赍，饰也。从贝，卉声。（130页）彼义切，帮母去声开口三等寘韵，阴声韵。又解为大，《诗经·大雅·灵台》："虡业维枞，赍鼓维镛。"孔颖达疏："赍，大也。"《广韵·文韵》符分切，並母平声三等合口文韵，阳声韵。

（25）稞，禾垂皃。从禾，耑声。读若端。（145页）丁果切，端母上声一等合口果韵，阴声韵。《广韵·桓韵》又音多官切，端母平声一等合口桓韵，阳声韵。

（26）敦，怒也。诋也。一曰：谁何也。从攴，享声。（68页）都昆切，端母平声一等合口魂韵，阳声韵。又丁回切，端母平声一等合口灰韵，阴声韵。

（27）蚈，《广韵·齐韵》古奚切，解为："萤火。"见母平声四等齐韵，阴声韵；又音苦坚切，溪母平声四等开口先韵，阳声韵。

（28）疼，马病也。从疒，多声。《诗》曰：疼疼骆马。（156页）丁可切，端母上声一等开口哿韵，阴声韵。《广韵·寒韵》又音他干切，透母平声一等开口寒韵，阳声韵。

（29）搫，搫撝，不正也。从手，般声。（254页）薄官切，並母平声一等合口桓韵，阳声韵。又解为扫除，扫开。《广雅·释诂三》："搫，除也。"《文选·潘岳〈射雉赋〉》："尔乃搫场拄翳，停僮葱翠。"李善注引徐爰曰："搫者，开除之名也：伧人通有此语。射者闻有雉声，便除地为场。"《广韵·戈韵》薄波切，並母平声一等合口戈韵，阴声韵。

（30）棓，梲也。从木，音声。（123页）步项切，並母上声二等讲韵，阳声韵。《广韵·尤韵》又音缚谋切，並母平声开口三等尤韵，阴声韵。

（31）纔，帛雀头色。一曰：微黑色，如绀纔浅也。读若谗。从糸，毚声。（274页）士咸切，崇母平声开口二等咸韵，阳声韵。又用作副词，通作"才"。《广雅·释言》："纔，暂也。"《汉书·鼌错传》："救之，少发则不足；多发，远县纔至，则胡又已去。"昨哉切，从母一等平声开口咍韵，阴声韵。

（32）缿，受钱器也。从缶，后声。古以瓦，今以竹。（110页）大口切，定母上声开口一等厚韵，阴声韵。又音胡讲切，匣母上声开口二等讲韵，阳声韵。

（33）牝，畜母也。从牛，匕声。《易》曰：畜牝牛吉。（29页）毗忍切，并母上声三等开口轸韵，阳声韵。《广韵·旨韵》又音扶履切，并母上声开口三等旨韵，阴声韵。

（34）莽，南昌谓犬善逐菟艸中为莽。从犬，从茻，茻亦声。（27页）谋朗切，明母上声一等开口荡韵，阳声韵。《广韵·姥韵》莫补切，明母上声一等姥韵，阴声韵。

（35）駔，牡马也。从马，且声。一曰：马蹲駔也。（201页）子朗切，精母一等开口上声荡韵，阳声韵。《广韵·姥韵》又音祖古切，从母一等合口上声姥韵，阴声韵。

（36）洗，洒足也。从水，先声。（237页）稣典切，心母四等开口上声铣韵，阳声韵。《广韵·荠韵》又音先礼切，心母四等开口上声荠韵，阴声韵。

（37）等，齐简也。从竹，从寺，寺官曹之等平也。（95页）多肯切，端母上声一等开口等韵，阳声韵。《广韵·海韵》又音多改切，端母一等开口上声海韵，阴声韵。

（38）月，归也。从反身。凡月之属皆从月。徐锴曰：古人所谓反身修道，故曰嶭也。（270页）於机切，影母三等开口平声微韵，阴声韵。《广韵·隐韵》又音於谨切，影母三等开口上声隐韵，阳声韵。

（39）辉，光也。从火，军声。（209页）况韦切，晓母三等合口平声微韵，阴声韵。《广韵·魂韵》户昆切，匣母一等合口平声魂韵，阳声韵。

（40）笴，《广韵·哿韵》："笴，箭茎也。"古我切，见母一等开口上声哿韵，阴声韵。又音古旱切，见母一等开口上声旱韵，阳声韵。

（41）嫙，《甘氏星经》曰：太白上公妻曰女嫙，女嫙居南斗，食厉，天下祭之，曰明星。从女，前声。（260页）昨先切，从母四等开口平声先韵，阳声韵。《广韵·支韵》又音即移切，精母三等开口平声支韵，阴声韵。

（42）敠，《广韵·狝韵》："揣也。"初委切，初母三等合口上声纸韵，阴声韵；又音昌兖切，昌母三等合口上声狝韵，阳声韵。

（43）瓬，周家抟埴之工也。从瓦，方声。读若抦破之抦。（208 页）
方矩切，帮母三等上声麌韵，阴声韵；分网切，帮母三等合口上声养韵，
阳声韵。

（44）炅，见也。从火、日。（210 页）古迥切，见母四等合口上声
迥韵，阳声韵。又同"炔"，《玉篇·火部》："炔，烟出貌。"《广韵·霁
韵》古惠切，见母四等合口去声霁韵，阴声韵。

（45）烓，行竈也。从火，圭声。读若闷。（208 页）口迥切，清母
四等合口上声迥韵。《广韵·齐韵》又音乌携切，影母四等合口平声齐
韵，阴声韵。

（46）䠗，《广韵·幼韵》："䠗，行不正也。"丘谬切，溪母三等开
口去声幼韵，阴声韵。《广韵·送韵》："䠗，跳皃。"香仲切，晓母三等
去声送韵，阳声韵。

（47）涣，流散也。从水，奂声。（229 页）呼贯切，晓母一等合口
去声换韵，阳声韵。又为古县名，今安徽省宿州市西南的临涣城，《广
韵·泰韵》呼会切，晓母一等合口去声泰韵，阴声韵。

（48）睼，迎视也。从目，是声。读若珥瑱之瑱。（72 页）他计切，
透母四等开口去声霁韵，阴声韵。《广韵·霰韵》又音他甸切，透母四等
开口去声霰韵，阳声韵。

（49）壖，而缘切，指城下、宫庙外及水边等处的空地或田地。《广
韵·仙韵》而缘切，日母三等合口平声仙韵。《广韵·过韵》："壖，沙
土。"乃卧切，泥母一等合口去声过韵，阴声韵。

（50）瞿，举目惊瞿然也。从隹，从昍，昍亦声。（215 页）九遇切，
见母三等去声遇韵，阴声韵。《广韵·梗韵》又音苦矿切，溪母二等合口
上声梗韵，阳声韵。

（51）徵，召也。从微省、壬，为征行于微而文达者即征之。（169
页）陟陵切，知母三等开口平声蒸韵，阳声韵。又为古代五声音阶的第
四阶，《广韵·止韵》陟里切，知母三等开口上声止韵，阴声韵。

（52）燹，火也。从火，豩声。（207 页）稣典切，心母四等开口上
声铣韵，阳声韵。《广韵·至韵》又音许位切，晓母三等合口去声至韵，
阴声韵。

第 三 章

段玉裁之幽宵侯鱼支六部
阴入合部的谐声佐证

上古韵文的一个突出特点就是阴入可以相押，这是一个很重要也是一个使人疑惑的问题。《广韵》三十四个入声韵承阳声韵，而顾炎武改变《广韵》结构，除了缉以下九个入声韵仍承侵以下九个阳声韵外，其余的入声韵都承阴声韵。这样做的原因，正如王念孙在《与李方伯书》中所说："顾氏一以九经《楚辞》所用之韵为韵，而不用《切韵》以屋承东、以德承登之例，可称卓识。"显然先秦韵文阴入通押是顾氏阴入合部的重要根据。之幽宵侯鱼支六部特别明显。我们上文分析过，脂微歌三部阴入通押不明显。在《诗经》中，脂质有少量通押，歌月不押韵。如果把大部分去声字归入入声，微物也不押韵。在谐声字上，歌月不谐，脂微和质物只有极少数疑似相谐例子。所以从押韵和谐声上，月物质三个入声韵部应该独立。

清代的很多古音学家如王念孙、江有诰之幽宵侯鱼支六部也都是阴入相承，他们都认为这六部有平上去入。他们大约把入声看作声调，就像平上去一样，是音高的不同，而不是音色的不同。王力在《上古汉语入声和阴声的分野及其收音》中谈到了清代古音学家对入声的看法①。第一种，根本否认上古汉语有入声。以孔广森为代表，他认为"入声创自江左，非中原旧韵"②。第二种，承认上古汉语有入声，但只把入声看作阴声的变相，即入声也是开口音节，只不过这种开口音节比较短些。以

---

① 王力：《龙虫并雕斋文集》第一册，中华书局 1980 年版，第 156—157 页。
② 孔广森：《诗声类》序言，中华书局 1983 年版。

顾炎武为代表。第三种，承认上古汉语有入声，这些入声一律读喉塞音韵尾，就像现代吴方言一样。吴方言区的段玉裁可能有这种看法。第四种看法，不但承认上古汉语有入声，而且入声收－p、－t、－k韵尾。以戴震为代表。王力认为第四种看法是正确的。确实如此。段玉裁、王念孙、江有诰根据韵文定阴入合部，但似乎从来没有追究过为什么阴入能够通押，大约就是因为他们仅仅把入声看作和平上去一样，是音高而非音色。既然平上可以通押，平去可以通押，上去可以通押，那么为什么平上去就不可以和入声通押呢？然而事实并没有这样简单，入声不仅是一个音高的问题，更是一个音色的问题。阴入通押的原因就是到现在也是一个没有完全解决的问题。

本书重在探究谐声字在多大程度上支持考古派的阴入合部，而对于阴入合部的原因则不作分析。阴入相押和阴入相谐应该具有相同的音理机制。

如何界定阴声和入声呢？去声的上古归属是一个关键问题。段氏主张古无去声。我们不能说《诗经》时代绝对没有去声字，但根据谐声偏旁和《诗经》押韵，说中古时代的大部分去声字在《诗经》时代是入声，应该距离真理不会太远。据现代学者研究，去声是后起的，也许《诗经》时代是去声的萌芽时期。王力是坚定地信奉古无去声说的，从早期的《上古汉语入声和阴声的分野及其收音》到中期的《汉语史稿》《汉语音韵》再到晚期的《汉语语音史》《同源字典》，是一以贯之地坚持古无去声说的，并且著文《古无去声例证》来证明。

中古的去声在上古大部分归入声，小部分归平上。王力在《上古汉语入声和阴声的分野及其收音》中说："是不是所有的去声字在上古都隶属于入声呢？不是的。有一部分去声字本来属于平声或上声。平去两读的字，如过、为、衣、迟、泥等，在上古只有平声；上去两读的字，如左、被、弟、比等，在上古只有上声。'读破'只是中古经生的习惯。此外还有一些去声字经段玉裁根据《诗经》《楚辞》证明它们在上古是平声，如歌部'驾破'叶'猗驰'，'罾'叶'歌'，'化'叶'他'，叶'离'，叶'为'，叶'施'，'地'叶'过'，等等。"[1]"关于入声韵部的

---

① 王力：《龙虫并雕斋文集》第一册，中华书局1980年版，第161页。

收字，最普通的标准是根据谐声偏旁，即声符。段玉裁说过：'同谐声者必同部。'就一般说，我们的确可以根据这个原则，把声符相同的字归属到同一韵部里，例如'视''致'在中古同属去声，但是'视'在上古应属阴声韵，'致'在上古应属入声韵。我们往往可以这样检查：凡同声符的字有在平上声的，就算阴声韵（如果不属阳声韵的话），例如'视'从'示'声，而'示'声中有'祁'（平声），可见'视'属阴声韵；又如'致'从'至'声，而'至'声有'室'（入声），可见'致'属入声韵。"① 我们大致遵从王力的这个原则。但必须指出的是，同声符谐入声的去声字，我们归入入声，同声符不谐入声的去声字，我们归入阴声，但不能肯定一定不是去声。

本章主要用谐声佐证段氏之幽宵侯鱼支六部的阴入合部。宵药相谐在第二章中已有论述，此章不再赘述。

第一节 之职合部的谐声佐证

王力《上古汉语入声和阴声的分野及其收音》中根据段玉裁《诗经韵分十七部表》（《六书音均表四》）统计的之部阴入相押的数据和比例如下：

之部 258：27 占 10.5% 弱② （258 指之之、之职、职职押韵的总段数，27 指之职押韵的段数，10.5% 弱指 27 和 258 的比。下同）

段氏《古十七部谐声表》列之部谐声偏旁 118 个，但还可以合并，因为里面并不纯粹是初级声符，也有一些二级声符和三级声符。

来声，麦声。麦以来为声，可以合并一个。

台声，枲声。枲以台为声，可以合并一个。

𢇛声，𦿆声。𦿆以𢇛为声，可以合并一个。

丌声，迈声。迈以丌为声，可以合并一个。

之声，蚩声，台声，寺声，时声。蚩、台、寺、时以之为声，可以合并四个。

---

① 王力：《龙虫并雕斋文集》第一册，中华书局 1980 年版，第 164 页。
② 同上书，第 181 页。

才声，𢦏声，在声。𢦏、在以才为声，可以合并两个。

以声，矣声。矣以以为声，可以合并一个。

畐声，富声。富以畐为声，可以合并一个。

不声，丕声。丕以不为声，可以合并一个。

巛声，甾声。甾以巛为声，可以合并一个。

止声，齿声。齿以止为声，可以合并一个。

弋声，式声。式以弋为声，可以合并一个。

畁声，緥声。緥以畁为声，可以合并一个。

葡声，備声。備以葡为声，可以合并一个。

则声，贼声。[①] 贼以则为声，可以合并一个。

或声，彧声。彧以或为声，可以合并一个。

力声，防声。防以力为声，可以合并一个。

𠬝声，服声。服以𠬝为声，可以合并一个。

㝵声，得声。得以㝵为声，可以合并一个。

声符的判定是一件困难的工作。段玉裁修正许慎，后人修正段玉裁。至今还有一些字的结构搞不清楚。我们只能求得一个近似的结果。比如，段氏列了又声、有声、尤声。据许慎说解，有、尤从又声。但这两个字，今人多认为是会意字。因此在这里我们就没有合并。以上我们合并了 23 个，那么不重复的之部的声符有 95 个。据我们统计，能够阴入互谐的声符有 12 个，约占所有声符的 12.6%，和阴入相押的比例 10.5% 基本相当。

（1）之。——之作声符，可谐阴入。

之。——《之部》：“之，出也。象艸过中，枝茎益大，有所之。一者，地也。凡之之属皆从之。”（127 页）止而切，章母三等开口平声之韵，阴声韵。

芝。——《艸部》：“芝，神艸也。从艸，从之。”按：应从徐锴《繫传》作“之声”。（15 页）止而切，章母三等开口平声之韵，阴声韵。

寺。——《寸部》：“寺，廷也。有法度者也。从寸，之声。”（67 页）详吏切，邪母三等开口去声志韵。

特。——《牛部》：“特，朴特，牛父也。从牛，寺声。”（29 页）徒

① 段玉裁认为贼是一个会意字，见《说文解字注》第 630 页。

得切，定母一等开口入声德韵。

栻。——《木部》：“栻，槌也。从木，特省声。”按：应依段本作“寺声”。（122 页）陟革切，知母二等开口入声麦韵，入声韵。

（2）疑。——疑为声符，可谐阴入。

疑。——《子部》：“疑，惑也。从子止匕，矢声。”按：甲骨文作前七·三六·二。金文作_{疑解}。郭沫若《卜辞通纂》：“（甲骨文）象人持杖出行而仰望天色。（金文）从辵，此与从彳同意，牛声也。”① 牛在上古属之部。本书把疑作为独立的声符处理。（310 页）语其切，疑母三等开口平声之韵，阴声韵。

擬。——《手部》：“擬，度也。从手，疑声。”（254 页）语己切，疑母三等开口上声止韵，阴声韵。

嶷。——《口部》：“小儿有知也。从口，疑声。《诗》曰：‘克岐克嶷。’”（31 页）鱼力切，疑母三等开口入声职韵。

（3）异。——异作声符，可谐阴入。

异。——《异部》：“异，分也。从廾，从畀。畀，予也。凡异之属皆从异。”（59 页）羊吏切，以母三等开口去声志韵。

廙。——《广部》：“廙，行屋也。从广，异声。”（193 页）与职切，以母三等开口入声职韵。

潩。——《水部》：“潩，水。出河南密县大隗山，南入颍。从水，异声。”（225 页）与职切，以母三等开口入声职韵。

廙。——《厂部》：“廙，石利也。从厂，异声。读若枲。”（193 页）胥里切，心母三等开口上声止韵，阴声韵。

禩。——《示部》：“祀，祭无已也。从示，巳声。禩，祀或从异。”（8 页）详里切，邪母三等开口上声止韵，阴声韵。

（4）而。——而为声符，可谐阴入。

而。——《而部》：“而，颊毛也。象毛之形。《周礼》曰：‘作其鳞之而。’凡而之属皆从而。”（196 页）如之切，日母三等开口平声之韵，阴声韵。

胹。——《肉部》：“胹，烂也。从肉，而声。”（89 页）如之切，日

① 汤可敬：《说文解字今释》，岳麓书社 1997 年版，第 2132 页。

母三等开口平声之韵，阴声韵。

恧。——《心部》："恧，惭也。从心，而声。"（223 页）女六切，娘母三等合口入声屋韵。

（5）里。——里作声符，可谐阴入。

里。——《里部》："里，居也。从田，从土。凡里之属皆从里。"（290 页）良止切，来母三等开口上声止韵，阴声韵。

理。——《玉部》："理，治玉也。从玉，里声。"（12 页）良止切，来母三等开口上声止韵，阴声韵。

董。——《艸部》："董，艸也。从艸，里声。"（17 页）里之切，来母三等开口平声之韵，阴声韵。《广韵》有三个反切：耻力切（入声职韵）、许竹切（入声屋韵）、丑六切（入声屋韵）。

（6）来。——来作声符，可谐阴入。

来。——《来部》："来，周所受瑞麦来麰。一来二缝，象芒束之形。天所来也，故为行来之来。《诗》曰：'诒我来麰。'凡来之属皆从来。"（111 页）洛哀切，来母一等开口平声哈韵，阴声韵。

莱。——《艸部》："莱，蔓华也。从艸，来声。"（26 页）洛哀切，来母一等开口平声哈韵，阴声韵。

麦。——《麦部》："麦，芒谷，秋种厚薶，故谓之麦。麦，金也。金王而生，火王而死。从来，有穗者；从夂。凡麦之属皆从麦。"按：甲骨文作𝄇前4.40.4。李孝定《甲骨文字集释》："来、麦当是一字。夂本象到（倒）止形，于此但象麦根。以来叚为行来字，故更制緐（繁）体之麦以为来麰之本字。"①（112 页）莫获切，明母二等入声麦韵。

（7）亥。——亥作声符，可谐阴入。

亥。——《亥部》："亥，荄也。十月，微阳起，接盛阴。从二，二，古文上字。一人男，一人女也。从乙，象裹子咳咳之形。《春秋传》曰：'亥有二首六身。'凡亥之属皆从亥。"（314 页）胡改切，匣母一等开口上声海韵，阴声韵。

该。——《言部》："该，军中约也。从言，亥声。读若心中满该。"（57 页）古哀切，见母一等开口平声哈韵，阴声韵。

---

① 汤可敬：《说文解字今释》，第 724—725 页。

刻。——《刀部》:"刻,镂也。从刀,亥声。"(91 页)苦得切,溪母一等开口入声德韵。

劾。——《力部》:"劾,法有辠也。从力,亥声。"(293 页)胡概切,匣母一等开口去声代韵。《广韵》胡得切,匣母一等开口入声德韵。

(8)有。——有作声符,可谐阴入。

有。——《有部》:"有,不宜有也。《春秋传》曰:'日月食之。'从月,又声。"(141 页)云九切,云母三等开口上声有韵,阴声韵。按:金文作 𠂇令鼎,篆文作 𪜩。林义广《文源》:"按:有非'不宜有'之义。有,持有也。古从又持肉,不从月。"[1] 本书把"有"看作会意字,在上古为之部。

贿。——《贝部》:"贿,财也。从贝,有声。"(130 页)呼罪切,晓母一等合口上声贿韵,阴声韵。

郁。——《邑部》:"郁,右扶风郁夷也。从邑,有声。"(132 页)於六切,影母三等合口入声屋韵。

(9)母。——母作声符,可谐阴入。

母。——《母部》:"母,牧也。从女,象裹子形。一曰:象乳子也。"(259 页)莫后切,明母一等开口上声厚韵,阴声韵。

拇。——《手部》:"拇,将指也。从手,母声。"(250 页)莫厚切,明母一等开口上声厚韵,阴声韵。

坶。——《土部》:"坶,朝歌南七十里地。《周书》:'武王与纣战于坶。'从土,母声。"(286 页)莫六切,明母三等合口入声屋韵。

(10)不。——不作声符,可谐阴入。

不。——《不部》:"不,鸟飞上翔不下来也。从一,一犹天也。象形。凡不之属皆从不。"(246 页)方久切,非母三等开口上声有韵,阴声韵。《广韵》有三个反切:甫鸠切(平声尤韵)、方久切(上声有韵)、分勿切(入声物韵)。"不"有阴入异读。

否。——《不部》:"否,不也。从口、从不,不亦声。"(34 页)方久切,非母三等开口上声有韵,阴声韵。

---

① 徐中舒:《汉语大字典》(缩印本),湖北辞书出版社、四川辞书出版社 1992 年版,第856 页。

丕。——《一部》:"丕,大也。从一,不声。"(7 页)敷悲切,滂母三等开口平声脂韵,阴声韵。

否。——《日部》:"否,不见也。从日,否省声。"(139 页)美毕切,帮母三等开口入声质韵。

(11)音。——音作声符,可谐阴入。

音。——《丶部》:"音,相与语,唾而不受也。从丶,从否,否亦声。"音的结构有不同的说法。我们把音作为一个独立的声符看待。(105 页)天口切,透母一等开口上声厚韵,阴声韵。按:段玉裁在《说文解字注》的注音实践中,音兼属第一之部和第四侯部。

部。——《邑部》:"部,天水狄部。从邑,音声。"(132 页)蒲口切,并母一等开口上声厚韵,阴声韵。

陪。——《阜部》:"陪,重土也。一曰:满也。从阜,音声。"(306 页)薄回切,并母一等合口平声灰韵,阴声韵。

踣。——《足部》:"踣,僵也。从足,音声。《春秋传》曰:'晋人踣之。'"(47 页)蒲北切,并母一等开口入声德韵。

(12)戒。——戒作声符,可谐阴入。

戒。——《廾部》:"戒,警也。从廾持戈,以戒不虞。"(59 页)居拜切,见母二等开口去声怪韵。现代学者一般把戒的上古音定为职部。戒在上古一般押职部韵。《诗经·楚茨》韵备,《诗经·采薇》韵翼、服、棘,《诗经·常武》韵国,《楚辞·惜往日》韵得,《孙子兵法·九地》韵得,《管子·枢言》韵敕、麦、伏、稷、得。戒所押全是职部字。

祴。——《示部》:"祴,宗庙奏祴乐。从示,戒声。"(9 页)古哀切,见母一等开口平声哈韵,阴声韵。

第二节 幽觉合部的谐声佐证

王力在《上古汉语入声和阴声的分野及其收音》中统计的幽觉阴入相押的数据和比例如下:

幽部　143:6　占 4.7% 弱[①]

---

① 王力:《龙虫并雕斋文集》第一册,第 181 页。

段氏《古十七部谐声表》第三部共列声符 151 个。段氏的第三部包括现在的幽部、觉部、屋部。我们需要剔去屋部声符。屋部声符有：谷声，狱声，苦声，足声，束声，欶声，臼（从双手相对，居玉切）声，畜声，賣声，辱声，蓐声，曲声，玉声，青声，殻声，蜀声，木声，珏声，录声，粟声，糞声，豕声，卜声，支声，局声，鹿声。共 26 个。那么第三部共有 125 个声符。其中还有二级声符和三级声符。以下声符可以合并。

九声，尻声。尻以九为声，可以合并一个。

六声，坴声，黿声。黿以坴为声，坴以六为声，可以合并两个。

惪声，憂声。憂以惪为声，可以合并一个。

汓声，游声。游以汓为声，可以合并一个。

攸声，條声，修声，脩声。條、修、脩都以攸为声，可以合并三个。

未声，叔声，戚声。戚、叔以未为声，可以合并两个。

丣声，留声，劉声。留、劉以丣为声，可以合并两个。

矛声，柔声，務声。柔、務都以矛为声，可以合并两个。

包声，匋声。匋是包省声，可以合并一个。

焦声①，穛声。穛以焦为声，可以合并一个。

咢（畴的重文）声，喬声，壽声。壽以咢为声，喬以咢为声，可以合并两个。

丝声，幽声。幽以丝为声，可以合并一个。

叉声，爪声，蚤声。叉是爪的古文，蚤以叉为声，可以合并两个。

丩声，收声。收以丩为声，可以合并一个。

冂声，冃声，冒声。冂、冃和冒实为异体，可以合并两个。

𦣻声，百声，页声，道声。𦣻、百、页为异体，道以首为声，可以合并三个。

丂声，考声。考以丂为声，可以合并一个。

保声，褓声。褓是保的古字，可以合并一个。

总共可以合并 29 个。那么剩下的不重复的声符有 96 个。据我们统计，第三部可谐阴入的声符有 25 个，约占总数的 26%，远高于阴入相押

---

① 现在一般认为焦是宵部，此处从段氏。

4.7%的比例。

（1）攸。——攸作声符，可谐阴入。

攸。——《攴部》："攸，行水也。从攴、从人，水省。"（68 页）以周切，以母三等开口平声尤韵，阴声韵。

修。——《彡部》："修，饰也。从彡，攸声。"（185 页）息流切，心母三等开口平声尤韵，阴声韵。

儵。——《黑部》："儵，青黑缯缝白色也。从黑，攸声。"（211 页）式竹切，书母三等合口入声屋韵。

倏。——《犬部》："倏，走也。从犬，攸声。读若叔。"（205 页）式竹切，书母三等合口入声屋韵。

（2）由。——由作声符，可谐阴入。

由。——现本《说文》无"由"字，但有很多从"由"之字，"由"字当属许慎失收或后人传抄中脱失。《广韵》以周切，以母三等开口平声尤韵，阴声韵。

油。——《水部》："油，水。出武陵孱陵西，东南入江。从水，由声。"（226 页）以周切，以母三等开口平声尤韵，阴声韵。

迪。——《辵部》："迪，道也。从辵，由声。"（40 页）徒历切，定母四等开口入声锡韵。

舳。——《舟部》："舳，舻也。从舟，由声。汉律名船方长为舳舻。一曰：舟尾。"（176 页）直六切，澄母三等合口入声屋韵。

（3）酉。——酉作声符，可谐阴入。

酉。——《酉部》："酉，绎酒也。从酉，水半见于上。《礼》有'大酉'，掌酒官也。凡酉之属皆从酉。"（313 页）字秋切，从母三等开口平声尤韵，阴声韵。

犹。——《犬部》："犹，玃属。从犬，酉声。一曰：陇西谓犬子为犹。"（205 页）以周切，以母三等开口平声尤韵，阴声韵。

媨。——《女部》："媨，丑也。一曰：老妪也。从女，酉声。读若蹴。"（264 页）七宿切，清母三等合口入声屋韵。

（4）九。——九作声符，可谐阴入。

九。——《九部》："九，阳之变也。象其屈曲究尽之形。凡九之属皆从九。"（308 页）居有切，见母三等开口上声有韵，阴声韵。

鸠。——《鸟部》："鸠，鹘鸼也。从鸟，九声。"（79 页）居求切，见母三等开口平声尤韵，阴声韵。

旭。——《日部》："旭，日旦出皃。从日，九声。读若勖。一曰：明也。"（138 页）许玉切，晓母三等合口入声烛韵。

（5）寿。——寿作声符，可谐阴入。

寿。——《老部》："寿，久也。从老省，畴声。"（173 页）殖酉切，禅母三等开口上声有韵，阴声韵。按：畴以畴为声，畴为畴之古文。我们把寿作为独立的声符看待。

筹。——《竹部》："筹，壶矢也。从竹，寿声。"（98 页）直由切，澄母三等开口平声尤韵，阴声韵。

璹。——《玉部》："璹，玉器也。读若淑。"（11 页）殊六切，禅母三等合口入声屋韵。

（6）舟。——舟作声符，可谐阴入。

舟。——《舟部》："舟，船也。古者，共鼓、货狄，刳木为舟，剡木为楫，以济不通。象形。凡舟之属皆从舟。"（176 页）职流切，章母三等开口平声尤韵，阴声韵。

辀。——《车部》："辀，辕也。从车，舟声。"（302 页）张流切，章母三等开口平声尤韵，阴声韵。

貈。——《豸部》："貈，似狐，善睡兽。从豸，舟声。《论语》曰：'狐貈之厚以居。'"（198 页）下各切①，匣母一等开口入声铎韵。

（7）周。——周作声符，可谐阴入。

周。——《口部》："周，密也。从用、口。"（33 页）职留切，章母三等开口平声尤韵，阴声韵。

稠。——《禾部》："稠，多也。从禾，周声。"（144 页）直由切，澄母三等开口平声尤韵，阴声韵。

倜。——《说文》无，但经典常用。《荀子·非十二子》："则倜然无所归宿。"汉·司马迁《报任安书》："唯倜傥非常之人称焉。"《广韵》：他历切，透母四等开口入声锡韵。

---

① 段玉裁注："按此切乃貉之古音，非此字本音也。"（《段注》第458页）此处暂从许慎。

（8）丑。——丑作声符，可谐阴入。

丑。——《丑部》："丑，纽也。十二月，万物动，用事。象手之形。时加丑，亦举手时也。凡丑之属皆从丑。"（310页）敕九切，彻母三等开口上声有韵，阴声韵。

狃。——《犬部》："狃，犬性骄也。从犬，丑声。"（204页）女久切，娘母三等开口上声有韵，阴声韵。

衄。——《血部》："衄，鼻出血也。从血，丑声。"（105页）女六切，娘母三等合口入声屋韵。

（9）尤。——尤作声符，可谐阴入。

尤。——《乙部》："尤，异也。从乙，又声。"篆文作 ，甲骨文作 ₍甲2521₎。孔广居《疑疑》："尤，古肬字。从又，乙象赘疣，又亦声。借为异也，过也，既为借义所专，故别作肬。"①（308页）羽求切，云母三等开口平声尤韵，阴声韵。本书把尤作为一个独立的声符看待，上古属幽部。

訧。——《言部》："訧，罪也。从言，尤声。《周书》曰：'报以庶訧。'"（57页）羽求切，云母三等开口平声尤韵，阴声韵。

蹴。——《足部》："蹴，蹑也。从足，就声。"（46页）七宿切，清母三等合口入声屋韵。

（10）翏。——翏作声符，可谐阴入。

翏。——《羽部》："翏，高飞也。从羽，从㐱。"（75页）力救切，来母三等开口去声宥韵。

蓼。——《艸部》："蓼，辛菜，蔷虞也。从艸，翏声。"（16页）卢鸟切，来母四等开口上声篠韵，阴声韵。《广韵》有两个反切：卢鸟切（上声篠韵）、力竹切（入声屋韵）。蓼有阴入异读。

漻。——《水部》："漻，清深也。从水，翏声。"（229页）洛萧切，来母四等开口平声萧韵，阴声韵。

戮。——《戈部》："戮，杀也。从戈，翏声。"（266页）力六切，来母三等合口入声屋韵。

---

① 汤可敬：《说文解字今释》，第2118页。

(11) 矛。——矛作声符，可谐阴入。

矛。——《矛部》:“矛，酋矛也。建于兵车，长二丈。象形。凡矛之属皆从矛。”(300 页) 莫浮切，明母三等开口平声尤韵，阴声韵。

柔。——《木部》:“柔，木曲直也。从木，矛声。”(119 页) 耳由切，日母三等开口平声尤韵，阴声韵。

敄。——《攴部》:“敄，彊也。从攴，矛声。”(67 页) 亡遇切，微母三等合口去声遇韵。

鞪。——《革部》:“鞪，车轴束也。从革，敄声。”(61 页) 莫卜切，明母一等合口入声屋韵。

楘。——《木部》:“楘，车历録束文也。从木，敄声。《诗曰》:‘五楘梁輈。’”(124 页) 莫卜切，明母一等合口入声屋韵。

(12) 焦。——焦作声符，可谐阴入。

焦。——《火部》:“爨，火所伤也。从火，雥声。焦，或省。”(209 页) 即消切，精母三等开口平声宵韵，阴声韵。焦从雥声，难解。段玉裁注:“二部。按《广韵》雥，徂合切，《玉篇》才匝、走合二切。今以许书焦字从雥声定之，则知雥之古音如揫、如椒。雧者会意字，非用雥声，后人昧其本音，乃以襍字之反语为雥之反语，非也。”(段注本 484 页) 段氏在《谐声表》里把焦列在第三部，他说“雥之古音如揫、如椒”，可知他也是把焦作为幽部字，说“二部”，恐是笔误。现在一般把焦归入宵部，本书姑从段氏，归入第三部。

樵。——《木部》:“樵，散也。从木，焦声。”(118 页) 昨焦切，从母三等开口平声宵韵，阴声韵。

糕。——《米部》:“糕，早取谷也。从米，焦声。一曰：小。”(147 页) 侧角切，庄母二等开口入声觉韵。

噍。——《口部》:“噍，啮也。从口，焦声。嚼，噍或从爵。”(31 页) 才肖切（去声笑韵），又才爵切（入声药韵）。现在咀嚼的嚼读 jué，即从中古的药韵而来。

(13) 叉。——叉作声符，可谐阴入。

叉。——《又部》:“叉，手足甲也。从又，象叉形。”(64 页) 侧狡切，庄母二等开口上声巧韵，阴声韵。

蚤。——《䖵部》:“蚤，啮人跳虫。从䖵，叉声。叉，古爪字。蚤，蝅或从虫。"（283 页）子皓切，精母一等开口上声皓韵，阴声韵。

蚤。——《壴部》："蚤，夜戒守鼓也。从壴，蚤声。《礼》：昏鼓四通为大鼓，夜半三通为戒晨，旦明五通为发明。读若戚。"（102 页）仓历切，清母四等开口入声锡韵。

（14）包。——包作声符，可谐阴入。

包。——《包部》："包，象人裹妊，巳在中，象子未成形也。元气起于子。子，人所生也。男左行三十，女右行二十，俱立于巳，为夫妇。裹妊于巳，巳为子，十月而生。男起巳至寅，女起巳至申。故男年始寅，女年始申也。凡包之属皆从包。"（188 页）布交切，帮母二等开口平声肴韵，阴声韵。

庖。——《广部》："庖，厨也。从广，包声。"（192 页）薄交切，並母二等开口平声肴韵，阴声韵。

雹。——《雨部》："雹，雨冰也。从雨，包声。"（241 页）蒲角切，並母二等开口入声觉韵。

鞄。——《革部》："鞄，柔革工也。从革，包声。读若朴。《周礼》曰：'柔皮之工鲍氏。'鞄即鲍也。"（60 页）蒲角切，並母二等开口入声觉韵。《广韵》薄交切，並母平声二等开口肴韵，阴声韵。

（15）冒。——冒作声符，可谐阴入。

冒。——《冃部》："冒，冡而前也。从冃，从目。"（157 页）莫报切，明母一等开口去声号韵，阴声韵。

媚。——《女部》："媚，夫妒妇也。从女，冒声。一曰：相视也。"（263 页）冒报切，明母去声一等开口号韵。《广韵》有四个反切：武道切（上声皓韵）、弥二切（去声至韵）、莫报切（去声号韵）、莫沃切（入声沃韵）。媚有阴入异读。

勖。——《力部》："勖，勉也。《周书》曰：'勖哉，夫子。'从力，冒声。"（292 页）许玉切，晓母三等合口入声烛韵。

（16）奥。——奥作声符，可谐阴入。

奥。——《宀部》："奥，宛也，室之西南隅。从宀，𢆶声。"（臣铉等曰："𢆶非声，未详。"）我们把奥作为一个独立的声符看待。（150 页）乌到切，影母一等开口去声号韵。

燠。——《火部》："燠，热在中也。从火，奥声。"（210 页）乌到切，影母一等开口去声号韵。《广韵》有三个反切：乌皓切（上声皓韵）、乌到切（去声号韵）、於六切（入声屋韵）。燠有阴入异读。

奥。——《艸部》："奥，婴奥也。从艸，奥声。"（18 页）於六切，影母三等合口入声屋韵。

（17）告。——告作声符，可谐阴入。

告。——《告部》："告，牛触人，角箸横木，所以告人也。从口，从牛。《易》曰：'僮牛之告。'凡告之属皆从告。"（30 页）古奥切，见母一等开口去声号韵。《广韵》有两个反切：古到切（去声号韵）、古沃切（入声沃韵）。

晧（皓）。——《日部》："晧，日出皃。从日，告声。"（138 页）胡老切，匣母一等开口上声皓韵，阴声韵。

造。——《辵部》："造，就也。从辵，告声。"（39 页）七到切，清母一等开口去声号韵。《广韵》有两个反切：七到切（去声号韵）、昨早切（上声皓韵）。

鹄。——《鸟部》："鹄，鸿鹄也，从鸟，告声。"（80 页）胡沃切，匣母一等合口入声沃韵。

（18）朮。——朮作声符，可谐阴入。

朮。——《朮部》："朮，豆也。象朮豆生之形也。凡朮之属皆从朮。"（149 页）式竹切，书母三等合口入声屋韵。

叔。——《又部》："叔，拾也。从又，朮声。"（64 页）式竹切，书母三等合口入声屋韵。

鶐。——《鸟部》："鶐，秃鶐也。从鸟，朮声。"（80 页）七由切，清母三等开口平声尤韵，阴声韵。

茮。——《艸部》："茮，茮莍。从艸，朮声。"（21 页）子寮切，精母三等开口平声宵韵，阴声韵。

（19）肃。——肃作声符，可谐阴入。

肃。——《聿部》："肃，持事振敬也。从聿在肃上，战战兢兢也。"（65 页）息逐切，心母三等合口入声屋韵。

鷫。——《鸟部》："鷫，鷫鹴也。五方神鸟也。东方发明，南方焦明，西方鷫鹴，北方幽昌，中央凤皇。从鸟，肃声。"（79 页）息逐切，心母三等合口入声屋韵。

萧。——《艸部》："萧，艾蒿也。从艸，肃声。"（20页）苏彫切，心母四等开口平声萧韵，阴声韵。

箫。——《竹部》："箫，参差管乐，象凤之翼。从竹，肃声。"（98页）苏彫切，心母四等开口平声萧韵，阴声韵。

（20）肉。——肉作声符，可谐阴入。

肉。——《肉部》："肉，胾肉。象形。凡肉之属皆从肉。"（87页）如六切，日母三等合口入声屋韵。

朒。——《月部》："朒，朔而月见东方谓之缩朒。从月，肉声。"（此从段注本，313页）女六切，娘母三等合口入声屋韵。

𧮲。——《言部》："𧮲，徒歌。从言肉。"按：段玉裁、桂馥、朱骏声、王筠都作"从言，肉声"。（52页）余招切，以母三等开口平声宵韵，阴声韵。

𡩟。——《廾部》："𡩟，持弩拊。从廾肉。读若逵。"按：小徐本作"肉声"，段玉裁、朱骏声从之。（59页）渠追切，群母三等合口平声脂韵，阴声韵。

頯。——《页部》："頯，权也。从页，𡩟声。"（182页）渠追切，群母三等合口平声脂韵，阴声韵。

（21）六。——六作声符，可谐阴入。

六。——《六部》："六，《易》之数，阴变于六，正于八。从入，从八。凡六之属皆从六。"（307页）力竹切，来母三等合口入声屋韵。

宍。——《屮部》："宍，菌宍，地蕈。丛生田中。从屮，六声。"（15页）力竹切，来母三等合口入声屋韵。

坴。——《土部》："坴，土块坴坴也。从土，宍声。读若逐。一曰：坴梁。"（286页）力竹切，来母三等合口入声屋韵。

馗。——《九部》："馗，九达道也。似龟背，故谓之馗。馗，高也。从九，从首。逵，馗或从辵，从坴。"段玉裁注："玉裁按：坴亦声。"（308页）渠追切，群母三等合口平声脂韵，阴声韵。

（22）学。——学作声符，可谐阴入。

学。——《教部》："斅，觉悟也。从教，从冂。冂，尚蒙也。臼声。学，篆文，斅省。"按：臼非声。字形像双手持爻（算筹）教小孩学习，爻亦声。本书把学作为一个独立的声符看待。（69页）胡觉切，匣母二等开口入声觉韵。

觉。——《见部》："觉，寤也。从见，学省声。一曰：发也。"（178 页）古岳切，见母二等开口入声觉韵。

泶。——《水部》："泶，夏有水，冬无水，曰泶。从水，学省声。读若学。"（232 页）胡角切，匣母二等开口入声觉韵。《广韵》有三个反切：士角切（入声觉韵）、胡觉切（入声觉韵）、下巧切（上声巧韵）。泶有阴入异读。

搅。——《手部》："搅，乱也。从手，觉声。《诗》曰：'祇（祇从段注本）搅我心。'"（255 页）古巧切，见母二等开口上声巧韵，阴声韵。

（23）叟（叜）。——叟作声符，可谐阴入。

叟（叜）。——《又部》："叜，老也。从又，从灾。阙。"（64 页）稣后切，心母一等开口上声厚韵，阴声韵。

搜。——《手部》："搜，众意也。一曰：求也。从手，叟声。《诗》曰：'束矢其搜。'"（257 页）所鸠切，生母三等开口平声尤韵，阴声韵。

謏。——《说文》无。但经典相承有之。《礼记·学记》："发虑宪，求善良，足以謏闻，不足以动众。"《广韵》有四个反切：先鸟切（上声篠韵）、苏后切（上声厚韵）、苏奏切（去声候韵）、所六切（入声屋韵）。謏有阴入异读。

（24）保。——保作声符，可谐阴入。

保。——《人部》："保，养也。从人，从采省。"（161 页）博袤切，帮母一等开口平声豪韵。《广韵》博抱切，帮母上声开口一等皓韵，阴声韵。

葆。——《艸部》："葆，艸盛皃。从艸，保声。"（26 页）博袤切，帮母一等开口平声豪韵。《广韵》博抱切，帮母上声开口一等皓韵，阴声韵。

椺。——《说文》无。《玉篇·木部》："椺，钟椺。"《广韵》胡狄切，匣母四等开口入声锡韵。

（25）州。——《州部》："州，水中可居曰州，周遶其旁，从重川。"（239 页）职流切，章母三等开口平声尤韵，阴声韵。

咮。——《叩部》："咮，呼鸡重言之。从叩，州声。读若祝。"（35 页）之六切，章母三等合口入声屋韵。

第三节　侯屋合部、鱼铎合部的
谐声佐证

王力在《上古汉语入声和阴声的分野及其收音》中统计的侯屋阴入相押的数据和比例如下：

侯部　57∶5　占 8.8% 弱①

段氏的《古十七部谐声表》第四部列了 42 个声符，加上上节从第三部析出的屋部声符 26 个，共 68 个。其中也有二级声符和三级声符，可以合并的如下：

壴声，尌声，厨声。尌为壴加注形符的异体字，厨以尌为声。可以合并两个。

区声，蓲声。蓲以区为声，可以合并一个。

乜声，殳声。殳以乜为声，可以合并一个。

取声，冣声，聚声。冣、聚以取为声，可以合并两个。

旱声，厚声。厚以旱为声，可以合并一个。

付声，府声。府以付为声，可以合并一个。

丶声，主声。主以丶为声，可以合并一个。

罢声，斲声。斲以罢为声，可以合并一个。

束声，欶声。欶以束为声，可以合并一个。

畜声，蕡声。蕡以畜为声，可以合并一个。

辱声，蓐声。蓐以辱为声，可以合并一个。

青声，殸声。殸以青为声，可以合并一个。

共合并 14 个声符，那么不重复的声符有 54 个。据我们统计，能够阴入相谐的声符有 11 个（见第二章），约占总数的 20.3%。

王力在《上古汉语入声和阴声的分野及其收音》中统计的鱼铎阴入相押的数据和比例如下：

鱼部　228∶22　占 9.6% 强②

---

① 王力：《龙虫并雕斋文集》第一册，第 182 页。
② 同上。

段氏《古十七部谐声表》列第五部声符 141 个。其中可以合并的有：

且声，沮声。沮以且为声，可以合并一个。

甫声，尃声，浦声。尃、浦以甫为声，可以合并两个。

亏（隶作于），雩声，華声，夸声，雫声，瓠声。雩、夸、雫以亏为声，華以雩为声，瓠以夸为声，可以合并五个。

叚声，猳声，家声。猳以叚为声，许慎解家为猳省声①，可以合并两个。

虍声，虑声，盧声，虜声，雐声。②虑、盧、虜、雐都以虍为声，可以合并四个。

古声，居声。居以古为声，可以合并一个。

各声，洛声，路声。洛、路都以各为声，可以合并两个。

乌声，於声。於为古文乌，可以合并一个。

亚声，恶声。恶以亚为声，可以合并一个。

鱼声，鱻声，稣声。鱻、稣都以鱼为声，可以合并两个。

余声，涂声。涂以余为声，可以合并一个。

盱声，瞿声。瞿实为盱的累加形符的后起字，可以合并一个。

帀声，贾声。贾以帀为声，可以合并一个。

庶声，度声，席声。度和席都是庶省声，可以合并两个。

巨声，榘声。榘以巨为声，可以合并一个。

五声，吾声。吾以五为声，可以合并一个。

午声，许声。许以午为声，可以合并一个。

户声，雇声。雇以户为声，可以合并一个。

鼓声，鼔声。鼓和鼔实为异体字，可以合并一个。

屰声，庐（即斥）声，朔声，屰声。庐、朔、屰都以屰为声，可以合并三个。

睪声，擇声。擇以睪为声，可以合并一个。

谷声，卻声。卻以谷为声，可以合并一个。

---

① 有学者认为家为会意字。今姑从段氏。

② 戲从虘声，虧从雐声，一般认为虧和戲是歌部，这可能是语音的变化，今以虘和雐为鱼部。

覃声，郭声。郭是覃的加注形符的后起字，可以合并一个。

昔声，耤声。耤以昔为声，可以合并一个。

白声，百声，帛声。百是白的区别字，帛以白为声，可以合并两个。

赤声，赦声。赦以赤为声，可以合并一个。

霏声，霸声。霸以霏为声，可以合并一个。

可以合并 42 个。那么不重复的声符有 99 个。据我们统计，能够阴入相谐的声符有 12 个，约占总数的 12.12%。

（1）於。——於作声符，可谐阴入。

於。——《鸟部》："乌，孝鸟也。象形。孔子曰：'乌，盱呼也。'取其助气，故以为乌呼。凡乌之属皆从乌。……於，象古文乌省。"（82 页）哀都切，影母一等合口平声模韵，阴声韵。

菸。——《艸部》："菸，鬱也。从艸，於声。"（23 页）央居切，影母三等合口平声鱼韵，阴声韵。

阏。——《门部》："阏，遮拥也。从门，於声。"（248 页）乌割切，影母一等开口入声曷韵。

（2）虍。——虍作声符，可谐阴入。

虍。——《虍部》："虍，虎文也。象形。凡虍之属皆从虍。"（103 页）荒乌切，晓母一等合口平声模韵，阴声韵。

虏。——《毌部》："虏，获也。从毌，从力，虍声。"（142 页）郎古切，来母一等合口上声姥韵，阴声韵。

㹜。——《豕部》："㹜，鬭相乳不解也。从豕、虍。豕、虍之鬭，不解也。读若蘮蒘草之蒘。司马相如说：'㹜，封豕之属。'一曰：虎两足举。"朱骏声《说文通训定声·豫部第九》㹜下注："按：虎食豕，不相斗。当从虍声。"[1] 我们从朱说，认㹜为形声字，豕形，虍声。（197 页）强鱼切，群母三等合口平声鱼韵。《广韵》有两个反切：强鱼切（平声鱼韵）、居御切（去声御韵），阴声韵。

噱。——《口部》："噱，大笑也。从口，㹜声。"（32 页）其虐切，群母三等开口入声药韵。

醵。——《酉部》："醵，会饮酒也。从酉，㹜声。"（312 页）其虐

---

[1]　朱骏声：《说文通训定声》，中华书局 1984 年版，第 400 页。

切，群母三等开口入声药韵。《广韵》有三个反切：强鱼切（平声鱼韵）、其据切（去声御韵）、其虐切（入声药韵）。醵有阴入异读。

（3）户。——户作声符，可谐阴入。

户。——《户部》："户，护也。半门曰户。象形。凡户之属皆从户。"（247 页）大徐音：侯古切，匣母一等开口上声姥韵，阴声韵。

扈。——《邑部》："扈，夏后同姓所封，战于甘者。在鄠，有扈谷、甘亭。从邑，户声。"（132 页）胡古切，匣母一等开口上声姥韵，阴声韵。

缑。——《糸部》："缑，履也。一曰：青丝头履也。读若阡陌之陌。从糸，户声。"（277 页）亡百切，明母二等开口入声陌韵。

（4）甫。——甫作声符，可谐阴入。

甫。——《用部》："甫，男子美称也。从用、父，父亦声。"按：甲骨文作_{前六.三二.一}，金文作_{甫人匜}罗振玉《增订殷虚书契考释》："（甫）象田中有蔬，乃圃之最初字。后又加口，形已复矣。"① 我们把甫作为一个独立的声符看待。（70 页）方矩切，非母三等合口上声麌韵，阴声韵。

尃。——《寸部》："尃，布也。从寸，甫声。"（67 页）芳无切，敷母三等合口平声麌韵，阴声韵。

博。——《十部》："博，大通也。从十，从尃。尃，布也。"（50 页）段注："尃亦声。"朱骏声从之。段、朱可从。（121 页）补各切，帮母一等开口入声铎韵。

搏。——《手部》："搏，索持也。一曰：至也。从手，尃声。"（251 页）补各切，帮母一等开口入声铎韵。

（5）古。——古作声符，可谐阴入。

古。——《古部》："古，故也。从十口，识前言者也。凡古之属皆从古。"（50 页）公户切，见母一等合口上声姥韵，阴声韵。

枯。——《木部》："枯，槀也。从木，古声。"（119 页）苦孤切，溪母一等合口平声模韵，阴声韵。

固。——《口部》："固，四塞也。从口，古声。"（129 页）古慕切，见母一等合口去声暮韵。

涸。——《水部》："涸，渴也。从水，固声。"（235 页）下各切，

---

① 汤可敬：《说文解字今释》，第 454 页。

匣母一等开口入声铎韵。

（6）莫。——莫作声符，可谐阴入。

莫。——《茻部》："莫，日且冥也。从日在茻中。"（27 页）莫故切（明母一等合口去声暮韵），又慕各切（明母一等开口入声铎韵）。

模。——《木部》："模，法也。从木，莫声。读若嫫母之嫫。"（129 页）莫胡切，明母一等合口平声模韵，阴声韵。

谟。——《言部》："谟，议谋也。从言，莫声。"（52 页）莫胡切，明母一等合口平声模韵，阴声韵。

骞。——《马部》："骞，上马也。从马，莫声。"（200 页）莫白切，明母二等开口入声陌韵。

幕。——《巾部》："幕，帷在上曰幕，覆食案亦曰幕。从巾，莫声。"（159 页）慕各切，明母一等开口入声铎韵。

（7）瞿。——瞿作声符。可谐阴入。

瞿。——《瞿部》："瞿，鹰隼之视也。从隹、从䀠，䀠亦声。凡瞿之属皆从瞿。"瞿实际上是䀠累加形符的异体字。（79 页）九遇切（见母三等合口去声遇韵），又音衢（群母三等合口平声虞韵），阴声韵。

衢。——《行部》："衢，四达谓之衢。从行，瞿声。"（44 页）其俱切，群母三等合口平声虞韵，阴声韵。

臞。——《肉部》："臞，少肉也。从肉，瞿声。"（88 页）其俱切，群母三等合口平声虞韵，阴声韵。

玃。——《犬部》："玃，母猴也。从犬，矍声。《尔雅》云：'玃父善顾。'攫持人也。"（205 页）俱缚切，见母三等合口入声药韵。

（8）者。——者作声符，可谐阴入。

者。——《白部》："者，别事词也。"（74 页）之也切，章母三等开口上声马韵，阴声韵。

暑。——《日部》："暑，热也。从日，者声。"（139 页）舒吕切，书母三等合口上声语韵，阴声韵。

箸。——《竹部》："箸，饭攲也。从竹，者声。"（96 页）陟虑切（知母三等合口去声御韵），迟倨切（澄母三等合口去声御韵）。后来作筷子解，写作箸，其他的意义写作着。着在《广韵》有 5 个反切：直鱼切（平声鱼韵）、丁吕切（上声语韵）、陟虑切（去声御韵）、张略切（入声药韵）、直略切（入声药韵）。箸有阴入异读。

樗。——《木部》："樗，斫谓之樗。从木，箸声。"（122 页）张略切，知母三等开口入声药韵。

（9）庶。——庶作声符，可谐阴入。

庶。——《广部》："庶，屋下众也。从广芡。芡，古文光字。"（193 页）商署切，书母三等合口去声御韵。

遮。——《辵部》："遮，遏也。从辵，庶声。"（41 页）止车切，章母三等开口平声麻韵，阴声韵。

跖。——《足部》："跖，楚人谓跳跃曰跖。从足，庶声。"（47 页）之石切，章母三等开口入声昔韵。

席。——《巾部》："席，籍也。《礼》：'天子、诸侯席，有黼绣纯饰。'从巾，庶省声。"（159 页）祥易切，邪母三等开口入声昔韵。

（10）亚。——亚作声符，可谐阴入。

亚。——《亚部》："亚，丑也。象人局背之形。贾侍中说，以为次第也。凡亚之属皆从亚。"（307 页）衣嫁切，影母二等开口去声祃韵。

哑。——《口部》："哑，笑也。从口，亚声。《易》曰：'笑言哑哑。'"（32 页）於革切，影母二等开口入声麦韵。《广韵》有四个反切：於革切（入声麦韵）、乌格切（入声陌韵）、乌下切（上声马韵）、衣嫁切（去声祃韵）。哑有阴入异读。

錏。——《金部》："錏，錏鍜，颈铠也。从金，亚声。"（297 页）乌牙切，影母二等开口平声麻韵，阴声韵。

恶。——《心部》："恶，过也。从心，亚声。"（221 页）乌各切，影母一等开口入声铎韵。

（11）乇。——乇作声符，可谐阴入。

乇。——《乇部》："乇，艸叶也。从垂穗，上贯一，下有根。象形。凡乇之属皆从乇。"（127 页）陟格切，知母二等开口入声陌韵。

宅。——《宀部》："宅，所托也。从宀，乇声。"（150 页）场伯切，澄母二等开口入声陌韵。

秅。——《禾部》："秅，二秭为秅。从禾，乇声。《周礼》曰：'二百四十斤为秉。四秉曰筥，十筥曰稯，十稯曰秅，四百秉为一秅。'"（146 页）宅加切，澄母二等开口平声麻韵，阴声韵。

庌。——《广部》："庌,开张屋也。从广,牙声。济阴有庌县。"（192 页）宅加切,澄母二等开口平声麻韵,阴声韵。

（12）舄（鹊）。——舄作声符,可谐阴入。

舄（鹊）。——《舄部》："舄,䧿也。象形。誰,篆文舄从隹昔。"（82 页）七雀切,清母三等开口入声药韵。

寫。——《宀部》："寫,置物也。从宀,舄声。"（151 页）悉也切,心母三等开口上声马韵,阴声韵。

猎。——《犬部》："猎,犬猎猎不附人也。从犬,舄声。"（204 页）式略切,书母三等开口入声药韵。

第四节　支锡合部的谐声佐证

王力在《上古汉语入声和阴声的分野及其收音》中统计的支锡阴入相押的数据和比例如下:

支部　26:4　占 15.4% 强①

段氏《古十七部谐声表》列第十六部声符 71 个。其中也有二级声符和三级声符。下面声符可以合并:

知声,智声。智以知为声,可以合并一个。

氏声,祇声,疧声。祇、疧都以氏为声,可以合并两个。

厂声,虒声。虒以厂为声,可以合并一个。

圭声,佳声。佳以圭为声,可以合并一个。

彖声,蠡声。蠡以彖为声,可以合并一个。

幺声,糸声。糸以幺为声,可以合并一个。

益声,蠲声。蠲以益为声,可以合并一个。

帝声,啻声,適声。適以啻为声,啻以帝为声,可以合并两个。

析声,晳声。晳以析为声,可以合并一个。

束声,策声,速声、责声、刺声。策、速、责、刺以束为声,可以合并四个。

鬲声,弼声,鶍声。鶍以鬲为声,弼是鬲的加注形符的异体字（弓像

---

① 王力:《龙虫并雕斋文集》第一册,第 182 页。

蒸汽），可以合并两个。

昊声，鶪声。鶪以昊为声，可以合并一个。

厄声，启声。《说文》厄作启，可以合并一个。

秝声，麻声，歷声。歷以麻为声，麻以秝为声，可以合并两个。

辰声，派声。派是辰的加注形符的后起字，可以合并一个。

毃声，繫声。繫以毃为声，可以合并一个。

惢声，纂声。纂以惢为声，可以合并一个。

可以合并 24 个。还有几个声符学者有不同的意见。段氏严分畾声和厽声，把畾声归十五部，厽声归十六部。现代学者一般认为畾声和厽声应同归微部或歌部，我们这里姑从段氏。段氏把匸（非"匚"字）声归入支部，《说文》："匸，衺徯，有所侠藏也。从乚，上有一覆之。读与傒同。"（267 页）匸为胡礼切，朱骏声归入十二履部，即脂部。没有从匸声之字，也没有韵文可以证明匸的韵部归属，我们把匸声剔除。段氏把乁声归入支部，氏从乁得声。据现代学者研究，氏从乁得声可疑。如果认为氏从乁得声，也应该合并。所以我们剔除乁声。这样可以合并 26 个，那么不重复的声符有 45 个。据我们统计，能够阴入相谐的声符有 12 个，约占总数的 26.6%。

（1）支。——支作声符，可谐阴入。

支。——《支部》："支，去竹之枝也。从手持半竹。凡支之属皆从支。"（65 页）章移切，章母三等开口平声支韵，阴声韵。

跂。——《足部》："跂，足多指也。从足，支声。"（48 页）巨支切，群母三等开口平声支韵，阴声韵。

屐。——《履部》："屐，属也。从履省，支声。"（176 页）奇逆切，群母三等开口入声陌韵。

（2）知。——知作声符，可谐阴入。

知。——《矢部》："知，词也。从口，从矢。"（110 页）陟离切，知母三等开口平声支韵，阴声韵。

矯。——《白部》："矯，识词也。从白，从亏，从知。"（74 页）段注："知亦声。"知义切，知母三等开口去声寘韵。

覩。——《见部》："覩，目赤也。从见，矯省声。"（178 页）才的切，从母四等开口入声锡韵。

（3）只。——只作声符，可谐阴入。

只。——《只部》："只，语已词也。从口，象气下引之形。凡只之属皆从只。"（50 页）诸氏切，章母三等开口上声纸韵，阴声韵。

枳。——《木部》："枳，木。似橘。从木，只声。"（117 页）诸氏切，章母三等开口上声纸韵，阴声韵。

赺。——《辵部》："赺，曲行也。从辵，只声。"（41 页）绮戟切，溪母三等开口入声陌韵。

（4）是。——是作声符，可谐阴入。

是。——《是部》："是，直也。从日正。凡是之属皆从是。"（39 页）承旨切，禅母三等开口上声旨韵。《广韵》承纸切，禅母三等开口上声纸韵，阴声韵。

提。——《手部》："提，挈也。从手，是声。"（252 页）杜兮切，定母四等开口平声齐韵，阴声韵。

湜。——《水部》："湜，水清底见也。从水，是声。《诗》曰：'湜湜其止。'"（231 页）常职切，禅母三等开口入声职韵。

寔。——《宀部》："寔，止也。从宀，是声。"（150 页）常隻切，禅母三等开口入声昔韵。《广韵》常职切，禅母三等开口入声职韵。

（5）帝。——帝作声符，可谐阴入。

帝。——《丄部》："帝，谛也。王天下之号也。从丄，朿声。"（7 页）都计切，端母四等开口去声霁韵。按：甲骨文作禾梓——二八。学者的解释不一。我们把帝作为一个独立的声符看待。

啻。——《口部》："啻，语时不啻也。从口，帝声。一曰：啻，諟也。读若鞮。"（33 页）施智切，书母三等开口去声寘韵。

谪。——《言部》："谪，罚也。从言，啻声。"（56 页）陟革切，知母二等开口入声麦韵。

缔。——《糸部》："缔，结不解也。从糸，帝声。"（272 页）特计切，定母四等开口去声霁韵。《广韵》有两个反切：特计切（去声霁韵）、杜奚切（平声齐韵）。

（6）巂。——巂作声符，可谐阴入。

巂。——《隹部》："巂，周燕也。从隹，屮象其冠也，冏声。一曰：蜀王望帝，淫其相妻，慚亡去，为子巂鸟。故蜀人闻子巂鸣，皆起云

'望帝'。"（76 页）阆，从内声，为物部。我们把襺作为一个独立的声符看待。户圭切，匣母四等合口平声齐韵，阴声韵。

　　酅。——《邑部》："酅，东海之邑。从邑，襺声。"（135 页）户圭切，匣母四等合口平声齐韵，阴声韵。

　　讗。——《言部》："讗，言壮皃。一曰：数相怒也。从言，襺声。读若画。"（55 页）呼麦切，晓母二等合口入声麦韵。《广韵》有两个反切：古获切（入声麦韵）、户圭切（平声齐韵）。讗有阴入异读。

　　（7）兒。——兒作声符，可谐阴入。

　　兒。——《兒部》："兒，孺子也。从兒，象小儿头囟未合。"（176 页）汝移切，日母三等开口平声支韵，阴声韵。

　　齯。——《齿部》："齯，老人齿。从齿，儿声。"（45 页）五鸡切，疑母四等开口平声齐韵，阴声韵。

　　鷊。——《鸟部》："鷊，鸟也。从鸟，儿声。《春秋传》曰：'六鷊退飞。'"（81 页）五历切，疑母四等开口入声锡韵。

　　（8）圭。——圭作声符，可谐阴入。

　　圭。——《土部》："圭，瑞玉也。从重土。楚爵有执圭。珪，古文圭从玉。"（289 页）古畦切，见母四等合口平声齐韵，阴声韵。

　　刲。——《刀部》："刲，刺也。从刀，圭声。《易》曰：'士刲羊。'"（92 页）苦圭切，溪母四等合口平声齐韵，阴声韵。

　　矨。——《矢部》："矨，头衺骫矨态也。从矢，圭声。"（213 页）胡结切，匣母四等开口入声屑韵。

　　（9）卑。——卑作声符，可谐阴入。

　　卑。——《ナ部》："卑，贱也，执事也。从ナ甲。"（65 页）补移切，帮母三等开口平声支韵，阴声韵。

　　脾。——《肉部》："脾，土藏也。从肉，卑声。"（87 页）符支切，並母三等开口平声支韵，阴声韵。

　　革。——《艸部》："革，雨衣。一曰：衰衣。从艸，卑声。"（25 页）扶历切，並母四等开口入声锡韵。

　　椑。——《木部》："椑，圆榼也。从木，卑声。"（122 页）部迷切，並母四等开口平声齐韵。《广韵》有四个反切：部迷切（平声齐韵）、府移切（平声支韵）、房益切（入声昔韵）、扶历切（入声锡韵）。椑有阴入异读。

（10）易。——易作声符，可谐阴入。

易。——《易部》："易，蜥易，蝘蜓，守宫也。象形。祕书说，日月为易，象阴阳也。一曰：从勿。凡易之属皆从易。"（198页）羊易切，以母三等开口入声昔韵。

锡。——《金部》："锡，银铅之间也。从金，易声。"（293页）先击切，心母四等开口入声锡韵。

舓。——《舌部》："舓，以舌取食也。从舌，易声。舓，舓或从也。"（49页）神旨切，船母三等开口上声旨韵。《广韵》神纸切，船母三等开口上声纸韵，阴声韵。

（11）丽①。——丽作声符，可谐阴入。

丽。——《鹿部》："丽，旅行也。鹿之性，见食急则必旅行。从鹿，丽声（段注本"从鹿丽"）。礼：丽皮纳聘。盖鹿皮也。丽，古文。……"关于"从鹿，丽声"，李孝定《甲骨文字集释》："'丽声'之丽，诸家以为即此字之古文是也。丽既以古文为声，则从鹿必属后起。窃谓丽之本义训两、训耦，丽字从鹿，当为鹿之旅行之专字。"②（203页）郎计切，来母四等开口去声霁韵。

骊。——《马部》："骊，马深黑色。从马，丽声。"（199页）吕支切，来母三等开口平声支韵，阴声韵。

郦。——《邑部》："郦，南阳县。从邑，丽声。"（136页）郎击切，来母四等开口入声锡韵。《广韵》有两个反切：吕支切（阴声支韵）、郎击切（入声锡韵）。郦有阴入异读。

（12）朿。——朿作声符，可谐阴入。

朿。——《朿部》："朿，木芒也。象形。凡朿之属皆从朿。读若刺。"（143页）七赐切，清母三等开口去声寘韵。

责。——《贝部》："责，求也。从贝，朿声。"（130页）侧革切，庄母二等开口入声麦韵。

觜。——《此部》："觜，识也。从此，朿声。一曰：藏也。"（38页）遵诔切，精母三等合口上声旨韵，阴声韵。

---

① 诸家对丽或归歌部，或归支部。今姑从段氏归支部。

② 汤可敬：《说文解字今释》，第1340页。

第 四 章

段玉裁在《说文解字注》中以古音
改动文字结构的评议

第一节　《说文解字注》中古音学的运用及
谐声字声母的讨论

段玉裁不仅用谐声字来归纳验证他的古音学说，而且在《说文解字注》中用古音学说来解释校改谐声字。

段氏的《说文解字注》，是语言学杰作。段氏凭借他渊博的学识，运用科学的方法，本着实事求是的精神，对许慎的《说文解字》加以爬罗剔抉，考订诠释，取得了极其丰硕的成果。无论是校勘释义，还是拾遗补阙，都能发前人所未发，道前人所未道。段玉裁之所以取得如此巨大的成就，除了他精于经学、明于训诂外，能运用科学的研究方法，即以声音为线索来探求文字的形音义，是他成功的主要原因。他以声求义，以声求形，可以说，段氏对每个字的说解都运用了古音学。

蒋冀骋的《说文段注改篆评议》附录一《段玉裁古音学的运用》具体地介绍了段玉裁在《说文解字注》中古音学的应用情况。[①] 段玉裁运用古音学的成就大致如下：

一　用古音标明每字韵部，使形声相为表里

段玉裁由《诗经》韵脚归纳出古韵十七部，用之于《说文解字注》

---

① 蒋冀骋：《说文段注改篆评议》，湖南教育出版社 1993 年版，第 167—174 页。

中，根据同声必同部的原则，为每个汉字标明古韵部，以帮助读者从形、音、义三个方面学习汉字。

二　发明同源词

同源词在音义方面有联系，某些词意义相同或相近，那么古音相同或有相转关系。段玉裁说："小学有形有音有义，三者互相求，举《毛传》曰，芋，大也。凡于声字多训大。芋之为物，叶大根实，二者皆堪骇人，故谓之芋。其字从艸，于声也。《小雅》：君子攸芋。《毛传》：芋，大也。"（段注本 24 页）芋有大果实，芋是说大话。二者是同源词，上古都是云母鱼部。《艸部》："莞，艸也，可以作席。"段注："莞之言管也。凡茎中空者曰管。莞蒲即今席子艸，细茎，圆而中空。"（段注本 28 页）管是中空的管，莞是中空的席子草，上古都是见母元部。二者是同源词。

三　运用古音学解说连绵词，说明连绵词的语音特点和形体多样性

连绵词在语音上大多有双声叠韵关系；意义上，两字是一个整体，整体意义与每一个字的意义没有关系；形体上，书写形式多样化。以前很多学者对连绵词的特点认识不清，段玉裁很好地揭示了这些特点。其在旖下注："旖旎，叠韵字，在第十七部。许于旗曰旖旎，于木曰椅施，于禾曰倚移，皆读如阿那。《桧风》：猗傩其枝。《传》云：猗傩，柔顺也。楚辞《九辨》《九叹》则皆作旖旎。《上林赋》'旖旎从风'，张楫曰：旖旎犹阿那也。《文选》作猗骖，《汉书》作椅绤，《考工记》注则作倚移，与许书禾部合。"（段注本 311 页）

四　运用古音说明假借

假借字与本字之间一般都有同音或音转关系。段氏以古音为根据，求其本字，说明假借，观其会通。段在畜下注："古假为好字。如《说苑》尹逸对成王曰：民善之则畜也，不善则雠也。晏子对景公曰：畜君何尤？畜君，好君也。谓畜即好之同音假借也。"（段注本 697 页）畜，许竹切，上古晓母觉部；好，呼皓切，上古晓母幽部。二者晓母双声，幽觉对转。

五　运用古音校正谐声字字形

谐声字一部分表音，一部分表义。段玉裁坚持"同声必同部"的原则，来校正形声字在发展过程中讹变的形体。《廾部》："舁，举也。从廾，由声。"（59 页）段氏改为"𦥔声"，注："各本作由声，误。或从鬼头之由，亦非也。此从东楚名缶之𦥔，故《左传》作舁，今《左》作惎。𦥔声、其声皆在一部也。"（段注本 104 页）𦥔、其上古皆第一之部，由上古第三幽部，由是由上古第十五物部，故段氏认定𦥔为声符且其改动也有古文字的证明，金文作🔣师西簋，正从𦥔。

段氏在《说文解字注》中经常利用他的古韵分部、古音思想来增删篆体、改动说解，所涉及的大部分是谐声字。他的增添、改动有得有失。先贤时人都有所评说。蒋冀骋的《说文段注改篆评议》全面地研究了《段注》增删改动篆体和古文的情况，总结了《段注》增删改动篆体和古文的方法与成就，指出了《段注》这方面的阙失和原因，而且对所改篆文、古文逐一评议。蒋书重在评判段氏改篆的得失，也涉及古音。何九盈的《〈说文〉段注音辨》，对段注中的古音注解加以评议。但是段氏不仅增删、改动篆体，而且往往凭古音改动许氏说解，涉及的大部分是谐声字，他或者把谐声字认定为会意字，或者把会意字认定为谐声字，或者对谐声字声符的认定不同于许慎。

但是，由于段玉裁的古韵十七部还不完满，而且他稍疏于等韵学，故他的古音运用也时有疏漏和错误。何九盈的《〈说文〉段注音辨》有如下总结①：

一、从钱大昕到朱骏声、俞樾都感叹"叠韵易晓，双声难知"，"双声之法，自来知此者尠矣"。段玉裁也没有提出过上古声母系统，但又好谈双声。他说的双声，内容很宽泛，有同纽双声、同类双声、位同双声、谐声双声等，其中谬误不少。

二、段氏关于同音假借的理论也不成系统，而且前后不一，自相矛盾。前面说"凡假借必同部同音"，后面的注文中又出现"异部假借"，有的注文还说："假借多取诸同音，亦有不必同音者。"如"童"字注说：

① 何九盈：《语言丛稿》，商务印书馆 2006 年版，第 166—167 页。

"廿本二十并也，古文假为'疾'字，此亦不同音之假借也。"（102 页）甚至只凭"双声"亦可假借。

三、段氏的十七部由于入声韵的分合及配置不得当，因此《说文解字注》的某些"合音"说就显得粗疏，甚至不科学。还有一些本属合韵的材料，他只作双声处理。

四、某些声符的归部标准不一，前后矛盾，或与《六书音均表》的归部相矛盾。成书时间长达几十年之久，自相矛盾很难避免。

五、大徐本取孙愐《唐韵》反切注音，段玉裁常常拿上古韵做标准来批评这些反切，以古律今，显然不当。顾炎武在《唐韵正》中说："凡韵中之字，今音与古音同者，即不复注；其不同者，乃韵谱相传之误。"段氏继承了这种非历史主义的观点。

六、段氏疏于等韵之学，注中常说某字与某字同音，某字读如某字。或混淆清浊，或等呼不合，悖于音韵常理，其中有的注音是以今律古。

七、对字形结构分析不当。这里只谈跟语音有关的问题，即以非形声为形声，以非省声为省声；或本为形声，段氏以为"声"字衍，甚至改变原文，屈从己说。

八、《说文》中保存一些很复杂的古音材料，由于时代关系，段氏掌握的文字资料、语言资料都有限，因此对某些复杂资料的解释，不是失之武断，就是语焉不详。所谓"武断""不详"就是不揭示音理上的根据。

古音应该包括声母和韵母。段氏对每一个字加注韵部，但对声母重视不够，但也时时涉及声母。正如上文何九盈所说，段氏好谈双声，但往往不是双声，或者混淆清浊和等呼。为了更好地评议段氏依据古音改动说解的得失，我们有必要讨论谐声字的声母。

汉字谐声就其一般的规律性来说，发音部位相同的可以互谐。高本汉第一个归纳了谐声条例。李方桂在《上古音研究》中做了更简要准确的概括："（一）上古发音部位相同的塞音可以互谐。（a）舌根塞音可以互谐，也有与喉音（影及晓）互谐的例子，不常与鼻音（疑）谐。（b）舌尖塞音互谐，不常跟鼻音（泥）谐，也不跟舌尖的塞擦音或擦音相谐。（c）唇塞音互谐，不常跟鼻音（明）相谐。（二）上古的舌尖塞擦音或擦音互谐，不跟舌尖塞音相谐。"①

根据李方桂的谐声条例和谐声大势，上古声母中，我们把非敷奉微并入帮滂並明；知彻澄娘并入端透定泥；章昌船书禅也为舌音，与端透定泥为一类；云母（喻三）归匣；以母（喻四）为舌音，与定母接近；娘日与泥为一类；庄初崇生并入精清从心。

根据谐声的大势，我们把邪母定为舌音，即与端组声母是一类。请看例证：

（1）余谐涂和徐。涂，同都切，定母；徐，似鱼切，邪母。

（2）者谐都和绪。都，当孤切，端母；绪，徐吕切，邪母。

（3）寺谐特和寺。特，徒得切，定母；寺，祥吏切，邪母。

（4）脊谐惰和随。惰，徒果切，定母；随，旬为切，邪母。

（5）台谐台和辝。台，徒哀切，定母；辝，似兹切，邪母。

（6）由谐笛和袖。笛，徒历切，定母；袖，似祐切，邪母。

有些谐声偏旁贯通端组、知组、章组、以母、邪母，更可以证明以上五组声母上古同是舌音。例如：

（1）台谐抬、治、始、辝、怡

抬，徒哀切，定母；治，直之切，澄母；始，诗之切，书母；辝，似兹切，邪母；怡，与之切，以母。

（2）易谐汤、畅、伤、饧、疡

汤，吐郎切，透母；畅，丑亮切，彻母；伤，式羊切，书母；饧，徐盈切，邪母；疡，与章切，以母。

（3）由谐笛、抽、袖、由

笛，徒历切，定母；抽，丑鸠切，彻母；袖，似祐切，邪母；由，以周切，以母。

（4）延谐诞、梴、埏、涎、延

诞，徒旱切，定母；梴，丑延切，彻母；埏，式连切，书母；涎，夕连切，邪母；延，以然切，以母。

（5）盾谐盾、楯、循

盾，徒损切，定母；楯，丑伦切，彻母；盾，食尹切，船母；循，

① 李方桂：《上古音研究》，商务印书馆 1980 年版，第 10 页。

详尊切，邪母。

下面再具体讨论一下李方桂的谐声条例。

1. "舌根塞音可以互谐，也有与喉音（影及晓）互谐的例子，不常与鼻音（疑）谐。"

疑母与舌根塞音也有互谐的例子。例如：

（1）圻（五根切，疑母）和斤（举欣切，见母）

（2）危（鱼为切，疑母）和诡（过委切，见母）

（3）研（五坚切，疑母）和趼（古典切，见母）

（4）吟（鱼今切，疑母）和今（居吟切，见母）

（5）额（五陌切，疑母）和各（古落切，见母）

（6）屹（鱼迄切，疑母）和乞（去既切，溪母）

（7）囓（五结切，疑母）和契（苦计切，溪母）

（8）嵬（五灰切，疑母）和鬼（居伟切，见母）

（9）鄞（语斤切，疑母）和觐（渠遴切，群母）

（10）隒（鱼检切，疑母）和兼（古甜切，见母）

（11）砚（五坚切，疑母）和见（古电切，见母）

（12）锜（鱼倚切，疑母）和奇（居宜切，见母）

（13）皑（五来切，疑母）和岂（可亥切，溪母）

（14）聭（五怪切，疑母）和贵（居胃切，见母）

（15）尧（五聊切，疑母）和翘（渠遥切，群母）

（16）崖（五佳切，疑母）和圭（古携切，见母）

（17）翱（五劳切，疑母）和皋（古劳切，见母）

（18）瘒（牛昆切，疑母）和军（举云切，见母）

（19）巖（五衔切，疑母）和敢（古览切，见母）

（20）梱（牛昆切，疑母）和困（苦闷切，溪母）

疑母不很通晓母，有通匣母的例子。例如：

（1）元（愚袁切，疑母）和完（胡官切，匣母）

（2）龈（语斤切，疑母）和很（胡垦切，匣母）

（3）俓（五茎切，疑母）和陉（户经切，匣母）

（4）原（愚袁切，疑母）和獂（胡官切，匣母）

（5）觷（五角切，疑母）和学（胡觉切，匣母）

（6）顑（玉陷切，疑母）和咸（胡谗切，匣母）

2. "舌尖塞音互谐，不常跟鼻音（泥）谐。"

鼻音与舌尖塞音也有互谐的例子。如（我们把端组、知组、章组归为舌音，把娘日归为鼻音泥母一类）：

（1）丑（敕久切，彻母）和衄（女六切，日母）

（2）占（职廉切，章母）和粘（女廉切，娘母）

（3）笍（陟卫切，知母）和内（奴对切，泥母）

（4）慝（他德切，透母）和若（而灼切，日母）

（5）辄（陟叶切，知母）和鑈（尼辄切，娘母）

（6）执（之入切，章母）和幸（尼辄切，娘母）

（7）舑（他酣切，透母）和冉（而琰切，日母）

（8）出（赤律切，昌母）和袖（女刮切，娘母）

（9）帑（他朗切，透母）和奴（乃都切，泥母）

（10）醇（常伦切，禅母）和犉（如匀切，日母）

（11）嗫（之涉切，章母）和聂（尼辄切，泥母）

（12）唸（都念切，端母）和念（奴店切，泥母）

（13）疹（章忍切，章母）和趁（尼展切，娘母）

（14）卓（竹角切，知母）和掉（女角切，娘母）

（15）摊（他干切，透母）和难（那干切，泥母）

（16）態（他代切，透母）和能（奴来切，泥母）

（17）耻（敕里切，彻母）和耳（而止切，日母）

由于透母或彻母与鼻音相谐较多，故李方桂说："所以我决定上古声母在不带音 m－之外，还有一个不带音的 hn－。"①

3. "唇塞音互谐，不常跟鼻音（明）相谐。"

很符合事实，明母和唇塞音基本不谐，以下是仅见的例子（非敷奉微在上古为唇塞音）：

（1）密（美笔切，明母）和必（卑吉切，帮母）

（2）陌（莫白切，明母）和百（博陌切，帮母）

（3）幦（莫狄切，明母）和壁（北激切，帮母）

① 李方桂：《上古音研究》，第 101 页。

（4）免（亡辨切，微母）和娩（芳万切，滂母）

（5）脉（莫获切，明母）和派（匹卦切，滂母）

（6）鼻（武延切，明母）和邊（布玄切，帮母）

以上讨论的是同发音部位声母的相谐，还有一些字具有同一的谐声偏旁，但声母处在不同的发音部位，有些音韵学家认为是复辅音的表现，如高本汉、严学窘等；有些音韵学家不承认有复辅音，如王力、唐兰等；还有些音韵学家虽然承认有复辅音，但对这种现象大部分以通转称之，如陆志韦等。这是个很复杂的问题，本书不准备讨论复辅音的有无问题，只准备讨论一下不同发音部位的声母相谐的大势，我们更多地以通或通转呼之。

1. 喉牙音可通舌音

（a）喉牙音与端组和知组通转的例子（我们把日母和娘母定为舌音，与端组、知组声母同发音部位）：

（1）户（侯古切，匣母）和妒（当故切，端母）

（2）今（居吟切，见母）和贪（他含切，透母）

（3）敀（呼到切，晓母）和丑（敕久切，彻母）

（4）臽（苦感切，溪母）和萏（徒感切，定母）

（5）痿（於为切，影母）和诿（人垂切，泥母）

（6）莖（户耕切，匣母；乌茎切，影母）和䋺（通作䙡，丑贞切，彻母）

（7）庚（古行切，见母）和唐（徒郎切，定母）

（8）畜有许竹（晓母）和丑救（彻母）二切

（9）爰（雨元切，匣母）和暖（乃管切，泥母）

（10）禁（居吟切，见母）和郴（丑林切，彻母）

（11）号（胡刀切，匣母）和饕（土刀切，透母）

（12）膠（古肴切，见母）和瘳（丑鸠切，彻母）

（13）尧（五聊切，疑母）和挠（尼交切，泥母）

（14）赣（古暗切，见母）和戆（陟降切，知母）

（15）贵（居胃切，见母）和隤（杜回切，定母）

（16）儿有五稽（疑母）和汝移（娘母）二切

（17）疑（语其切，疑母）和癡（丑之切，彻母）

（18）汉（呼旰切，晓母）和摊（他干切，透母）、熯（人善切，日母）

（19）隳（许规切，晓母）和橢（他果切，透母）

（20）藝（鱼祭切，疑母）和埶（如列切，日母）

（21）君（举云切，见母）和涒（他昆切，透母）

（22）黟（乌奚切，影母）和多（得何切，端母）

（23）见（古电切，见母）和靦（他典切，透母）

（24）呬有虚器（晓母）和丑致（彻母）二切

（25）炎（于廉切，匣母）和淡（徒敢切，定母）

（26）喙（许秽切，晓母）和彖（通贯切，透母）

（b）与章组通转的例字：

（1）训（许运切，晓母）和川（昌缘切，昌母）

（2）芍（胡了切，匣母）和勺（之若切，章母；又市若切，禅母）

（3）纠（居求切，见母）和收（舒求切，书母）

（4）屎（虚器切，晓母）和尸（式脂切，书母）

（5）技（渠绮切，群母）和支（章移切，章母）

（6）股（公户切，见母）和殳（市朱切，禅母）

（7）祇（巨支切，群母）和氏（章移切，章母；又承纸切，禅母）

（8）屈（区勿切，溪母）和出（赤律切，昌母）

（9）鳍（渠脂切，群母）和脂（旨夷切，章母）

（10）示有巨支（群母）和神至（船母）二切

（11）郝（呵各切，晓母）和赤（昌石切，昌母）

（12）堅（古贤切，见母）和臣（植邻切，禅母）

（13）车有九鱼（见母）和尺遮（昌母）两切

（14）鄄（吉掾切，见母）和甄（职邻切，章母）

（15）磬（苦定切，溪母）和聲（书盈切，书母）

（16）淮（胡乖切，匣母）和隹（职追切，章母）

（17）糗（去久切，溪母）和臭（尺救切，昌母）

（18）区（岂俱切，溪母）和枢（昌朱切，昌母）

（19）卿（去京切，溪母）和鄉（书两切，书母）

（20）羔（古劳切，见母）和禚（之若切，章母）

（21）喜（虚里切，晓母）和糦（昌志切，昌母）

（22）娎（许列切，晓母）和折（旨热切，章母）

（23）乐（五角切，疑母）和铄（书药切，书母）

（24）勘（口含切，溪母）和甚（常枕切，禅母）

（25）蠚（许极切，晓母）和奭（施只切，书母）

（26）枳有居纸（见母）和诸氏（章母）二切

（27）炎（于廉切，匣母）和剡（时染切，禅母）

（28）喙有许秽（晓母）和昌芮（昌母）二切

（29）合（侯阁切，匣母）和歙（书涉切，书母）

（30）乙（於笔切，影母）和失（暂从《说文》：从手，乙声。式质切，书母）

（31）咸（胡谗切，匣母）和箴（职深切，章母）

2. 喉牙音可通精组齿音（我们把庄组视为精组一类）

例子如下：

（1）孼（鱼列切，疑母）和薛（私列切，心母）

（2）及（其立切，群母）和钑（苏合切，心母）

（3）起（墟里切，溪母。篆文作𡲢，从巳声，古钵文也从巳）和巳（详里切，邪母）

（4）牙（五加切，疑母）和邪（似嗟切，邪母）

（5）耕（古茎切，见母）和井（子郢切，精母）

（6）屵（宜戟切，疑母）和朔（所角切，生母）

（7）矣（于纪切，匣母）和俟（牀史切，崇母）

（8）桓（胡官切，匣母）和宣（须缘切，心母）

（9）告（古到切，见母）和造（昨早切，从母）

（10）绚（许县切，晓母）和旬（详遵切，邪母）

（11）洎（其冀切，群母）和自（疾二切，从母）

（12）彗有于岁（匣母）、徐醉（邪母）、祥岁（邪母）三切

（13）原（愚袁切，疑母）和羱（此缘切，清母）

（14）藝（鱼祭切，疑母）和襒（私列切，心母）

（15）窶（其矩切，群母）和数（色句、所矩、所角三切，为心母、生母）

（16）惠（胡桂切，匣母）和穗（徐醉切，邪母）

（17）哕（呼会切，晓母；於月切，影母）和岁（相锐切，心母）

（18）鱼（语居切，疑母）和蘇（素姑切，心母）

（19）员（王分切，匣母）和损（苏本切，心母）

（20）检（居奄切，见母）和金（七廉切，清母）

（21）虢有许郄（晓母）和山责（生母）二切

（22）献有许建（晓母）和素何（心母）二切

（23）还有户关（匣母）和似宣（邪母）二切

（24）隳（许规切，晓母）和随（旬为切，邪母）

（25）呬（虚器切，晓母）和四（息利切，心母）

（26）熠（为立切，匣母）和习（似入切，邪母）

（27）血（呼决切，晓母）和恤（辛聿切，心母）

（28）湮（於真切，影母）和西（先稽切，心母）

（29）艘有古拜（见母）、口箇（溪母）、子红（精母）三切

3. 喉牙音中的晓母通唇音明母（我们把微母视为明母一类）

例子如下：

（1）肓（呼光切，晓母）和亡（武方切，微母）

（2）忽（呼骨切，晓母）和勿（文弗切，微母）

（3）晦（荒内切，晓母）和每（武罪切，明母）

（4）耗（呼到切，晓母）和毛（莫袍切，明母）

（5）昏（呼昆切，晓母）和民（弥邻切，明母）

（6）勖（许玉切，晓母）和冒（莫报切，明母）

（7）膴（荒乌切，晓母）和无（武夫切，微母）

（8）薨（呼肱切，晓母）和曹（莫中切，明母）

（9）黑（呼北切，晓母）和墨（莫北切，明母）

（10）釁（许觐切，晓母）和虋（莫奔切，明母）

（11）威（许劣切，晓母）和滅（亡列切，明母）

据此，高本汉拟了复辅音 xm，李方桂拟了清鼻音m。

其他喉牙音通唇音的例子极少，例如：

（1）爻（胡茅切，匣母）和驳（北角切，帮母）

（2）卉（许贵切，晓母）和贲（博昆切，帮母）

（3）夬（古迈切，见母）和袂（弥弊切，明母）

（4）亨有许庚（晓母）和抚庚（滂母）异读

（5）更（古行切，见母）和丙（兵永切，帮母）

（6）棘（纪力切，见母）和椑（蒲北切，並母）

4. 心母可通泥母（我们把娘母、日母视为泥母一类）

例子如下：

（1）如（人诸切，日母）和絮（息据切，心母）

（2）儒（人朱切，日母）和需（相俞切，心母）

（3）戎（如融切，日母）和娀（息弓切，心母）

（4）攘（人样切，日母）和襄（息良切，心母）

高本汉据此拟为复辅音 sn。

另外，来母几乎可以通喉牙唇舌齿五音，例子很多，兹不赘述。

陆志韦《上古声母总论》比较全面地总结了声母通转的大势①：

上古声母跟《广韵》51 声类，35 音素之间，音值有沿有革。

一、上古有复辅音。其详不得而知，可是能用 KL、ŋl、T^{h}L②、sl、PL（ml）当代表音。汉朝以后全失去。

二、喉牙音跟舌齿音通转，又跟唇音通转。舌齿音跟唇音不通转。k 类通 t 类，因为 k 是唇化的。k 类通 p 类（不必是唇化音）。k 类通 ts 类，古方言偶然有之。然而也许是 k 类本通 t 类，而 ts 类从 t 得声，本是造字的疏忽。要是确有 k 类通 ts 类的方言的，那早已失传了。留下来的痕迹只有些 x、ɣ 通 s、z 的反切。

三、上古 k 类跟 t 类两方面都可以腭化。ȶ>tɕ 比 k>tɕ 更为普通。

四、t 类跟 ts 类大致不通转。偶然有这样的，也许是方言的假借，也许就是糊涂的得声，不是 t< >ts。t>ȶ、ts>tʃ、s>ʃ，都是在《切韵》以前不久才发生的。然而 z>（ʑ）>j 很早就是一条大路。s>ɕ 也时常遇见。

---

　　① 陆志韦：《古音说略》，载《陆志韦语言学著作集》（第一册），中华书局 1985 年版，第282—283 页。

　　② 我们把陆志韦的送气符号"'"改为"h"。

五、《切韵》的 k、kh、g、ŋ、x、ɣ、－①t、th、d、n、l、ts、tsh、dz、s、z、p、ph、b、m 等 21 个音素(36母)是上古音本来有的。其中 z 的摩擦性很微弱。k、kh、g、ŋ、x 的一等字跟三等字在上古音的来历分得很清楚，也许上古音有"喉（uvular）"跟"牙（velar）"的分别，正像神珙的《图》把喉牙音分为两类。此外还有一个跟 x 通转的古 f 音（ɸ）。

（甲）我们不能肯定每一个方言里这 22 音素都是具备的。特别是像 dz、z 的分别，g、ɣ 的分别，拟音的时候只可以盲从《切韵》。例如，我们明知有的 ɣ < g，可是有的不知道。所以《切韵》的"胡"类译成上古音，有时作 g，有时作 ɣ。因为形声字的杂乱，方言的假借，音素的沿革无从确定。

（乙）上古的 k、kh、g，t、th、d，ts、tsh、dz，p、ph、b，每一组自相通转。我们知道《切韵》的 k 大致是上古的 k，然而方言很可以作 kh、g。其他各组破裂音准是。拟音的时候，清跟浊，送气跟不送气，又都得盲从《切韵》。

（丙）上古的鼻音 m、n、ŋ，至少在某种方言里带破裂音。同一个方言里，m、n、ŋ 跟 mp、mb、nt、nd、ŋk、ŋg 不并存。也许还有一个 ns。

（丁）上古的影母通浊破裂音跟浊摩擦音，不很通清摩擦音。拟音的时候，作 ɸ > ɸ，或是 ɣ > ɸ，或是 g > ɸ，全凭一"声"的大势，不拘音素的原理。x > － 不必有。

（戊）摩擦音跟破裂摩擦音的关系也不能严格的凭音素的沿革来确定。有时候作 x、ɣ、s > x、ɣ、s，有时候作 kh、g、dz > x、ɣ、s、z，也看每一"声"里的大概情形。

第二节　段玉裁以古音改动文字结构
成就例证

下面举出例字来讨论段氏以古音改动许慎说解的成就。

（1）必。——《八部》："必，分极也。从八弋，弋亦声。"（卑吉

---

① "－"是陆志韦上古影母符号。

切）（《说文》28页）

段改说解作："八亦声。"注："八各本误弋，今正。古八与必同读也。"（《段注》49页）

按：段改是。"八"可兼作声符。《徐笺》："疑此乃弓柲本字，借为语词之必然耳。弋声不谐，段用八为声，是也。弓柲以两竹夹持之，以八指事兼声耳。"[1]"郭沫若曰：……余谓必乃柲之本字，字乃象形，八声。……从木作之柲字，则后起之字也。"（《集注》219页）徐说、郭说可从。必，卑吉切，帮母质韵，上古帮母质部。八，博拔切，帮母黠韵，上古帮母质部。弋，与职切，以母职韵，上古以母职部。必和八双声叠韵，八作声符，符合音理。甲骨文作 $\mathbf{1}$ 乙3069(甲)[2]，$\lceil$ 前4.34.1(甲)。像矛柄形，尚无"八"。金文作 休盘[3]。但也有不同的解释，《汉语大字典》按："必为柲本字，从弋、从八，八代表戈矛等的穿孔，用以固定于柄上，抽象化为必定的必，故另作柲。"（2268页）

（2）畢。——《芈部》："畢，田罔也。从芈，象畢形微也。或曰由声。"（卑吉切）（《说文》83页）

段改说解作："畢，田网也。从田，从芈象形。或曰田声。"注："谓以芈象畢形也。柄长而中可受，畢与同，故取芈象形。各本作'象畢形微也'。有误，今正。""上云从田芈会意，而象其形，则非形声也。或曰田声。田与畢古音同在十二部也。各本田误由。铉曰：由音拂。此大误也。"（《段注》158页）

按：段改为从田芈会意是，谓田为声似非。畢，甲骨文作 史瞂簋，金文作 段簋。田谓田猎，芈为长柄网，畢谓"田猎之网也"（《段注》158页）。畢上部从田，不从由。为什么会有"或曰由声"的说法呢？因为有人认为畢由声近。畢，卑吉切，帮母质韵，上古帮母质部。由，敷勿切，敷母物韵，上古滂母物部。帮滂旁纽，质物旁转，畢由音是很近的。为什么段氏认为是田声呢？田，徒年切，定母先韵，上古定母真部，畢是

---

① 蒋人杰：《说文解字集注》，上海古籍出版社1996年版，第218页。以下只在所引文后面加括号注明页码，书名简称《集注》。

② 中国科学院考古研究所：《甲骨文编》，中华书局1965年版。书中甲骨文均采自《甲骨文编》。

③ 容庚：《金文编》，中华书局1985年版。书中金文均采自《金文编》。

质部，段把真质合为一部，畢与田就是同部。但畢是明母，田是定母，明母和定母几乎不通转。真质在谐声上很少通转。所以我们认为畢是一个会意字，田非声。

（3）粺。——《米部》："粺，恶米也。从米，北声。《周书》有《粺誓》。"（兵媚切）（《说文》147 页）

段改篆为粊，改说解作："从米，比声。"注："粟之不成者曰秕，米之恶者曰粊，其音同也。""各本篆作粺，解云北声。粊在古音十五部，不当用一部之谐声也。《经典释文》《五经文字》皆不误，若《广韵》作粊，注云《说文》作粺，盖由《说文》之误已久。……"（《段注》331 页）

按：段改是。蒋冀骋《说文段注改篆评议》（51 页）也同意段的改篆。现在着重从音理上加以申述。粊与秕应为异体字，只是结构不同。"粟之不成者曰秕，米之恶者曰粊"，段认为秕与粊是同源词，但两字形符只有禾与米的不同，禾与米同义，所以，毋宁说秕与粊是异体字。此字读音为兵媚切，帮母至韵，上古帮母脂部。比，卑履切，上古帮母脂部。粊与比双声叠韵。北，博墨切，帮母德韵，上古帮母职部，与"兵媚切"韵部不合。段氏从语音和同源词的角度判定应为粊，很确凿。

（4）贬。——《贝部》："贬，损也。从贝，从乏。"（方敛切）（《说文》131 页）

段改说解作："从贝，乏声。"注："形声包会意也。铉本作'从贝、从乏'。"（《段注》282 页）

按：段说是。贬，方敛切，帮母琰韵，上古帮母谈部。乏，房法切，奉母乏韵，上古并母叶部。贬和乏帮并旁纽，谈盍对转。乏应是贬的声符。

（5）博。——《十部》："博，大通也。从十，从尃。尃，布也。"（补各切）（《说文》50 页）

段改说解作："从十尃。尃，布也，亦声。"（《段注》89 页）

按：段说是。博，补各切，帮母铎韵，上古帮母铎部。尃，芳无切，敷母虞韵，上古滂母鱼部。二字帮滂旁纽，铎鱼对转。尃作声符，合音理。从词的角度讲，博和尃应为同源词，博以尃为义，也以尃为声。也有人认为是"搏"的本字。西周铜器多友鼎作𢾅，从冊、尃声。冊是盾牌，因此博的本义是搏斗。西周晚期冊形中部渐渐线条化，于是和"十"形接近，《说文》遂误以为从"十"。冊形讹为十形，还有"古""戎"等字。冊后也写作干。

（6）察。——《宀部》："察，覆也。从宀祭。"（初八切）（《说文》150 页）

段改说解作："从宀，祭声。"注："从宀，取覆而审之。从祭为声亦取祭必详察之意。初八切，十五部。"（《段注》339 页）

按：段改是。察，初八切，初母黠韵，上古清母月部。祭，子例切，精母祭韵，上古精母月部。二字清精旁纽，月部叠韵。祭作声符，符合音理。

（7）焍。——《火部》："焍，望火皃。从火，皀声。读若駒颡之駒。"（都历切）（《说文》209 页）

段改篆作炟，改说解作："从火，皀声。"注："皀见日部，望远合也，从日匕。各本篆体作焍，皀声。按皀声读若逼，又读若香，于駒不为皅声。皀声与勺声则古音同在二部。叶抄宋本及《五音韵谱》作炟，皀声独为不误。"（《段注》484 页）

按：段改是。蒋冀骋《说文段注改篆评议》（98 页）也同意段的改篆。炟"读若駒颡之駒"，駒从勺，勺古音为药部，即段的第二部，中古可转为锡韵，如"駒、的"，都为都历切，端母锡韵。《说文》："皀，谷之馨香也。象嘉谷在裹中之形；……或说，皀，一粒也。凡皀之属皆从皀。又读若香。"（《说文》106 页）皮及切。上古缉部。又"读若香"，上古阳部。无论是阳部还是缉部，中古都不能转为锡韵。皀，乌皎切，上古宵部，阴入相谐，可谐药部，中古可转为锡韵。类似的例子还有橄、栎、溺、籴等字，均从段氏上古的第二部转为中古的锡韵。

（8）耋。——《老部》："耋，年八十曰耋。从老省，从至。"（徒结切）（《说文》173 页）

段改说解作："从老，至声。"（《段注》398 页）

按：段改是。耋，徒结切，定母屑韵，上古定母质部。至，脂利切，章母至韵，上古章母质部。二字质部叠韵，声母同为舌音。至作声符，符合音理。也许耋、至为同源词，老之至即为耋，耋以至为义，也以至为声。

（9）定。——《宀部》："定，安也。从宀，从正。"（徒径切）（《说文》150页）

段改说解作："从宀，正声。"注："依《韵会》本定。徒径切，十二部。"（《段注》339页）

按：段改为形声，正确。从正会意，无可说。定，徒径切，定母径韵，上古定母耕部；正，之盛切，章母劲韵，上古章母耕部。二字上古声母同为舌音，耕部叠韵，可相谐。"十二部"可能是段氏笔误，应是十一部。

（10）燓。——《火部》："燓，烧田也。从火棥，棥亦声。"（附袁切）（《说文》209页）

段改篆作焚，改说解作："从火林。"注："按《玉篇》《广韵》有焚无燓。焚，符分切，至《集韵》《类篇》乃合焚燓为一字。而《集韵》廿二元固单出燓字，符袁切。窃谓棥声在十四部，焚声在十三部。份，古文彬，解云焚省声，是许书当有焚字。况经传焚字不可枚举，而未见有燓，知《火部》燓即焚之讹。玄应书引《说文》：'焚，烧田也。'字从火烧林意也，凡四见。然则，唐初本有焚无燓，不独《篇》《韵》可证也。"（《段注》484页）

按：段说可从。蒋冀骋《说文段注改篆评议》（97页）也同意段的改篆。甲骨文作 ，金文作 多友鼎。罗振玉《增订殷墟书契考释》："今证之卜辞，亦从林，不从棥，可为段说左证。或又从草。"（《今释》1383页）焚是第十三文部，棥是第十四元部。

（11）改。——《攴部》："改，更也。从攴己。"（古亥切）（《说文》68页）

段改说解作："从攴，己声。"（《段注》124页）

按：段改是。改，古亥切，见母亥韵，上古见母之部。己，居理切，见母止韵，上古见母之部。二字双声叠韵，只有洪细之别。己作声符，符合音理。改盖铭文作 ，从攴，巳声。但巳为邪母，至小篆改为己声，见母，和改的声母相同，故己更适合作改的声符。

（12）虢。——《虎部》："虢，虎所攫画明文也。从虎，寽声。"（古伯切）（《说文》103页）

段改说解作："从虎寽。"注："各本衍声（按，寽声之声）字，今正。冔在十五部，虢在五部，非声也。《叉部》曰：'冔，五指冔也。'虎所攫画，故从虎冔会意，今音古伯切。"（《段注》211 页）

按：段改是。虢，古伯切，见母陌韵，上古见母铎部。冔，大徐吕戌切，来母术韵，上古来母物部或月部。二字声韵俱隔。段改为会意正合许慎所释。但许慎所释是否正确，现代学者有不同的看法。金文作 ﹖班簋，﹖城虢遗生簋。林义光《文源》："虢为虎攫，无他证。当为鞹之古文，去毛皮也。从虎，冔象手有所持以去其毛。凡朱鞹，诸彝器以虢为之。"（《集注》1015 页）徐中舒《汉语古文字字形表》："虢象两手上下张革之形，从虎象张口露齿有头足尾之皮革，会意。《诗》作鞹，从革郭声，形声。"（《集注》1015 页）林、徐说甚是。虢，见母铎部；鞹，溪母铎部。虢鞹应为古今字。

（13）龕。——《龙部》："龕，龙兒，从龙，合声。"（口含切）（《说文》245 页）

段改篆作龕，改说解作："从龙，今声。"注："各本作合声，篆体亦误，今依《九经字样》正。古音在七部，侵韵，今音入八部，覃韵。口含切。"（《段注》582 页）

按：段说是。桂馥《说文解字义证》龕下注："戴侗曰：徐本合声，唐本今声。《玉篇》作龕，从今。《九经字样》，龕，从龙从今声，作龕讹。馥谓当依唐本从今。"[1] 按音理，今和合作声符，都可以。龕，口含切，溪母覃韵，上古溪母侵部。今，居吟切，见母侵韵，上古见母侵部。龕与今溪见旁纽，侵部叠韵。合，侯阁切，上古匣母缉部。龕与合溪匣旁纽，侵缉对转。合也有资格作声符，但金文作 ﹖史墙盘，﹖眉寿钟。上部分明是一个今。从今声是。追本溯源，作龕；约定俗成，作龕。

（14）矜。——《矛部》："矜，矛柄也。从矛，今声。"（居陵切，又居巾切）（《说文》300 页）

段改篆作矝，改说解作："从矛，令声。"注："各本篆作矜，解云今声。今依汉石经《论语》、溧水校官碑、魏受禅表皆作矝正之，《毛诗》与'天臻民旬填'等字韵，读如邻，古音也。汉·韦玄成《戒子孙诗》始韵心，晋张华《女史箴》、潘岳《哀永逝文》始入蒸韵，由是巨巾一反

---

① 桂馥：《说文解字义证》，上海古籍出版社 1983 年版，第 648 页。

仅见《方言》注、《过秦论》李注、《广韵》十七真，而他义则皆入蒸韵，今音之大变于古也。"（《段注》719—720 页）

按：段改是。蒋冀骋《说文段注改篆评议》（105 页）也同意段的改篆。令，王力《汉语史稿》归入真部。如段所举例，矜在《毛诗》中押真韵，故以从令为长。今，上古属侵部，在《诗经》中，还没有侵真相押的例子。令，来母，矜，见母，来母可通五音。后讹作矜。秦简作_{秦诅·楚·亚驼}，汉简作_{西汉·马·老甲}，都为从矛，令声。

（15）绝。——《糸部》："绝，断丝也。从丝，从刀，从卩。"（情雪切）（《说文》271 页）

段改说解作："从丝刀，卩声。"（《段注》645 页）修改原因，未加说明。

按：段改是。绝，情雪切，从母薛韵，上古从母月部。卩，子结切，精母屑韵，上古精母质部。二字从精旁纽，月质旁转。卩作声符，合音理。甲骨文作_{前5.36.7}，_{前2.8.7}。从幺从刀或从素从刀。幺为细丝，素为白丝。到秦汉时方加声符卩。

（16）劣。——《力部》："劣，弱也。从力，少声。"（力辍切）（《说文》292 页）

段改说解作："从力少。"注："会意。"（《段注》700 页）

按：段改是。劣，力辍切，来母薛韵，上古来母月部。少，书沼切，书母小韵，上古书母宵部。二者声韵俱不合，故少不是声符。

（17）嫋。——《女部》："嫋，姌也。从女，从弱。"（奴鸟切）（《说文》261 页）

段注："形声中有会意。奴鸟切，二部。"（《段注》619 页）

按：段说是。嫋，奴鸟切，泥母篠韵，上古泥母宵部。弱，而灼切，日母药韵，上古日母药部。娘日归泥，宵药对转。弱作声符，合音理。很可能嫋与弱同源，嫋以弱为义，也以弱为声。

（18）佞。——《女部》："佞，巧讇高材也。从女，信省。"（乃定切）（《说文》263 页）

段改说解作："从女，仁声。"注："小徐作仁声，大徐作从信省。按今音佞，乃定切。故徐铉、张次立疑仁非声。考《晋语》：'佞之见佞，果丧其田；诈之见诈，果丧其赂。'古音佞与田韵。则仁声是也。十二

部，音转入十一部。"（《段注》622 页）

按：段说是。佞，乃定切，泥母径韵，上古泥母耕部。仁，如邻切，日母真韵，上古日母真部。娘日归泥，真耕通转。故小徐本作仁声，是。

（19）朒。——《月部》："朒，朔而月见东方谓之缩朒。从月，内声。"（女六切）（《说文》141 页）

段改篆作朒，改说解作："从月，肉声。"注："各本篆作朒，解作内声，今正。女六切，三部。"（《段注》313 页）

按：段说是。朒，女六切，娘母屋韵，上古觉部。肉，如六切，日母屋韵，上古觉部。娘日归泥，觉部叠韵，二字上古读音相同或非常相近。内，奴对切，泥母队韵，上古物部，与"女六切"韵部相隔，故段改朒为朒。而且有典籍材料做证。钮树玉《说文解字校录》："《玉篇》作朒，引《说文》曰：'月见东方谓之缩朒。'李注《文选·月赋》引亦作缩朒，则朒当不误。从肉声，故音女六切也。影宋钞《集韵》朒下亦引《说文》。"（《集注》1435 页）缩朒叠韵，都为屋韵。《广韵》朒、朒分为二字。《广韵·屋韵》："朒，朔而月见东方谓之缩朒，女六切。"《广韵·没韵》内骨切："朒，腽朒。"二字二音二义，大徐本《说文》误合二为一，音义错置。

（20）彭。——《壴部》："彭，鼓声也。从壴，彡声。"（薄庚切）（《说文》102 页）

段改说解作："从壴彡。"注："从彡各本作彡声。今正。从彡犹从三也。指之列多略不过三，故毛饰画文之字作彡，彭亦从彡，大司马冬狩言三鼓者四，言鼓三阕者一。《左传》曹刿亦言三鼓，虽未知每鼓若干声，而从三之意可见矣。薄庚切，古音在十部，同'旁'。"（《段注》205 页）

按：段改会意是，说会意之旨殆非。彭，薄庚切，并母庚韵，上古并母阳部。彡，所衔切，生母衔韵，上古心母谈部。彭与彡声韵不谐，故彡非声。段把从彡解为"犹从三"，不确。彭，甲骨文作_{甲2371}，金文作_{作彭史从尊}，非从三。周法高《金文诂林》："张日升曰，李孝定云，彭之音读即象伐鼓之声，从壴即鼓之初字，彡为鼓声之标帜。"（《集注》994 页）李说恰当。

（21）匏。——《包部》："匏，瓠也。从包，从夸声。包取其可包

藏物也。"（薄交切）（《说文》188 页）

段改说解作："从包，从瓠省。"注："瓠省旧作瓠声，误。《韵会》作从夸，包声，亦误。今正。从包瓠者，能包盛物之瓠也，包亦声。薄交切，古音在三部。"（《段注》434 页）

按：段说是。匏，薄交切，並母肴韵，上古並母幽部。包，布交切，帮母肴韵，上古帮母幽部。二字並帮旁纽，幽部叠韵，包作声符，符合音理。包和匏可能同源，包是包裹，匏是可包裹东西的瓠。

（22）企。——《人部》："企，举踵也。从人，止声。"（去智切）（《说文》161 页）

段改说解作："从人止。"注："按止下本无声字，有声非也。今正。《止部》曰：'止为足。'说文无趾，止即趾也。从人止，取人延竦之意。浑言之，则足称止，析言之，则前止后踵。止鐏于前，则踵举于后矣。企跂字自古皆在十六部實韵，用止在一部，非声也。去智切。"（《段注》365 页）

按：段说精当。纠正一点，止的甲骨文作 ✦甲2744，乃整个脚的象形，后来词义缩小，指脚趾，后用趾字表示，止专表示引申义和假借义。企，去智切，溪母實韵，上古溪母支部。止，诸市切，章母止韵，上古章母之部。企和止韵部不合。段氏的说法与古文字暗合。企的金文作 ⌓癸企爵，林义光《文源》："人下有足迹，象举踵形。"（《集释》1066 页）

（23）奇。——《可部》："奇，异也。一曰不耦。从大从可。"（渠羁切）（《说文》101 页）

段注："会意，可亦声。古音在十七部。今音前义渠羁切，后义居宜切。"（《段注》204 页）

按：段说当。我们认为奇为形声，从大，可声。物大则异于常，大则寡耦，故奇从大，训奇异、不耦。可训"肯也"，不关"奇"义，只表音。奇，渠羁切，群母支韵，上古群母歌部。可，枯我切，溪母哿韵，上古溪母歌部。二字群溪旁纽，歌部叠韵。戴侗对奇另有解释。徐灏《说文解字注笺》（以下简称《徐笺》）："戴氏侗曰，奇从立，可省声，一足立也。灏按，奇古踦字，戴说是也。《方言》曰，倚、踦，奇也，自关而西秦晋之间凡全物而体不具谓之倚，梁楚之间谓之踦。盖奇之本义谓一足，故谓之奇特，引申为奇只之称。"（《集注》984 页）可备一说。

（24）雀。——《隹部》："雀，依人小鸟也。从小、隹。读与爵同。"（即略切）（《说文》76 页）

段注："小亦声也。"（《段注》141 页）

按：段说有理。雀，即略切，精母药韵，上古精母药部。小，私兆切，心母小韵，上古心母宵部。二字精心旁纽，药宵对转。小是事物小，雀是鸟小，小与雀可能是同源词。

（25）容。——《宀部》："容，盛也。从宀、谷。"（余封切）（《说文》150 页）

段该说解作："从宀，谷声。"注："此依小徐本，谷古音读如欲，以双声龤声也。铉本作'从宀谷'，云屋与谷皆所以盛受也，亦通。余封切，九部。"（《段注》340 页）

按：段说是，容也可解为形声字。容，余封切，以母锺韵，上古以母东部。谷，谷禄切，见母屋韵，上古见母屋部。见以可通，东屋相转。以母在上古可通舌音、齿音的邪母、喉牙音的见母。谷，见母；俗，邪母；欲，以母。见、邪、以相谐，就是典型的说明。把容解为会意字，也通。公朱左鼎作𠇾，从宀，公声，小篆讹为谷，谷也有资格作声符。

（26）茸。——《艸部》："茸，艸茸茸皃。聪省声。"（而容切）（《说文》27 页）

段改说解作："从艸，耳声。"注："今本作聪省声，此浅人所肊改。此形声取双声不取叠韵者。而容切，九部。"（《段注》47 页）

按：段改为形声是，说"此形声取双声不取叠韵者"似非。茸，而容切，日母锺韵；聪，仓红切，清母东韵。日母清母一般不相通。更重要的是，茸从聪声，就像哭从狱声一样突兀。王煦《说文五翼》："耳古有仍音。晋灼《汉书·惠帝纪》注，耳孙，元孙之曾孙也。颜师古曰，《尔雅》仍孙从已（当作己）而数是为八叶。与晋说相同，仍耳声相近，盖一号也。《集韵》云，关东河中读耳作仍。是耳本有仍音，茸从耳得声无可疑者。"（《集注》201 页）王说甚辩，耳与仍是日母双声，之蒸对转，故耳可读仍。所以耳与茸可理解为日母双声，耳为之部，可阴阳对转为蒸部，中古转为东韵。尔、戎是一组同源词，都可以作第二人称代词，都是日母，但韵部有脂、东之别，与此例类似。

（27）瑞。——《玉部》："瑞，以玉为信也。从玉、耑。"（是伪切）（《说文》11 页）

段改说解作："从玉，耑声。"注："耑声在十四部，而瑞揣圌字音转入十五部，《唐韵》是伪切，又入十六部。"（《段注》13 页）

按：段改是。瑞，是伪切，禅母寘韵，上古禅母歌部。耑，多官切，端母桓韵，上古端母元部。二字声母都为舌音，韵母歌元对转。耑作声符，符合音理。徐锴说会意之旨，无稽。

（28）仕。——《人部》："仕，学也。从人，从士。"（鉏里切）（《说文》161 页）

段改说解作："从人，士声。"注："训仕为入官，此今义也。古义宦训仕，仕训学。故《毛诗》传五言士，事也。而《文王有声》传亦言仕，事也。是仕与士皆事其事之谓。学者，觉悟也。事其事则日就于觉悟也。若《论语·子张篇》子夏曰'仕而优则学，学而优则仕'、《公冶长》篇'子使漆雕开仕'，注云：'仕，仕于朝也。'以仕学分出处，起于此时也。许说其故训。"（《段注》366 页）

按：段说是。据段注，仕是形声包会意。"仕与士皆事其事之谓"，可谓一语中的。应当说，仕是士的分化字，仕以士为义，也以士为声。

（29）曑（参）。——《晶部》："曑，商星也。从晶，㐱声。参，曑或省。"（所今切）（《说文》141 页）

段注："㐱声疑后人窜改，当作彡，象形。《唐风》传曰：'三星，参也。'《天官书》《天文志》皆曰：'参为白虎三星。'直者是为衡石。盖彡者，象三星，其外则象其畛域与？今隶变为参，用为参两、参差字。所今切，七部。"（《段注》313 页）

按：段说㐱非声，是。参，所今切，生母侵韵，上古心母侵部。㐱，之忍切，章母轸韵，上古章母真部。二者声韵俱不谐，故段不认㐱为声符。汤可敬的解释较好，他说："金文作𣥺、𣥺。象参宿三星在人头上，金文或增声符彡，品变作晶，……小篆则人、彡合而为㐱。"（《今释》927 页）彡，所衔切，上古心母谈部，与参心母双声，谈侵旁转，彡作参的声符合理。或解彡为星的光芒形，非声符。

（30）食。——《食部》："食，一米。从皀，亼声。或说皀亼也。

凡食之属皆从食。"（乘力切）（《说文》106 页）

段改"一米"为"亼米"。注："此九字（按，指'从皀，亼声。或说皀亼也'）当作'从亼皀'三字，经浅人窜改不可通。皀者，谷之馨香也。其字从亼皀，故其义曰亼米，此于形得义之例。"（《段注》218 页）

按：段改会意有理。段解亼为集，皀为谷米馨香，亼米即集米为食。食，乘力切，船母职韵，上古船母职部。亼，秦入切，从母缉韵，上古从母缉部。食与亼声韵俱不合，故段否认亼为声符。食，甲骨文作![字形]粹700，金文![字形]作郪孝子鼎。周法高《金文诂林》："张日升曰，甲骨文作![字形]，林义光谓从倒口在皀上，其说至碻。口下两点，象垂涎之形。"（《集注》1047 页）周法高把亼解为口，把皀解为盛食物之器。或把亼解为食器之盖，也通。

（31）思。——《思部》："思，容也。从心，囟声。凡思之属皆从思。"（息兹切）（《说文》217 页）

段改说解作："从心，从囟。"注："各本作囟声，今依《韵会》订。《韵会》曰：'自囟至心如丝相贯不绝也。'然则会意非形声。细以囟为声，固非之咍部字也。"（《段注》501 页）

按：段说有理。囟是"头会匘盖"之义。古人已经知道头脑是思维器官。思，息兹切，心母之韵，上古心母之部。囟，息晋切，心母震韵，上古心母真部。思和囟虽为双声，但韵部不谐，故段改为会意字。"细以囟为声，固非之咍部字也"，细，苏计切，心母霁韵，上古心母脂部，囟为心母真部，细囟脂真对转。段氏以此证囟非之部。

（32）绥。——《糸部》："绥，车中把也。从糸，从妥。"（息遗切）（《说文》277 页）

段改说解作："从糸，妥声。"注："声（按，绥声之声）字各本无，今补。妥字见《礼经》《小雅》，许偶遗之，今已补于女部。毛公曰：'妥，安坐也。'绥以妥会意，即以妥形声。古音在十七部。今音息遗切。"（《段注》662 页）

按：段说至精当。妥，说文无，但彝文古籍屡见，字形为以手覆女，本义为安定。妥在绥中表义兼表声。妥，他果切，透母果韵，上古透母歌部。段定绥为十七歌部。在《诗经》中，绥与微部字相押。王力曾说，衰、委、累、妥的"读音徘徊于歌脂（按，实指微部）两部之间"①。妥兼表音更可靠的证据是现代学者的发掘。商承祚《殷墟文字类编》："𡚩（绥字作妥，古金文与卜辞并同）。"（《集注》2781—2782 页）绥是上车时所执持的绳，人持之则稳妥。绥以妥为义，也以妥为声。妥，透母；绥，心母。这也说明舌音和齿音偶尔可以相通。

（33）舒。——《予部》："舒，伸也。从舍，从予，予亦声。一曰：舒，缓也。"（伤鱼切）（《说文》84 页）

段改说解作："从予，舍声。"注："此依锴本。今锴本作从舍、予声者，浅人不知舍之古音而改之也。"（《段注》160 页）

按：段改是。按音理说，予和舍都可以作声符。舒，伤鱼切，书母鱼韵，上古舌音书母鱼部。舍，书冶切，书母马韵，上古舌音书母鱼部。予，余吕切，以母语韵，上古以母鱼部。以母上古可通舌音。但舍作声符更切，因为与舒是双声叠韵。舒以予建首，予必表义。舍的房舍、舍弃诸义均与舒的舒伸、舒缓诸义无关，故舍不表义，只表音。

（34）说。——《言部》："说，说释也。从言兑。一曰谈说。"（失爇切，又弋雪切）（《说文》53 页）

段注："《儿部》曰：'兑，说也。'本《周易》。此从言兑会意，兑亦声。"（《段注》93 页）

按："兑亦声"是。"说"，解为喜悦，音弋雪切，以母薛韵，上古以母月部；解为谈说，音失爇切，书母薛韵，上古书母月部。兑，杜外切，定母泰韵，上古定母月部。这三个音切，上古音声母都为舌音，韵母月部叠韵。故兑作声符，合音理。实际上，兑的本义就是喜悦，因兑常用于假借义，故有累加形符的亦声字"说"表达喜悦义。因"说"又表达谈说义，故又有分化字"悦"表达喜悦义。所以，悦和说以兑为义，也以兑为声，自然兑就是声符。

（35）態。——《心部》："態，意也。从心，从能。"（徐锴曰："心能其事然后有態度也。"）（他代切）（《说文》220 页）

段注："会意，心所能必见于外也。能亦声，一部。"（《段注》509 页）

按：段说"能亦声"是，说"会意"似非。態，他代切，透母代韵，

---

① 王力：《王力语言学论文集》，商务印书馆 2000 年版，第 228 页。

上古透母之部。能，《广韵》有三切：奴来切（上古泥母之部）、奴代切（上古泥母之部）、奴登切（上古泥母蒸部）。之蒸对转。泥母可通透母，故李方桂在《上古音研究》中拟有清鼻音 n̥。能作声符，合音理。徐铉和段玉裁解为会意，是彊为之说，不足信。

（36）投。——《手部》："投，擿也。从手，从殳。"（度侯切）（《说文》252 页）

段改说解作："从手，殳声。"注："四部。"（《段注》601 页）

按：段改是。投，度侯切，定母候韵，上古定母侯部。殳，市朱切，禅母虞韵，上古禅母侯部。二字侯部叠韵，定禅同属舌音。故殳作声符，合音理。

（37）委。——《女部》："委，委随也。从女，从禾。"（於诡切）（《说文》261 页）

段改说解作："从女，禾声。"注："十六十七部，合音最近。故读於诡切也。《诗》之委蛇，即委随，皆叠韵也。"（《段注》619 页）

按：段改是。委随，指人的体态，与禾有什么关系呢？委随和委蛇都是叠韵连绵词，随和蛇是歌部，委也是歌部。倭、逶、踒以委为声符，都是歌韵。禾，户戈切，匣母戈韵，上古匣母歌部。委，於诡切，影母纸韵，上古影母歌部。匣影同为喉音，歌部叠韵，禾作声符，符合音理。在《诗经》中，委押微部，不押支部。这也证明上古歌微相近。

（38）敊。——《支部》："敊，坼也。从支，从厂，厂之性坼，果熟有味亦坼，故谓之敊。从未声。"（许其切）（《说文》69 页）

段改说解作："果熟有味亦坼，故从未。"注："各本'故谓之敊，从未声'，衍四字。此说从未之义，非说形声。未与敊不为声也。未下云曰：'味也。六月滋味也。'……未即味。此云果熟有味亦坼故从未，正同。……合三字会意。许其切。一部。"（《段注》126 页）

按：段改有一定道理。敊，许其切，晓母之韵，上古晓母之部。未，无沸切，微母未韵，上古明母物部。段氏严分支脂之，故认为未不是声符。但会意之旨也不一定如段氏所说。甲骨文作 敊 甲634，敊 甲2695，金文作 敊 师袁簋。从麦不从未。李孝定《甲骨文字集释》："契文象一手持麦、支击而取之之形，乃获麦之象形字。敊下小徐曰'支击取也'，是也。支击所以脱粒，故引申训'坼'。"（《今释》447 页）

（39）徙。——《辵部》："徙，迻也。从辵，止声。"（斯氏切）
（《说文》40 页）

段改说解作："从辵止。"注："各本有声（按，止声之声）字，非
也。止在一部，徙在十六部。从辵止会意者，乍行乍止而竟止，则移其
所矣。"（《段注》72 页）

按：段改是。止，诸市切，章母止韵，上古章母之部。徙，斯氏切，
心母纸韵，其上古韵部，段定为十六支部，《王力古汉语字典》也定为支
部。《韩非子·扬权篇》："名正，物定；名倚，物徙。"倚徙协韵，倚为
歌部。另有"徙倚"叠韵连绵词。据此，徙应为歌部。总之，徙不为之
部，段氏严分支脂之，故改为会意字。验诸古文字，段改是。徙，金文
作，像人足在路上行走之形。

（40）息。——《心部》："息，喘也。从心，从自，自亦声。"（相
即切）（《说文》217 页）

段改说解作："从心自。"删"自亦声"。注："自者，鼻也。心气必
从鼻出，故从心自。如心思上凝于囟，故从心囟，皆会意也。相即切，
一部。各本此下有自亦声。自声在十五部，非其声类，此与思下云囟声，
皆不知韵理者所为也。"（《段注》502 页）

按：段说有理。自，甲骨文作𦣻甲392，金文作𦣻令鼎，为鼻子的象形，
古人认为气息从鼻入心。息，相即切，心母职韵，上古心母职部；自，
疾二切，从母至韵，上古从母质部。息和自虽心从旁纽，但韵部不谐。

（41）暬。——《日部》："暬，日相习相慢也。从日，执声。"（私
列切）（《说文》139 页）

段改篆作暬，改说解作："从日，执声。"注："各本篆作暬，执声作
执声。……私列切，十五部。"（《段注》308 页）

按：段说是。蒋冀骋《说文段注改篆评议》（66 页）认为段改非，
我们从音义上证明段改是。桂馥《说文解字义证》："《诗·雨无正》云：
'曾我暬御。'《传》云：'暬御，侍御也。'《笺》云：'侍御小臣。'或通
作亵。执声者当为执，《五经文字》《广韵》《集韵》《类篇》《增韵》
《字鉴》并从执。本书亵亦从执。"（407 页）暬与亵是同源词。二字都为
私列切，都解为亵渎、轻慢。亵从执声，故暬也应从执声。暬，私列切，
心母薛韵，上古心母月部。执，鱼祭切，疑母祭韵，上古疑母月部。二

字月部叠韵。喉牙音可通齿音，同类的例子如辥（鱼列切，疑母）和薛（私列切，心母）、鱼（语居切，疑母）和苏（素姑切，心母）、屵（宜戟切，疑母）和朔（所角切，心母）、艺（鱼祭切，疑母）和褻（私列切，心母）。执，之入切，章母缉韵，上古章母缉部。与赘声韵俱隔。现在字典、词典都做赘，是。

（42）彝。——《糸部》："彝，宗庙常器也。从糸；糸，綦也。廾持米，器中宝也。彑声。此与爵相似。……"（以脂切）（《说文》277 页）

段改说解作："从彑，象形。"注："各本作彑声，非也。今依《韵会》正。彑者，豕之头，锐而上见也。爵从鬯而又象雀之形，彝从糸米廾而象画鸟兽之形。其意一也。故云与爵相似。"（《段注》662 页）

按：段改为会意是，段说字形殆非。彑，居例切，见母祭韵，上古见母月部，段玉裁的十五部。彝，以脂切，以母脂韵，上古以母脂部，段玉裁的十五部。按段玉裁的体系，二字韵部相同（按，实不同部），声母见以也相通，段氏本来是可以断为"彑声"的。但段以爵例推之，断定彑"象画鸟兽之形"，非声，可称卓识。彝，甲骨文作 𦥑 前5.1.3，金文作 𦥑 董临作父乙方鼎，𦥑 秦公簋。李孝定《甲骨文字集释》："（彝）均象两手捧鸡或鸟之形。古者宗庙祭祀以鸡、鸟为牲，乃习见之事实，于是于制为彝器时遂有于鸡、鸟取象者矣。盖金文彝字之从 8 形者，实象鸡、鸟之缚其两翼以防夺逸者，即篆体之糸之所本。金文彝字多于鸡、鸟形喙端之下着二三小点者，乃象郁鬯之形。鸡、鸟之喙即为器物之流，故于其下着二三小点以象之也。篆讹为米。篆文从彑，乃鸡、鸟之首及喙之形讹。"（《今释》1891 页）李说彑与段说彑基本相合，但会意之旨，李说更准确。

（43）席。——《巾部》："席，籍也。……从巾，庶省。"（臣铉等曰："席以待宾客之礼，宾客非一人，故从庶。"）（祥易切）（《说文》159 页）

段改说解作："从巾，庶省声。"注："此形声，非会意。"（《段注》361 页）

按：段说是。徐铉彊为之说，不可信。席，祥易切，邪母昔韵，上古邪母铎部。庶，商署切，书母御韵，上古书母铎部。二者铎部叠韵，邪书上古同为舌音。庶作声符，符合音理。庶的甲骨文作 ⚎ [珠979]，金文作 ⚎ [宜侯夨簋]，上石下火。于省吾《甲骨文字释林》："甲骨文庶字是从火石、石亦声的会意兼形声字，……"（《今释》1273 页）据此，应当说，席是从巾、石声的形声字。石，常只切，禅母昔韵，上古禅母铎部，与席禅邪相通，铎部叠韵。

（44）卸。——《卩部》："卸，舍车解马也。从卩止午。读若汝南人读写之写。"（臣铉等曰："午，马也，故从午。"）（司夜切）（《说文》187 页）

段改说解作："从卩止，午声。"（《段注》431 页）

按：段改是。卸，司夜切，心母祃韵，上古心母鱼部。午，疑古切，疑母姥韵，上古疑母鱼部。二字鱼部叠韵，如"墊"字例，声母疑心可通。午作声符，合音理。徐铉为什么说"午，马也"？这是因为人的十二生肖对应于十二地支，午在十二地支中排第七，马在十二生肖中排第七，故徐铉如此说。这个说法不可信。

（45）颰。——《风部》："大风也。从风，日声。"（于笔切）（《说文》284 页）

段改说解作："从风，曰声。"注："曰各本作日月之日，非声也。今并篆体正。于笔切，十五部。"（《段注》678 页）

按：段改有理，但没有说明理由。蒋冀骋《说文段注改篆评议》（103 页）也同意段的改篆。现在着重从音理上加以申述。颰，于笔切，云母三等合口入声术韵，上古匣母物部。曰，王伐切，云母三等合口入声月韵，上古匣母月部；日，人质切，日母三等开口入声质韵，上古日母质部。月质物上古可以互谐，但曰和颰同为合口匣母，曰更适合作声符。还有类比的例子。《川部》："汩，水流也。从川，曰声。"于笔切，和颰同音。汩为水之急，颰为风之急，音义相合，应为同源词。故颰的声符应为曰。

（46）聿。——《聿部》："聿，所以书也。楚谓之聿，吴谓之不律，燕谓之弗，从聿，一声。凡聿之属皆从聿。"（余律切）（《说文》65 页）

段改说解作："从聿一。"注："各本作一声，今正。此从聿而象所书之牍也。余律切，十五部。"（《段注》117 页）

按：段改有理。段氏谓"一"像书牍。聿、聿实为一字。甲骨文作 ¥ 京津3091，金文作 ¥ 聿戈。罗振玉《增订殷墟书契考释》："此（聿）象手持笔形，乃象形，非形声也。"（《今释》421 页）

（47）元。——《一部》："元，始也。从一从兀。"（愚袁切）（《说文》7 页）

段改说解作："从一，兀声。"注："徐氏锴云，不当有声（按，兀声之声）字，以髡从兀声，軏从元声例之，徐说非。古音元兀相为平入也。"（《段注》7 页）

按：应该说，元与兀本是一字，兀是元的初文，自然表义兼表音；元是兀累加形符的区别字。元，愚袁切，上古疑母元部，段氏的第十四部。兀，五忽切，上古疑母物部，段氏的第十五部。髡，苦昆切，上古溪母文部，段氏的第十三部。軏，鱼厥切，上古疑母月部，段氏的第十五部。元、兀、軏疑母双声，与髡疑溪旁纽。至于韵部，段有《古异平同入说》，其中说："术物迄月没曷末黠辖薛为第十五部之入声，亦即第十三部第十四部之入音。"事实上，月部与元部对转，物部与文部对转。此四字中，髡与兀溪疑旁纽，文物对转；軏与元疑母双声，月元对转。故段氏"以髡从兀声，軏从元声例之"，类推元的声符是兀，与兀疑母双声，韵部对转，因为段氏的月物合为一部。在音理上，段氏说得很充分。王念孙《王氏读说文记》："今考《说文》髡字，从髟兀声，或从元声作髻；又軏从车元声，音月，即小车无軏之軏。盖元与月本一声之转，故元从兀声。又唐元度《九经字样》皆本《说文》，其元字注亦云从一兀声，则《说文》本作从一兀声明甚。徐锴不得其解，削去声字；徐铉又改为从一从兀，并非。"（《集注》3 页）实际上，元、兀应是一字。元的古文是一个象形字。甲骨文作 ¥ 甲3372，¥ 后1.19.7，金文作 ¥ 师酉簋，¥ 狈元作父戊卣。像人头形。如《左传·襄公九年》："狄人归其元。"《孟子·滕文公下》："勇士不忘丧其元。"元都解为人头。始是元的引申义。《金文诂林》："张日升曰，高景成以 ¥ 为元字初文，与兀为一字，按古文字通例，·往往变一，如 ± 之作土，¥ 之作兀，亦如是矣，兀又变作元，于金文中亦有类似之现象，如正 ¥ － ¥ － ¥，天 ¥ － ¥ － ¥ 是也，其后兀元分化异训。"（《集注》3 页）后世，元与兀的意义分化，读音也随之分化，元读阳声，兀读入声。

（48）曰。——《曰部》："曰，词也。从口，乙声。亦象口气出也。凡曰之属皆从曰。"（王伐切）（《说文》100 页）

段注："各本作'从口，乙声，亦象口气出也'，非是。《孝经音义》曰：'从乙在口上，乙象气。'人将发语，口上有气。今据正。王伐切，十五部。"（《段注》202 页）

按：段说是。曰，甲骨文作凵_{前7.17.4}，金文作凵_{伯晨鼎}，篆体作凵，乙篆体作乁，曰不从乙。商承祚《殷墟文字类编》："凵（卜辞从一，不作乙，散盘亦作凵，晚周礼器乃有象口出气形者。）"（《集注》977 页）

（49）酎。——《酉部》："酎，三重醇酒也。从酉，从时省。……"（除柳切）（《说文》312 页）

段改说解作："从酉，肘省声。"注："各本作'从时省'，误。纣疛篆皆曰'肘省声'，今据正。"（《段注》748 页）

按：段说有理，但还可商量。"从酉从时省"，不可解。根据"纣疛篆皆曰'肘省声'"类推酎从肘省声，有理。但纣疛酎从肘省声，就像哭从狱省声、家从豭省声一样，显得突兀。恐怕寸就是肘的本字。李孝定《甲骨文字集释》："乁字为肘之古象形字。徒以假为数字之九，假借义专行而本义湮，故更于本字加乁以示肘之所在。""小篆更加肉字。"（《集注》570 页）李说有理。肘的甲骨文又作乙，与寸字相混。

（50）窋。——《穴部》："窋，物在穴中兒。从穴中出。"（丁滑切）（《说文》153 页）

段改说解作："从穴，出声。"（《段注》346 页）

按：段改是。窋，丁滑切，知母合口黠韵，上古端母物部。出，赤律切，昌母合口术韵，上古昌母物部。声母都为舌音，物部叠韵，故出作声符，合音理。

（51）罪。——《网部》："罪，捕鱼竹网。从网非。秦以罪为辠。"（徂贿切）（《说文》157 页）

段改说解作："从网，非声。"注："声（按，非声之声）字旧缺，今补。本形声之字，始皇改为会意字也。徂贿切，十五部。"（《段注》355 页）

按：段说是。罪的本义是鱼网，与"非"义无涉，非只作声符。

（52）作。——《人部》："作，起也。从人，从乍。"（则洛切）

（《说文》165 页）

段改说解作："从人，乍声。"（《段注》320 页）

按：段改是。作，则洛切，精母铎韵，上古精母铎部。乍，锄驾切，崇母祃韵，上古从母铎部。二字铎部叠韵，精从旁纽。乍作声符，合音理。乍，甲骨文作甲1013，金文作伯要簋，构形不明，是否"作"的本字，尚待研究。

（53）斲。——《斤部》："斲，斫也。从斤䀠。"（臣铉等曰："䀠，器也。斤以斲之。"）（竹角切）（《说文》300 页）

段改说解作："从斤，䀠声。"注："小徐有声（按，䀠声之声）字，锴曰：'非声。'铉曰：'䀠，器也。斤以斲之。'皆不知古也。古音三部四部同入。今音析入三觉。"（《段注》717 页）

按：段说是。斲，竹角切，知母觉韵，上古端母屋部。䀠，大口切，定母厚韵，上古定母侯部。二字端定旁纽，屋侯对转。故䀠作声符，合音理，而且是本部押韵，非"今音析入三觉"。

（54）鲁。——《白（按，据说文，白音疾二切，义同自）部》："鲁，钝词也。从白，鮺省声。《论语》曰：'参也鲁。'"（郎古切）（《说文》74 页）

段改为："从白，鱼声。"注："各本作鮺省声。按鮺从差省声，在古音十七部，今之歌麻韵。鲁字古今音皆在五部。……古文以旅为鲁，则鮺为浅人妄改也。今正，郎古切，五部。"（《段注》136 页）

按：段说有理。鲁，郎古切，来母姥韵，上古来母鱼部。鮺，侧下切，庄母马韵，上古精母歌部。鲁鮺鱼歌不谐，而鱼为上古鱼部，故段改为"鱼声"。甲骨文作乙7782，金文作井侯簋，送鼎，鲁侯壶，季旭升《说文新证上册》：鲁是鱼的分化字，甲骨文"在圃鱼"或作"在圃鲁"，可证。甲骨文从鱼，"口"形为分化符号。鱼尾渐与口形相连，遂与"白（自）"形相似；鲁侯壶则径作"白（自）"形，《说文》于是误以为从"白（自）"。但是书写的人还是知道"鲁"字是从"口"形的。古文字"口"形中常加饰笔作"甘"形，所以一直到东汉，可靠的文字材料中的"鲁"还是从"甘"形。"鱼"和"鲁"上古音应该几近同音，"鱼"字上古音在鱼部开口三等、疑纽，"鲁"字上古音在鲁部（应为鱼部之误）开口一等，来纽，二者同韵，声母则具有复辅音的关系，段注以为鲁字

从鱼声，可从。

（55）**餳**。——饴和徽者也。从食，易声。（徐盈切）（《说文》107 页）

段改篆为饧，注："不和徽谓之饴，和徽谓之饧。故成国云饴弱于饧也。方言曰：凡饴谓之饧，自关而东、陈楚宋立之间通语也。杨子浑言之，许析言之。周礼小师注：管，如今卖饴饧所吹者。周颂笺亦云。从食，易声。各本篆作餳、云易声。今正。按錫从易声，故音阳。亦音唐。在十部。释名曰：饧，洋也。李轨周礼音唐是也。其陆氏音义周礼辞盈反、毛诗夕清反。因之唐韵徐盈切。此十部音转入于十一部，如行庚觥等字之入庚韵。"（《段注》218 页）

按：段改正确。按许慎说解，饧实即麦芽糖，与糖音近相通。上古定母阳部，中古转为徐盈切，邪母清韵。易易形近而讹也。

（56）**贛**。——繇也。舞也，乐有章。从章，从夅，从夂。《诗》曰："贛贛舞我。"（苦感切）（《说文》233 页）

段改为"从章，从夂，夅声"。注："繇当作䜐。䜐，徒歌也。上也字衍。谣舞者，谣且舞也。其字从章从夂。从夂，从章，乐有章也，说从章之意。夅声。已上十字今更正。夅声在九部。与八部合韵。苦感切，八部。"（《段注》233 页）

按：段说正确。贛，苦感切，上古溪母侵部。夅，古巷切，见母冬部，而王力的上古二十九韵部，把冬部归入侵部。故二字旁纽叠韵。

（57）**鼏**。——鼏以木横贯鼎耳而举之。从鼎，冖声。《周礼》：庙门容大鼏七箇。即《易》玉铉大吉也。（莫狄切）（《说文》143 页）

段改为"冂声"，注："目木横贯鼎耳而举之。贯当作毌，许亦从俗也。礼经十七篇多言扃、鼏，注多言今文扃为铉，古文鼏为密。按扃者，段借字。鼏者，正字。铉者，音近义同字也。以木横毌鼎耳是曰鼏。两手举其木之端是曰扛鼎鼏，横于鼎盖之上。故礼经必先言抽扃，乃后取鼏，犹扃为户外闭之关，故或以扃代之也。从鼎冂声。五篇有冂部，此从之为声。古荧切。十一部。按大小徐篆皆作鼏，解作冂声，莫狄切，以鼎盖字之音，加诸横毌鼎耳之义，误矣。广韵、集韵、礼部韵略、玉篇、类篇皆佚此字。然广韵、玉篇皆云亡狄切，鼎盖也，则鼏字尚未亡。集韵、类篇引横贯鼎耳云云于锡韵冥狄切。而鼏字亡矣。惟匡谬正俗及毛晃礼部韵略增字独不误。周礼:'庙门容大鼏七个。'考工记匠人文。今本作大扃七个。许所据作鼏,用此知礼经古文本亦作鼏。古文以鼏密连文,今文以铉密连文。郑上字从古文,下字从今文,遂鼏鼎连文。转写恐其易混,则上字易为扃耳。韵会无大。即《易》'玉铉大吉'也。鼎上九爻辞。金部铉下曰:所以举鼎也。易谓之铉,礼谓之鼏,据此则许所据礼古文作鼏。郑则据礼今文作铉,同易也。鼏铉异字同义。或读铉古冥反,则非矣。韵会无大吉也。"(《段注》319页)

按:段改是。段氏引经据典,论证充分。鼏和鼏是二字二音二义,《说文》误把鼏的音加到鼏上。鼏,从冖,从鼎,冖亦声。本义是鼎盖,泛指覆盖器皿的布巾。冖像覆盖鼎或器皿的东西,亦表声。《仪礼·士冠礼》:"若杀,则特豚载合升,离肺实于鼎,设扃鼏。"贾公彦疏:"设扃鼏者,以茅覆鼎,长则束其本,短则编其中。"扃鼏,即鼏鼏,即编茅以盖鼎,所谓鼎盖也。鼏代指鼎。鼏,莫狄切,今读 mì。鼏从鼎,门声,本义是穿鼎耳以举鼎的木杠。门和鼏都为古荥切,今读 jiōng。鼏实为铉,二字音近义通,实际上应该是异体字,读音的微异可能是方言的不同或历时的演变。

(58) 幭,墀地以巾抆之。从巾,爱声。读若水温䴥也。一曰:箸也。(乃昆切)(《说文》158页)

段改为幭,注:"𡜐声各本作爱声,篆体各本皆误作幭。今正。按许读如䴥,大徐据唐韵乃昆切。玉篇奴昆切。盖古温䴥之䴥读乃昆切,玉篇、曹宪广雅音、广韵又乃回奴回切,则乃昆之转,脂文之合。广韵又奴案切,则依说文䴥字今音。庄子释文引汉书音义音温,一本作混与乃昆一音相近。韦昭乃回反,则乃回一音之所本也,乃昆之音因于𡜐声。𡜐者,古文婚字,见女部。车部𨍩以为声,亦读若闵,然则此为𡜐声,而非爱声明甚。爱在尤幽部,转入萧宵肴豪部,断不得反以乃昆也。顾爱孰爱生。说文及汉书幭乃讹幭,赖可据音以证其形。而师古注汉书妄云乃高反,是其形终古不可正矣。今汉书字竟作𤱩,庄子释文竟作幔,莫能谡正。近卢召弓重刻庄子音义,又改音温作音铙,可不急辨其非哉。乃昆之音可为乃回,而断不可为乃高。斯声音自然之理,学者所当究心也。十三部。"(《段注》361页)

按：段改正确。嫚不见于甲金文，但根据音理，嫚的声符应是嫚。嫚，乃昆切，上古泥母文韵。夒，奴刀切，上古泥母幽部。"嫚者，古文婚字"，这是误解，嫚实乃闻字，闻，甲骨文作 𦥃 前7.31.2，金文作 𦖞 利簋，像人双手捂口屏息听声之形，后线条化为嫚，假借为昏，另造形声字闻表示听闻本义。闻，上古明母文部，与嫚都为唇音，文部叠韵。故段玉裁改为嫚声作嫚。

（59）懦，驽弱者也。从心，需声。（人朱切）（《说文》220 页）

段改为"愞"，改说解作"从心，耎声"。注："乃乱切。十四部。此篆各本作懦，从心需声，人朱切，乃浅人所改，今正。愞与人部偄音义皆同，弱也，本乃乱切，音转为乃过切。广韵狝韵愞而兖切，换韵愞奴乱切，过韵愞乃卧切。玉篇心部愞乃乱、乃过二切，皆训弱也。此自古相传不误之字也。因形近或讹为懦，再讹为儒，其始尚分愞懦为二字二音。故玉藻注云：舒愞者，所畏在前也。释文云：愞乃乱反，又奴卧反，怯愞也。又作懦，人于反，弱也。皇云学士，是其分别井然，而转写愞讹为懦，故五经文字曰懦人于反，又乃乱反，见礼记注。于是有懦无愞，而以愞之反语入于懦下。广韵虞韵懦字下人朱切，又乃乱切，其误正同。又考僖二年左传愞字、穀梁传愞字，释文转写皆讹作懦。凡经传愞字皆讹作懦，不可胜正。愞通作耎，亦或借蝡。汉书西南夷传选耎，后书章帝八王传西羌传选愞，史记律书选蝡，方言注愞撰，今无不作懦者，葢需耎二声古分别画然。需声在古音四部，人于切。耎声在古音十四部，乃乱切。而自张参以来，改耎为需，不能谠正，《说文》心部之愞、手部之撋皆经浅人任意窜改，以合里俗。世有好学深思心知其意者，必以愚言为然也。"（《段注》508 页）

按：段氏改为愞，音改为乃乱切，有根据，也符合音理。愞，乃乱切，上古泥母元部。耎，而兖切，上古泥母元部。二字双声，韵部阴阳对转。

（60）妃，匹也。从女，己声。（芳非切）（《说文》259 页）

段氏认为是会意字，注："从女己。各本下有声字，今删。此会意字，以女俪己也。芳非切。十五部。"（《段注》614 页）

按：段改有一定道理。妃，菲非切，上古滂母微部。己，居里切，上古见母之部。二字声韵俱不谐，故段氏不认为己是声符，而解为会意，解为以女配己也。甲骨文作 ⿰ 粹387， ⿰ 宁沪1.94。从女从妾，或从卩从妾，像一男一女对坐之形，即配偶之义。

（61）毒，厚也。害人之艸，往往而生。从屮，从毒。（徒沃切）𧮎，古文毒从刀、𦯧。（《说文》15 页）

段改为"毒声"，注："从屮。字义训厚矣。字形何以从屮，盖制字本意，因害人之艸，往往而生。往往犹历历也。其生蕃多则其害尤厚。故字从屮。引伸为凡厚之义。毒声。毒在一部，毒在三部。合韵至近也。"（《段注》22 页）

按：段改有理。毒的本义是毒草，屮，草也。从屮从毒会意，无理据。毒，於改切，海韵。《汉书·地理志》："多犀、象、毒冒、珠、玑。"颜师古注："毒音代。"毒冒即玳瑁。毒音代，和毒同属哈韵系，只是有上声和去声的区别。故毒的声符应该是毒。由毒的中古音读为代韵，我们可以推测毒的上古音应是职部，即段氏的一部。学者根据毒的中古音徒沃切，把毒定为觉部，其实毒在上古没有用作韵脚字。毒的古文𧮎从畐声，畐，房六切，上古职部。故可判定毒上古是职部，和毒同属段玉裁的一部。

（62）畵（篆文为畕），不耕田也。从艸，甾。《易》曰：不菑畬。甾，畵或省艸。（侧词切）（《说文》24 页）

段改为："从艸田，巛声。"（《段注》41 页）

按：如果仅根据篆文，段解为从巛声，是正确的。畵，侧词切，上古精母之部。巛，从川从一，川壅而溃，水灾也，同灾，祖才切，古音精母之部。二字双声叠韵。故巛为声符。不过畵也可能从甾声，甾乃象形字，像缶，侧持切，与畵同音。但畵没有古文字可资参考。

（63）詹，多言也。从言，从八，从厃。（之炎切）（《说文》28 页）

段注："此当作厃声。厂部曰：屋桷，秦谓之楣，齐谓之厃。木部曰：屋橓联，秦谓之楣，齐谓之檐，楚谓之梠。厃与檐同字同音。詹、厃声。职廉切。八部。"（《段注》49 页）

按：段说有理。詹不见于甲金文，但可作偏旁。春秋国差𦉜铭文作 ⿰，詹从厂八言，构形不明。《战国文字编》① 作 ⿱，从八从言。如果

---

① 汤余惠：《战国文字编》，福建人民出版社 2001 年版，第 56 页。

按小篆把詹解为多言（《庄子·齐物论》："大言炎炎，小言詹詹。"），詹字可解为从八从言，厃声。段说"厃与檐同字同音"，只能说是厃假借为檐。厃从人在崖岸之上，可解为瞻望之瞻的初文。瞻，职廉切，则与詹同音，故厃可作詹的声符。

（64）孰，食饪也。从丮，𦎫声。《易》曰：孰饪。（殊六切）（《说文》63 页）

段改为会意字，注："从丮𦎫。亯部曰：𦎫、孰也。此会意。各本衍声字，非也。殊六切，三部。孰与谁双声，故一曰谁也。后人乃分别熟为生熟，孰为谁孰矣。曹宪曰：顾野王玉篇始有熟字。"（《段注》113 页）

按：段改有理。𦎫，常伦切，上古禅母真部。孰，殊六切，上古禅母觉部。二字双声，但是韵部不谐。故段氏改为会意。但还不准确。甲骨文京津 2676 作𤔲，伯到簠铭文作𤔲。左像宗庙，右像人，金文从女，是人的脚的讹形。是会意字，本义是向宗庙有所进献，或谓即进献熟食。

（65）桅，黄木可染者。从木，危声。（过委切）（《说文》118 页）

段改篆为栀，注："各本篆文误作桅。今依韵会所据本正。小徐云：史记货殖传千亩卮茜，又书记多言鲜支，皆此。是锴本固作栀字。证一。玉篇列字次弟与说文同，而橬楱𣏃楈四字之间字作栀。之移切。不作桅。桅字乃在下文孙强等增窜之处。证二。水部染下引裴光远曰从木，木者所以染，栀茜之属也。此用史记栀茜，而亦讹作桅。证三。栀，今之栀子树，实可染黄。相如赋谓之鲜支。史记假卮为之。从木卮声。卮各本误作危。音过委反。今依韵会所据正。章移切。十六部。释木：桑辨有葚栀。此别一义。"（《段注》248 页）

按：段改是。桂馥、朱骏声都同意如此改，殆传写讹误。桅，五灰切，桅杆，即船上张帆的杆子。栀，章移切，今作栀，栀子树，可作黄色染料。

（66）餒，饥也。从食，委声。一曰：鱼败曰餒。（奴罪切）（《说文》108 页）

段改篆为餧，注："各本篆作餒，解作委声，非也，今正。考论语音义曰：餧，奴罪反，说文鱼败曰餧，本又作餒。字书同。尔雅音义亦云：餧，奴罪反。说文鱼败曰餧，字书作餒。别字书于说文，则陆所据说文从妥明矣。按妥声乃与奴罪切音相近，犹接必妥声，乃与女禾切相近。绥必妥声，乃得妥绥为古今字也。若五经文字曰：餧，饥也。经典相承，别作餧为饥餧，以餧为餧饷。盖张时说文已改从委声，与陆所据说文不同，故其字各异。餧，古音十七部。餧为餧饷俗字，许艸部作萎。一曰鱼败曰餧。论语：鱼餧而肉败。释器曰：肉谓之败，鱼谓之餧。按鱼烂自中，亦饥义之引伸也。"（《段注》222 页）

按：段改可取。餧，奴罪切，上古泥母歌部。妥，他果切，上古透母歌部。二字旁纽叠韵。委，於诡切，上古影母歌部。与餧声母不谐。餧，后世解为喂养，今作喂，《广韵》於伪切。

（67）脃，小奭易断也。从肉，从绝省。（此芮切）（《说文》90 页）

段改为"绝省声"，注："从肉，绝省声。形声包会意也，易断故从绝省。此芮切。十五部。"（《段注》176 页）

按：段改正确。脃，此芮切，上古清母月部。绝，情雪切，上古从母月部。二字旁纽叠韵。故绝为声符。后脃讹为脆。

（68）犛，西南夷长髦牛也。从牛，𠩺声。（莫交切）（《说文》30 页）

段改读音为里之切，注："西南夷长髦牛也。今四川雅州府清溪县大相岭之外有地名旄牛，产旄牛。而清溪县南抵宁远府，西抵打箭炉，古西南夷之地，皆产旄牛。如郭朴注《山海经》所云：背、䣛及胡、尾皆有长毛者。小角，其体纯黑，土俗用为菜，其尾腊之可为拂子。云长髦者，谓背、䣛、胡、尾皆有长毛。下文犛字乃专谓尾也。此牛名犛牛，音如狸。楚语：巴浦之犀犛。上林赋：猓旄獏犛。以其长髦也，故《史记·西南夷传》谓之髦牛，以其尾名犛也。故周礼乐师注谓之犛牛，以犛可饰旄也。故礼注、尔雅注、北山经、上林赋注、汉书西南夷传皆谓之旄牛。犛、髦、旄三字音同，因之读犛如毛，非也。据上林赋则旄、犛异物。中山经：荆山多犛牛。郭曰：旄牛属。从牛𠩺声。里之切。一部。按犛切里之，𠩺切莫交。徐用唐韵不误，而俗本误易之。凡犛之属皆从犛。"（《段注》53 页）

按：段说正确。从𠩺音之字，上古都为来母之部。如劙、嫠、斄、厘、氂等字。因为牦牛遍身长毛，故人们径以毛的音呼之，故《广韵》又音莫交切。

第三节 段玉裁以古音改动文字结构阙失例证

（1）龀（篆文齔，从齿从数目字七，现写作龀，七讹为匕）。——《齿部》："龀，毁齿也。男八月生齿，八岁而龀；女七月生齿，七岁而龀。从齿从七。"（初堇切）（《说文》44 页）

段改篆作从齿从匕（即倒立的"人"），改说解作："从齿匕。"注："各本篆作齔，云从齿从七，初忍初觐二音，殆傅会七声为之。今按其字从齿匕，匕，变也，今音呼跨切，古音如货。《本命》曰：'阴以阳化，阳以阴变，故男以八月生齿，八岁而毁，女七月生齿，七岁而毁。'毁与化义同音近。玄应书卷五：'龀旧音差贵切。'卷十一：'旧音羌贵切。'然则古读如未韵之毇，盖本从匕，匕亦声，转入寘至韵也。自误从七旁，玄应韵初忍切，孙愐韵初堇切。《广韵》乃初觐切。《集韵》乃初问耻问二切。"（《段注》78—79 页）

按：段改殆非。蒋冀骋《说文段注改篆评议》（117 页）不同意段的改篆。龀应为形声字，从齿，七声。现从音义上加以申述。龀，初堇切，初母三等开口上声轸韵，上古清母真部。七，亲吉切，清母三等开口入声质韵，上古清母质部。匕，即化，呼跨切，晓母二等合口去声祃韵，上古晓母歌部。毁，许委切，晓母三等合口上声纸韵，上古晓母，其韵部，《王力古汉语字典》归微部，因为从毁的煅在《诗经·周南·汝坟》中与尾（微部）、迩（脂部）相押。《吕氏春秋·行论》毁与累（微部）协。段氏定毁为第十六支部，似缺乏根据。

龀与七清母双声，真质对转。玑（真部）与虱（质部）即真质对转。七作声符，符合音理。而且，龀从七声，声中有义。女七岁而龀，男八岁而龀，字从七，举七以赅八，举女以赅男。又如牡，从牛，不仅指雄牛，而且可以指一切雄性牲畜。龀从七，音义俱当，在没有确凿证据的情况下，是不适宜擅自改变字形、改动说解的。段氏说龀与毁或化同源，主观性很强，缺乏旁证，不足为据。

（2）辰——《辰部》："辰，震也。三月阳气动，雷电振，民农时也，物皆生。从乙匕，象芒达。厂，声也。辰，房星，天时也。从二，二，古文上字。凡辰之属皆从辰。"（臣铉等曰："……厂非声，疑亦象物

之出。")（植邻切）（《说文》311 页）

段注："铉等疑厂呼旱切，非声。按厂之古音不可考。文魂与元寒音转亦最近也。今植邻切，古音在十三部。"（《段注》745 页）

按：段说"文魂与元寒音转亦最近也"，他认为厂为第十四元部，辰为第十三文部，文部与元部音最近，可相谐，故他倾向于认为厂为声符。许慎根据讹变的形体来解说，不得确诂。辰实为象形字。甲骨文作 _{菁5.1}，金文作 _{矢令方彝}。郭沫若《甲骨文字研究》："辰与蜃在古当系一字。蜃字从虫，例当后起。" "余以为辰实古之耕器。其作贝壳形者，盖蜃器也……附以提手，字盖象形，其更加以手形若足形者，则示操作之意。" "辰本耕器，故农、辱、蓐、耨诸字均从辰。星之名辰者，盖星象于农事大有攸关，古人多以耕器表彰之。"①

（3）存。——《子部》："存，恤问也。从子，才声。"（徂尊切）（《说文》310 页）

段改说解作："从子，在省。"注："大徐本作才声，今小徐本作在声。依《韵会》所引正。楚金注曰：'在亦存也。'会意。"（《段注》743 页）

按：段改误。大徐、小徐都不误。小徐本作在声，在亦才声。存，徂尊切，从母魂韵，上古从母文部。才，昨哉切，从母咍韵，上古从母之部。二字从母双声，之文可以通转。王力、李方桂都把之文的主元音拟为 ə。段氏根据楚金注，就解作"从子，在省"，似嫌武断。存的本义应是恤问、想念，不是存在。《礼记·月令·仲春之月》："是月也，安萌牙，养幼少，存诸孤。"《诗·郑风·出其东门》："虽则如云，匪我思存。"《战国策·秦策五》："无一介之使以存之。"汉曹操《短歌行》："越陌度阡，枉用相存。"诸例都解为恤问、想念。《说文解字诂林正补合编》引高田忠周《古籀篇》："才是古文在字，卜辞金文多皆以才为在。"②

---

① 《甲骨文字研究·释支干》，载《郭沫若全集》考古编 1，科学出版社 2003 年版，第 203—204 页。

② 杨家骆：《说文解字诂林正补合编》第 11 册，台湾鼎文书局 1983—1984 年版，第 711 页。

（4）等。——《竹部》："等，齐简也。从竹，从寺。寺，官曹之等平也。"（多肯切）（《说文》95 页）

段注："会意。""《寸部》曰：'寺，廷也。有法度者也，故从寸。'官之所止九寺，于此等平法度。故等从竹寺。古在一部，止韵，音变入海韵，音转入等韵。多肯切。"（《段注》191 页）

按：段说误。等应该是一个形声字，从竹，寺声。等，《广韵》多改切，端母海韵，上古端母之部。又多肯切，端母等韵，上古端母蒸部。寺，详吏切，邪母志韵，上古邪母之部。二者同为之部，端邪同为舌音。故寺作声符，合音理。等的本义为整齐竹简，与官寺无涉。

（5）鼎。——《鼎部》："鼎，三足两耳，和五味之宝器也。……象析木以炊也。籀文以鼎为贞字，凡鼎之属皆从鼎。"（都挺切）（《说文》143 页）

段在"象析木以炊也"下添"贞省声"三字。注："大徐本无，无此三字则上体未说，此谓上体目者，贞省声也。"（《段注》319 页）

按：段说"贞省声"非。许慎释鼎为象形字，很正确。甲骨文作🥘续5.16.4，金文作🥘鼎簋，目是鼎的象形，非贞的省变。贞反而是鼎省声。《卜部》："贞，卜问也。从卜，贝以为贽。一曰：鼎省声。京房所说。"（《说文》69 页）京房所说可谓至当。甲骨文贞作🥘拾10.1，金文作🥘散氏盘。即甲骨文假借鼎为贞，金文加形符卜即为贞字。郭沫若《卜辞通纂考释》："古乃叚鼎为贞，后益以卜而成鼎字，以鼎为声。金文复多假鼎为鼎。""鼎贝形近，故鼎乃讹变为贞也。"（《今释》453 页）鼎与贞上古均端母耕部。

（6）妒。——《女部》："妒，妇妒夫也。从女，户声。"（当故切）（《说文》263 页）

段改篆作妬，改说解作："从女，石声。"注："各本作户声，篆亦作妒，今正。此如柘、橐、蠹等字皆以石为声。户非声也。当故切，五部。"（《段注》622 页）

按：段改似嫌武断。妒，当故切，端母暮韵，上古端母鱼部。户，侯古切，匣母姥韵，上古匣母鱼部。石，常只切，禅母昔韵，上古禅母铎部。如果纯粹从选择声符的切当上说，石更合适。因为石的禅母和妒的端母上古同为舌音，石的上古音铎部可转为中古的暮韵，最可类比的例子就是蠹，蠹也为当故切，蠹即从石声。但户同样有资格作声符。妒为鱼部，韵母方面符合"当故切"，户为喉音匣母，喉牙音是可以通舌音的。钮树玉《段氏说文注订》："《篇》《韵》并以妒为妒之重文。《史记》《汉书》并作妒，则妒为后出之字可知。"（《集注》2641 页）

（7）戹。——《户部》："戹，隘也。从户，乙声。"（乙革切）（《说文》247 页）

段注："按声（按，乙声之声）衍。或于双声取音。此从甲乙之乙，取乙乙难出之意也。於革切，十六部。"（《段注》586 页）

按：段说会意之旨非。戹后作厄。戹，於革切，影母麦韵，上古影母锡部；乙，於笔切，影母质韵，上古影母质部。二字双声，韵部相隔，故段否认乙为声符。段解为会意，也牵强。容庚《金文编》："𠂤象车戹形，……《说文》从户乙声，是误象形为形声矣。《诗》作厄，又与训木节之厄混，孳乳为軶。"（《集注》2492 页）戹本是象形字，是车軶之軶的本字，后讹变为厄。戹不能分析为形声字。

（8）阏。——《门部》："阏，遮拥也。从门，於声。"（乌割切）（《说文》248 页）

段注："此于双声取音。乌割切，十五部。"（《段注》589 页）

按：阏与於韵部也有关联。阏，乌割切，影母曷韵，上古影母月部。於，哀都切，影母模韵，上古影母鱼部。二字都为影母，故段说是"此于双声取音"。但月与鱼也可互谐，因为几乎所有的古音学家都把两部的主元音拟为 a。

（9）盍（盇）。——《血部》："盇，覆也。从血大。"（胡腊切）（《说文》105 页）

段改说解作："从血，大声。"注："皿中有血而上覆之，覆必大于下，故从大。艸部之盖从盇会意，训苦，覆之引申耳。今则盖行而盇废矣。曷，何也。凡言何不者，急言之亦曰何，是以《释言》云：'曷，盇也。'郑注《论语》云：'盇，何不也。'盇，古音在十五部。故为曷之假借。又为盖之谐声。今入七八部，为闭口音，非古也。""此以形声包会意，大徐删声，非也。今胡腊切。其形隶变作盇。"（《段注》214 页）

按：这里有三个问题：（一）何曷盇是什么关系；（二）盇的古音在七八部还是在十五部，即在月部还是在盇部；（三）盇是会意还是亦声，即大是否兼表读音。我们先列出相关字的音韵地位。盍，胡腊切，匣母盍韵，上古匣母盍部，拟音是［ɣap］（王力先生《汉语史稿》系统的拟音，下同）。盖，古太切，见母泰韵，上古见母月部，拟音是［kat］。大，徒盖切，定母泰韵，上古定母月部，拟音是［dat］。曷，胡葛切，匣母曷韵，上古匣母月部，拟音是［ɣat］。何，胡歌切，匣母歌韵，上古匣母歌部，拟音是［ɣai］。盍、曷、何都可解释为"何"，都为匣母，韵母主元音相同，应是同源词。盍的古音应在八部即盍部，盖以盍为声，转入月部，中古入泰韵。盖应是盍的分化字，意义上有关系，盍是器皿的盖，盖是艸做的盖。在声母方面，匣见旁纽，韵母方面，盍的盍部－ap 转为盖的月部－at，到中古盖又转为泰韵 ai，入声韵尾消失。后世盍专表"何""何不"义，盖表本义"盖子"，二字就分化为二音二义了。那么盍中的大是否兼表音呢？我们倾向于不表音。盍，金文作釜楚王盦鼎，上部非大小之大，乃像器物的盖子。大徐本："臣铉等曰：大象盖覆之形。"（《说文》105 页）王筠《说文释例》："盖字隶血部，误也。盍当为盖之古文，当入皿部。《说文》每训大为覆。然则盍字乃器中有物形也。下有皿以承之，上有大以覆之，其中之一则所盛之物也。"（《说文释例》328页）徐、王说是，大就是器皿的盖，非表音构件。

（10）截。——《戈部》："截，断也。从戈，雀声。"（昨结切）（《说文》266 页）

段注："昨结切，十五部。按雀声在二部，于古音不合，盖当于双声合韵求之。"（《段注》631 页）

按：截与雀韵部也有关联。截，昨结切，从母屑韵，上古从母月部。雀，即略切，精母药韵，上古精母药部。二字从精旁纽，同为齿音，即段所说的"双声合韵求之"，也就是何九盈所说的同位双声。月部古音，学者一般拟为－at；药部古音，王力《汉语史稿》拟为 auk，李方桂《上古音研究》拟为－akw。月部和药部主元音相同，故月与药在古代某些方言中可偶尔相谐。

（11）今。——《亼部》："今，是时也。从亼从、乁。乁古文及。"（居音切）（《说文》108 页）

段本作："今，是时也。从亼、乁。乁，古文及。"注："会意。乁，逮也。乁亦声。居音切，七部。"（《段注》223 页）

按：今字难解。今，居音切，见母侵韵，上古见母侵部。乁，按《说文》为古文及，其立切，群母缉部，上古群母缉部。今与及见群旁纽，侵缉对转。故段认乁为声符。甲骨文作Ａ铁110.4，金文作Ａ矢令方彝，与"古文及"无涉。《汉语大字典》按："甲、金文像铃有钮有舌之形。"（105 页）但未见用例。有学者认为今是曰的倒写，是呻吟之吟的本字，或认为是闭口不言的噤的本字。

（12）開。——《门部》："開，张也。从门，从开。……閜，古文。"（苦哀切）（《说文》248 页）

段改说解作："从门，开声。"注："按大徐本改为'从门，从开'，以开声之字古不入之咍部也。玉裁谓此字开声，古音当在十二部，读如攘帷之攘，由后人读同閜，而定为苦哀切。"（《段注》588 页）

按：段误。开，古贤切，见母先韵，段氏定为第十二部。段说"（開）古音当在十二部，读如攘帷之攘"，是猜测之词，并无确证。朱骏声《定声》開下注："按，从门，从廾一，一者，关也。小篆与古文不异，笔画整齐之耳，非从开也。"（603 页）朱说是。一像门闩，廾像双手上举，開像双手开门闩。此字整体象形，不能分析为形声。

（13）覝。——《见部》："覝，察视也。从见，𤎡声。"（力盐切）（《说文》177 页）

段改说解作："从见，羑声。"注："羑见火部，从入二为羊之羊为声，非从入一为干也，篆体沿误，今皆正之。"（《段注》407 页）

按：段误。蒋冀骋《说文段注改篆评议》（143 页）不同意段的改篆。现在着重从音理上加以申述。《火部》："𤎡，小热也。从火，干声。《诗》曰：'忧心𤎡𤎡。'"（《说文》127 页）直廉切，上古澄母谈部。段改篆为羑，改说解作："从火，羊声。"为什么段把二字的干都改为羊呢？因为段认为韵不合。干，古寒切，见母寒韵，上古见母元部。羊，如审切，日母寝韵，上古日母侵部。覝，力盐切，来母盐韵，上古来母谈部。段认为𤎡、覝和羊谈侵相谐，故段改干为羊。然而段在没其他材料的佐证的情况下，如此改篆，似嫌武断。因为上古谈（-am）元（-an）因主元音相同，可以通转。如忝、添、悿、菾都是谈部而从元部的天。邯是元部而从谈部的甘。冄，汝盐切，谈部。那（那）从冄声，在《诗经·桑扈》中协翰、宪、难，与元部相谐。

另外，羊字可疑，在《说文解字》中，只有南从羊声。但南字难解。南，甲骨文作 _{铁115.3}，金文作 _{大盂鼎}，似为象形字。唐兰《殷墟文字记》："瓦制之乐器也。"（《集注》1658 页）郭沫若也有其他解释，均不认为是形声字。朱骏声也从段，实误。

（14）吝。——《口部》："吝，恨惜也。从口，文声。《易》曰：'以往吝。'"（良刃切）（《说文》34 页）

段注："按此字盖从口文会意，凡恨惜者多文之以口，非文声也。良刃切，十二部。"（《段注》61 页）

按：段说似非。恨惜与文饰没有关系。吝，良刃切，来母震韵，上古韵部无证，按语音系统，上古可属真部或文部。段定为第十二真部，《王力古汉语字典》定为文部。文，无分切，微母文韵，上古明母文部。上古明母和来母是可以相通的，有学者拟为 ml - 式复辅音，如吝，按李方桂《上古音研究》的语音系统拟音，即为［mljinh］。

（15）坴。——《土部》："坴，土块坴坴也。从土，先声。读若逐。一曰坴梁。"（力竹切）（《说文》286 页）

段改说解作："读若速。"注："大徐本速作逐，误也。坴读如速，与鼀读七宿切意同。"（《段注》684 页）

按：段说非。段氏的改动没有旁证。坴，力竹切，来母三等屋韵，上古来母觉部。逐，直六切，澄母三等屋韵，上古定母觉部。坴与逐觉部叠韵，来定相谐，说"读若逐"，是可以的。速，桑谷切，心母一等屋韵，上古心母屋部。与坴韵部相隔，且洪细不同，怎能说"读若速"？段氏致误的一个原因是他把屋觉合为一部。"鼀读七宿切"为齿音，不一定坴也为齿音。

（16）盟（后作"盟"）。——《囧部》："盟，《周礼》曰：国有疑，则盟，诸侯再相与会，十二岁一盟，北面诏天子之司慎、司命。盟，杀牲歃血，朱盘玉敦，以立牛耳。从囧从血。盟，篆文从朙。盟，古文从明。"（武兵切）（《说文》142 页）

段改篆为上囧下皿，改说解作："从囧，皿声。"注："囧，明也。《左传》所谓昭明于神。""错皿作血，云声字衍。铉因作从血，删声字。今与篆体皆正。按盟与孟皆皿声。……今音武兵切，古音在十部，读如芒，亦举形声包会意，朱盘玉敦，器也，故从皿。"（《段注》315 页）

按：段改篆改说解，武断。蒋冀骋《说文段注改篆评议》不同意段的改篆。段说音理正确，盟与皿都是明母阳部，故段氏定皿为声符。盟的甲骨文作 铁50.1、 甲2363，甲骨文第一形象皿中有血，即"血"字，也可表示歃血为盟，即盟的初文。甲骨文第二形，皿中之血声化为囧。金文有 弘卣、 鲁侯爵、 郏公钟。金文第一形从皿、囧声。而囧的甲骨文作 甲278，像有窗格的窗户形，能透过光亮，即朙之初文。金文第二形，为从血、朙声的形声字。金文第三形为从皿、朙声的形声字，而皿是表示盛血之皿的。说文古文作 ，从血，明声，而明是朙的俗体字。故盟篆不错，应分析为从血、囧声。此说见季旭升《说文新证》554 页。段把囧解为"昭明于神"，作为形符，把皿解为声符，不妥。

（17）㣎。——《彡部》："㣎，细文也。从彡，敫省声。"（莫卜切）（《说文》185 页）

段改说解作："从彡，敫省。"注："细文，文之细者，故字从彡、敫。彡者，文也；敫者，际见之白；际者，壁隙也，璺之细者也。引申为凡精美之称。"（《段注》425 页）

按：段说不可从，铉本"敫省声"也不可从。㣎，莫卜切，《广韵》莫六切，明母屋韵，上古明母觉部。敫，起戟切，溪母陌韵，上古溪母铎部。㣎敫声韵俱不合，故段把形声改为会意。但段的解释很牵强，曲为之说。汉字中，只有穆从㣎，如果㣎是一个有独立音义的字，应该不会只有一个字从之。《禾部》："穆，禾也。从禾，㣎声。"穆，甲骨文作 合7563，金文作 昶鼎，像向日葵，肃穆当是穆字的假借义。穆应该是一个整体象形字，㣎应该就是穆的甲金文的左边形状。穆㣎一字，是一个象形字，不能当会意字或形声字来分析。

（18）牡。——《牛部》："牡，畜父也。从牛，土声。"（莫厚切）（《说文》29 页）

段注："按土声求之叠韵双声皆非是。盖当是从土，取土为水牡之意。或曰，土当作士，士者，夫也。之韵尤韵合音最近，从士则为会意兼形声。莫厚切，古音在三部。"（《段注》50 页）

按：段说"从土"非，说"土当作士"近理。牡，莫厚切，明母厚韵，上古明母幽部；土，他鲁切，透母姥韵，上古透母鱼部。二字声韵俱远，故段说"按土声求之叠韵双声皆非是"。牡，表示雄性动物，甲骨

文作 ⿻牛⼟ 前1.20.5，从牛从⼟。⿻羊⼟ 河263，从羊从⼟。⿻豕⼟ 乙1764，从豕从⼟。⿻鹿⼟ 前7.17.4，从鹿从⼟。⼟明显指雄性动物的生殖器。在篆文中，⼟讹变为士。士一般指男士，可以认为是一个形符。士，鉏里切，崇母止韵，上古从母之部。牡与士幽之相近，但声母相隔太远。我们倾向于认为士只表义，不表声。

（19）莫。——《茻部》："莫，日且冥也。从日在茻中。"（莫故切，又莫各切）（《说文》27页）

段在说解中加"茻亦声"三字。注："此于双声求之。"（《段注》48页）

按：莫是暮的本字，甲骨文作 ⿱⿳屮屮日⿳屮屮 粹682，金文作 ⿱⿳屮屮日⿳屮屮 散氏盘，会日落草间天已傍晚之义，很难说茻兼表音。茻，莫朗切，上古明母阳部。如果非要说"茻亦声"，也非"此于双声求之"，应该是明母双声，鱼阳对转。为什么段没有意识到是对转呢？因为在《六书音均表》中，他以鱼虞模为第五部的本音，主元音分明是一个 u，以阳唐为第十部的本音，主元音分明是一个 a：无法对转。而且段氏对戴震的阴阳对转说也持怀疑态度（见段氏《苔江晋三论韵》）。

（20）農（农）。——《晨部》："農，耕也。从晨，囟声。"（奴冬切）（《说文》60页）

段注："锴曰：'当从凶，乃得声。'玉裁按，此卤声之误。卤者，明也。"（《段注》106页）

按：段说不确。農的声符有三种说法：囟声，凶声，卤声。俱误。農，奴冬切，泥母冬韵，上古泥母冬部。囟，息晋切，心母震韵，上古心母真部。凶，许容切，晓母钟韵，上古晓母东部。卤，楚江切，上古清母东部。農与囟、凶、卤声韵俱不合。段误以卤为声者，因为他合东冬为一部，且不讲究声母。那么，農到底从何为声呢？農的甲骨文作 ⿱⿳屮屮林辰 乙8502，金文作 ⿱農田 田农鼎，⿱農 散氏盘。商承祚《殷墟文字类编》和周法高《金文诂林》对農的解释大意如下：农从辰、臼、田或从辰、臼、林。臼，其形为双手相对，从事劳作之义。辰，即蜃之本字，蜃壳可以作镰割庄稼。田、林同义。農义为手持蜃壳在田林间耕作。（《集注》554页）篆体的囟是田的讹变，农是一个会意字，非形声字。

（21）豈。——《豈部》："还师振旅乐也。一曰：欲也，登也。从

豆，微省声。凡豈之属皆从豈。"（墟喜切）（《说文》102 页）

段改说解作："散省声。"注："豆当作壴省二字，豈为献功之乐。""散各本作微，误。今依铉本散下注语正。墟豨切，十五部。按铉豨作喜，误。"（《段注》207 页）

按：段说不确。说豈从微省声或散省声，就像哭从狱省声、家从豭省声一样突兀，不可信。徐灏《说文解字注笺》："豈即古恺字，《说文》豈恺二篆相接，则恺为豈之重文，而豈之本义为恺乐更可知矣。"（《集注》1000 页）我们认为豈是一个象形字，豆为鼓形，𠃌像鼓上装饰。击鼓，人闻之则乐，后作恺；军队得胜回师，亦击鼓，则为"还师振旅乐也"，后作凯，几表音。豈，《广韵》墟豨（与豨同）切，大徐墟喜切。为什么段以《广韵》改大徐呢？墟豨切，溪母尾韵，上古溪母微部，段氏十五部；墟喜切，溪母止韵，上古溪母之部，段氏第一部。段把豈定为十五部，故以《广韵》改大徐。

（22）身。——《身部》："身，躳也。象人之身，从人，𠂆声。"（失人切）（《说文》170 页）

段改说解作："从人，申省声。"注："大徐作'象人之身，从人，𠂆声'。按此语先后失伦，𠂆古音十六部，非声也。今依《韵会》所据小徐本正。《韵会》从人之上有象人身三字，亦非也。申，籀作𦥛，故从其省为声。失人切，十二部。"（《段注》388 页）

按：段改非。身，失人切，书母真韵，上古书母真部。𠂆，大徐余制切，按语音系统，属上古月部，但因为厎（息移切），从𠂆声，系（胡计切），从𠂆声（按，系实为会意字，不从𠂆声），所以段定𠂆为第十六支部。身与𠂆声韵俱远，故段改为申声，身申同音。但是身的古文是象形字，不从申声。甲骨文作 ⟨𠂤⟩ 合376正，金文作 ⟨𣆇⟩ 献簋，突出了人的躯干形或像人怀孕形。

（23）斯。——《斤部》："斯，析也。从斤，其声。《诗》曰：'斧以斯之。'"（息移切）（《说文》300 页）

段注："其声未闻。斯字《三百篇》及《唐韵》在支部无误，而其声在之部。断非声也。息移切，十六部。"（《说文》717 页）

按：段说"（其）断非声也"不确。斯，息移切，心母支韵，上古心母支部。其，渠之切，群母之韵，上古群母之部。二字声母有齿音心和喉牙音群之别，但喉牙音也可通齿音。二字韵部有之支之别。但由于语音有流变，支脂之是偶尔可以相谐的，正如《诗经》中第十六支部、第十五脂部、第一之部偶尔可以相押。如《桑柔》疑（之）韵资（脂）、维（微部）、阶（脂）（国步蔑资，天不我将。靡所止疑，云徂何往？君子实维，秉心无竞。谁生厉阶，至今为梗），《云汉》纪、宰、右、止（以上诸字为之部）韵氏（支）（旱既大甚，散无友纪。鞫哉庶正，疚哉冢宰。趣马师氏，膳夫左右。靡人不周，无不能止。瞻昂昊天，云如何里），《文王有声》淢（职）韵匹（质）（筑城伊淢，作丰伊匹），《十月之交》士、宰、史（以上诸字为之部）韵氏（支部）（皇父卿士，番维司徒。家伯维宰，仲允膳夫。棸子内史，蹶维趣马。楀维师氏，醯妻煽方处），《载芟》济、醴、妣、礼（以上诸字为脂部）韵积（锡）（载获济济，有实其积，万亿及秭。为酒为醴，烝畀祖妣，以洽百礼）。

（24）習。——《習部》：“習，数飞也。从羽从白（按，白音疾二切，同自，非黑白之白）。凡習之属皆从習。”（似入切）（《说文》74页）

段改说解作：“从羽，白声。”注：“按此合韵也。《又部》彗，古文作習，亦是从習声合韵。似入切，七部。”（《段注》138页）

按：段说非。習，似入切，邪母缉韵，上古邪母缉部。白，疾二切，从母至韵，上古从母质部。韵部不谐。声母方面，精清从相谐，但与邪几乎不相谐，邪通舌音。甲骨文作 习甲920。从日，非从自。郭沫若《卜辞通纂考释》：“此字分明从羽，从日，盖谓禽鸟于晴日学飞。许之误在讹日为白。”（《集注》458页）

（25）戲。——《戈部》：“戲，三军之偏也。一曰兵也。从戈，虘声。”（香义切）（266页）

段注：“香义切。古音盖在十七部，读如摩。虘，从豆从虍。鬳，从鬲从虍。虍皆谓器之饰，非声也。”（《段注》630页）

按：段对虘和鬳的结构说解前后不一。《虘部》：“虘，古陶器也。从豆，虍声。”段注：“许羁切。按虍声当在五部，而虘戲转入十六部十七部，合音之理也。”（《段注》209页）《鬲部》：“鬳，鬲属。从鬲，虍声。”段注：“牛建切，十四部。……歌元古通，鱼歌古又通，虍声即鱼歌之合也。”（《段注》111页）

段说"（戲）古音盖在十七部"，他不敢肯定是十七部；"而戲转入十六部十七部"，他在十六部、十七部之间徘徊。戲应该在十七歌部。戲，香义切，支韵系，支韵系可由上古的歌部转来。戲可通歌部字。"伏羲"也作"伏戲"，而羲是歌部。如《荀子·成相》："基必施，辨贤罢，文武之道同伏戲。"戲又通麾，解为大将之旗，麾是歌部。如《史记·淮阴侯列传》："不至十日，而两将之头可致于戲下。"故可肯定戲是歌部，其声符虘也应是歌部。虘是会意字还是形声字，段氏前后是矛盾的。

"虍声即鱼歌之合也"，段氏认为虍是声符；"虘，从豆从虍。膚，从㐭从虍"，这儿段氏又认为虘、膚为会意字。我们认为是形声字。虍为鱼部。膚从虍声，元鱼互谐；虘从虍声，歌鱼互谐。鱼铎阳和歌月元是可以通转的。我们可以拿同源词证明。吾与我都是第一人称代词。吾，五乎切，上古疑母鱼部；我，五可切，上古疑母歌部。二者同源，疑母双声，鱼歌通转。徒和但都可解为"仅仅，但"（我们从词义的角度讲）。徒，同都切，上古定母鱼部；但，徒旱切，上古定母元部。二者同源，定母双声，鱼元通转。莫和晚都可解为日暮。莫，慕各切，上古明母铎部；晚，无远切，上古明母元部。二者同源，明母双声，铎元通转。彊和健都解为身体健壮。彊，巨良切，上古群母阳部；健，渠建切，上古群母元部。二者同源，群母双声，阳元通转。所以一般古音学家把鱼铎阳、歌月元的主元音拟为 a。

（26）劦。——《劦部》："劦，同力也。从三力。……"（胡颊切）（《说文》293 页）

段注："会意，胡颊切。按此字本音戾，力制切。十五部。浅人妄谓与恊勰协同音，而不知三字皆以劦会意，非以形声也。惟不以劦为声，故三字皆在八部，而劦声之荔珕则皆力制切。在十五部。"（《段注》701 页）

按：段说误。劦原非"音戾，力制切"。劦、恊、勰、协（协的重文为叶）均胡颊切，匣母帖韵。三力协同为劦，心思协同为恊、勰，众人协同为协，劦、恊、勰、协实为一词，劦为初文，恊、勰、协为后起分化字，恊、勰、协以劦为义，也以劦为声，故四字上古均为第八部，即盍部。段的解释只从字的观点看问题，没有从词的观点、语言的观点看问题。"劦声之荔珕则皆力制切"，查荔珕大徐与《广韵》音均为郎计切，来母霁韵，上古应是月部。契、蓟、蝃中古为霁韵，上古也都是月部。但荔珕从劦声如何解释呢？上古盍月可相谐，缉物可相谐。如盖是月部，而所之从盍是盍部。讷是物部，纳是缉部。贳是月部，叶是盍部。位是物部，立是缉部。从语言发展的观点看，月物是从盍缉转化来的。

（27）杏。——《木部》："杏，果也。从木，可省声。"（何梗切）（《说文》114 页）

段改说解作："从木，向省声。"注："向各本作可，误。今正。苍以杏为声，亦作荇，从行声，则知杏苍字古皆在十部也。今何梗切。《六书故》云：'唐本曰：从木从口。'"（《段注》239 页）

按：段说武断。他认为杏是第十阳部。苍以杏为声，苍又作荇，荇又从行声，行是阳部，故杏是阳部。向，上古晓母阳部，与杏晓匣旁纽，阳部叠韵，故段认杏为向省声。但段的说法没有旁证，似乎犯了一个他所批评的错误。他在哭字下注："按许书言省声，多有可疑者。取一偏旁，不载全字，指为某字之省。若家之为豭省，哭之从狱省，皆不可信。"（《段注》63 页）杏的甲骨文作𣏟林2.19.11，俞樾《儿笘录》："此字实非形声字，与某（按，即梅之初文）字同意。某篆重文𣏟曰古文某从口。今按某篆下盖夺杲篆，许书原文当先出重文杲，曰古文某，从口，再出重文𣏟曰籀文。某为木果之名，人所常食者，故从木从口会意。杏与某正同类之物，故古之造文者并从木从口会意。"（《集注》1131 页）杏应为会意字，从木从口，为入口甘甜之物。

（28）秀。——《禾部》："秀，上讳。"（息救切）（《说文》144 页）

段改篆为秂，注："当补之曰：不荣而实曰秀，从禾人。……从禾人者，人者米也。出于稃谓之米，结于稃内谓之人。"（《段注》320 页）

按：段改非。秂乃年字，年，甲骨文作𠂤，人肩上扛禾，示丰收之义。蒋冀骋《说文段注改篆评议》（139 页）认为秀从禾乃声，乃，上古泥母之部，秀上古心母幽部，之幽相通，泥心相通。论之甚详，可备一说。

另一说认为秀是一个象形字，上从禾，下像禾穗葳蕤之形。《王力古汉语字典》秀的第一个义项就是："谷类作物抽穗开花。"沙从心《释秀》："《论语》云，苗而不秀，秀而不实。则秀与实固有辨矣。秀与采

（按，即穗）义相成。采下云禾成秀也，是在既秀之后也。秀下当云禾吐采也，是在未成采之先也。乃象其须虆蕤蕤之形。秀下之乃即朵上之乃。朵在上而秀在下者，亦犹呆（按，即某，梅的初文）以口象梅形而口在木上，杏以口象杏形而口在木下。既非全体象形，固不嫌上下颠倒。杏非在木之根而可作杏，故秀非在木之根而亦可作秀也。"（《集注》1463 页）

睡虎地秦简日乙 13 作秀，日甲 32 作秀，从禾从引，有学者认为是禾苗引出之义，即稻禾开花，详见《说文新证》上册 572 页。后引讹为弓，弓讹为乃。

（29）褎（即袖）。——《衣部》："褎，袂也。从衣，采声。袖，俗褎从由。"（似又切）（《说文》171 页）

段注："声（按，采声之声）盖衍字，采非声，衣之有褎犹禾之有采，故曰从衣采。似又切，三部。"（《段注》392 页）

按：段因为褎与采韵不合，在没有其他旁证的情况下，改形声为会意，似嫌武断；把禾的穗子比作人的袖子，也嫌不伦。《禾部》："采，禾成秀也，人所以收。从爪禾。穗，采或从禾惠声。"（《说文》144 页）我们认为采为声符。采，徐醉切，上古邪母物部；褎，似又切，上古邪母幽部，二字双声，韵部主元音，王力《汉语史稿》和李方桂《上古音研究》都拟为ə，故可以通转。微物文和幽觉可以通转，因为主元音相同或相近。《书·五子之歌》："百姓仇予，予将畴依？"畴解为谁。《后汉书·张衡传》："畴可与乎比伉？"李贤注："畴，谁也。"畴，幽部；谁，微部。幽微通转。文部和幽部也可通转。例如：

弴（文部）（按，"画弓也"）与彫（幽部）（按，"琢文也"）同源；

敦（文部）（按，"雕也"）与雕（幽部）（按，"敦也"）同源；

醇（文部）（按，"不浇酒也"）和酎（幽部）（按，"三重醇酒也"）同源；

钝（文部）（按，"錭也"）和錭（幽部）（按，"钝也"）同源。

以上四组同源词都是文幽相转。

（30）需。——《雨部》："需，须也。遇雨不进止须也。从雨，而声。《易》曰：'云上于天，需。'"（相俞切）（《说文》242 页）

段改说解作："从雨而。"注："遇雨不进，说从雨之意。而者，须之意。此字为会意。各本作而声者，非也。《公羊传》曰：'而者何？难

也。'《谷梁传》曰：'而，缓辞也。'而为迟缓之辞，故从而。而训须，须通鑐，从而犹从鑐也。"（《段注》574 页）

按：段改似是而非。需，相俞切，心母虞韵，上古心母侯部。而，如之切，上古日母之部。段认为二字声韵俱不合，故不认而是声符。但解释为会意字，也有问题。《而部》："而，颊毛也。象毛之形。"如段所说，而训须。但"而训须，须通鑐"，推出"从而犹从鑐"不合逻辑。而训须，是同义词训释，二字声韵不同；须通鑐，是同音假借。怎么能够得出"从而犹从鑐"呢？而和鑐既不是同音假借，也不是同义互训。如果说而作声符，也不很惬人意。需，心母；而，日母，上古近泥。泥心是可以相通的，但韵部之侯不相谐，《诗经》无例。需，金文作 <ruby>需</ruby>孟簋，上为雨，但下面分明是一个正面站立两臂两脚张开的人形，不是而，而，金文作 <ruby>而</ruby>子禾子釜。需似可解释为雨淋湿人，是濡的本字。

（31）冶。——《仌部》："冶，销也。从仌，台声。"（羊者切）（《说文》240 页）

段注："声（按，台声之声）盖衍。台者，悦也。仌台悦而化，会意。冶今音羊者切。古音读如与，在五部。或曰台双声也，故以为声。"（《段注》571 页）

按：段殆误。台是怡的本字，喜悦之义。段认为冶是会意字，说仌（即冰）化为水很高兴。这样的解释不足服人。段似乎也认为不妥，故又说"或曰台双声也，故以为声"。冶，羊者切，以母马韵，上古以母鱼部。台，与之切，以母之韵，上古以母之部。冶和台双声，但韵部有隔，故段如此说。但我们认为冶的声符就是台，之鱼在《诗经》中偶然可以押韵，在文字上就可以偶然互谐。段的《六书音均表·诗经韵分十七部表》母下注："本音在第一部，《诗·蝃蝀》以韵雨，此合韵也。"母在之部，雨在鱼部。在谋下注："本音在第一部，《诗·巷伯》以韵者、虎字。"谋是之部，者、虎在鱼部。在膴下注："本音在第五部，《小旻》以韵谋，《绵》以韵饴、谋、龟、时、兹，古合韵也。"膴是鱼部，饴、谋、龟、时、兹是之部。诗歌合韵和文字互谐是一个道理。冶和台双声，之鱼相谐，台应该是冶的声符。

《说文新证下册》收有很多金文字体，摘录两种如下： <ruby>冶</ruby>战·魏·二年宁盘， <ruby>冶</ruby>战·魏·十二年邦司寇戈，"'冶'字主要偏旁有 ▓（鉼）、火、刀、口，以火销

❸，镕铸金器（以刀代表器，刀也有声符的功能），口形则似为饰符。以上四偏旁任意组合，至少留其二。'刀'旁或讹为'丩'旁，或以'斤'旁替代（亦以表示铸成之用器）。秦汉文字保留❸，'刀'旁则渐渐讹变为'厶'形，与'口'形结合，《说文》遂以为从'台'声。从'台'声可视为声化。"（155页）

（32）也。——《乁部》："也，女阴也。象形。……"（羊者切）（《说文》265页）

段注："从乁，象形。乁亦声。"注："按小徐有乁声二字，无从乁二字。……从乁者，流也；乁亦声，故其字在十六十七部之间也。"（《段注》627页）

按：段说"乁亦声"，非。也，羊者切，以母马韵，上古以母，十七歌部。乁，弋支切，段说："在十七部，亦用于十六部也。"（《段注》627页）故段定乁为也的声符，而且段也认为也解为女阴。也的本义有两种解释。《徐笺》："戴氏侗曰，🔲，沃盥器也，有流以注水，象形。借为词助，词助之用多，故正义为所夺，而加匚为匜，也匜盖古今字。"（《集注》2665页）也为象形字，非形声字。

《说文新证下册》收录多个古文字体，现摘录两种：🔲沈子它簋，🔲楚·书也缶，解释道："容庚以为：'它与也为一字，形状相似，误析为二，后人别构音读，然从也之迆、驰、阤、施等字，仍读它音；而沱字今经典皆作池，可证。徐铉曰："沱沼之沱，今别作池。"非是，盖不知也即它也。《说文》："也，女阴也。"望文生训，形意俱乖，昔人盖尝疑之。'所言甚是，唯谓误析为二，恐非。盖语词也难以造字，其初当即假借它字为之，战国以后字形渐分，音读亦随之小变，也（喻/歌）、它（透/歌）二字韵同声近。"（193页）

（33）懿（🔲，篆文从壹、欠和心）。——《壹部》："懿，专久而美也。从壹，从恣省声（按，隶变从恣不省）。"（乙冀切）（《说文》214页）

段注："从恣省声四字，盖或浅人所改窜，当作从心从欠，壹亦声。从心从欠，所谓持其志，无暴其气，美在其中而畅于四支也。壹亦声者，《国语》卫武公作《懿戒》以自儆，韦注懿读曰抑，《大雅》之《抑》诗也。……古懿抑同用，懿抑壹三字同音，可证。古音读如一，十二部。

今乙冀切。"（《段注》496 页）

按：段说似非确论。懿，乙冀切，影母至韵，上古影母质部。抑，於力切，影母职韵，但《诗经》中多次出现，全押质韵，上古是影母质部。壹，於悉切，影母质韵，上古影母质部。懿抑壹三字确实同音或音很近，所以段氏认为壹是声符。可是段没有任何旁证材料，全凭音理，改变字的结构，似涉武断。段说"从心从欠，所谓持其志，无暴其气"，乃《孟子》语，不足为据。要说恣为声符，也有问题。恣，资四切，精母至韵，与懿叠韵，但声母方面，精影不谐。也许懿另当别解。金文作 䤮 穆父作姜懿母鼎，乃会意字，从壶从欠，像人张口饮壶中之酒。又作 䤮 师鼎，从壶从欠从心，会饮酒畅快之义。故是一个会意字，非形声字。后壶讹变为壹，即为篆文 䤮，楷体欠变为次，即为"懿"。

（34）肊。——《肉部》："肊，胸骨也。从肉，乙声。臆，肊或从意。"（於力切）（《说文》87 页）

段改说解作："从肉乙。"注："各本作乙声，今按声字浅人所增也。胸臆字古今音皆在职德韵，乙字古今音皆在质栉韵。是则作臆者形声，作肊者会意也。从乙者，兒其骨也。鱼骨亦有名乙者。於力切，一部。"（《段注》169 页）

按：段说甚辩，但恐非是。臆，於力切，影母职韵，上古影母职部。乙，聿笔切，影母质韵，上古影母质部。二字双声，韵部职质是可以相转的。因为 -p、-t、-k 都是破裂音辅音韵尾，发音方法一样，部位不一样。在语音发展过程中，发音部位可以转化。抑在《诗经》中押质韵，到中古转为职韵。溢从益声，上古是锡部，中古读夷质切，是质韵。即是职韵，但从即的节是质韵。匿是职韵，但暱是质韵。所以我们认为肊应是一个形声字。段说"胸臆字古今音皆在职德韵，乙字古今音皆在质栉韵"，是缺乏语音发展的历史观点。说乙像骨，是疆为之辞。"鱼骨亦有名乙者"，是说鱼骨音乙，并没有说鱼骨像乙。

（35）疑（疑）。——《子部》："疑，惑也。从子止匕，矢声。"（语其切）（《说文》310 页）

段注："此六字有误。匕矢皆在十五部，非声，疑止皆在一部，止可为疑声。"（《段注》743 页）

按：许慎释形与段说解皆误。疑，语其切，疑母之韵，上古疑母之部。"矢声"的矢，式视切，书母旨韵，上古书母脂部。段严分脂支之，而且声母相隔甚远，所以段不认为疑从矢声，而认为是从止声。止，止而切，上古章母之部，与疑同韵部。但疑的古文不从止声。疑，甲骨文作 𤶅 郭初下.39.3，𧾷 京都2540，为人手持拐杖抬头徘徊犹疑之义。甲骨文又作 𤺺 前7.19.1，加彳，彳为行之左半，表示道路。会人在路上徘徊犹疑之义。金文作 𤯒 齐史疑且辛觯，𤸃 伯疑父簠盖，彳变为辵，为行走之义。从牛。牛，语求切，上古疑母之部，与疑声韵俱合，故牛为声符无疑。篆文𤸼即系金文之讹变。此说见郭沫若《卜辞通纂》。

（36）允。——《儿部》："允，信也，从儿，㠯声。"（余准切）（《说文》176页）

段改说解作："从㠯儿。"注："大徐作'从儿，㠯声'。㠯非声也，今依《韵会》所据小徐本。㠯，用也，任贤勿贰是曰允，此会意字，余准切，十三部。"（《段注》405页）

按：段会意之旨太牵强。甲骨文作 𠂤 后上三一·六，金文作 𠂤 班簋，应该是象形字，但所像为何，说法不一。有人以为像人回顾形，有人以为像人点首允答形，有人以为像人低头诚敬形，没有确论。应为声符。石鼓文作𠂤，金文作𠂤，上部从㠯，即"以"字，应该是声化符号。以，羊己切，以母止韵，上古以母之部。允，余准切，以母准韵，上古以母文部。允㠯以母双声，文之通转。微物文、之职蒸的主元音依王力、李方桂的拟音，都为ə，故可通转。类似的例子有存（从才声，文部）和才（之部）文之通转，圣（苦骨切，物部）和怪（职部）物职相通转。

（37）孕。——《子部》："孕，怀子也。从子，从几。"（以证切）（《说文》310页）

段改说解作："从子，乃声。"注："乃声二字各本作从几。误。今正。《艸部》芿字、人部仍字皆乃声。……以证切，六部。"（《段注》742页）

按：段改说解非。对于从几，徐锴《系传》："几音殊。艸木之实垂，亦取象于几，朵字是也。人裹妊似之也。"（58页）附会之谈，不可信，故段改为乃声。孕，以证切，以母证韵，上古以母蒸部。乃，奴亥切，泥母亥韵，上古泥母之部。乃与孕之蒸对转，类似例子有乃（之部）与仍（蒸），寺（之部）与等（蒸），疑（之）与凝（蒸）等。但与古文字材料不符。孕的甲骨文作_{佚五八六}，商承祚《殷契佚存》："唐氏（指唐兰）谓当孕之本字，象子在腹中也。"（《今释》2129 页）孕是一个会意字，在篆文中，怀孕之形讹变为乃。

（38）贼（賊）。——《戈部》："贼，败也。从戈，则声。"（昨则切）（《说文》266 页）

段注："此云'则声'，《贝部》又云败贼皆从贝会意。据从贝会意之云，则贼字为用戈若刀毁贝，会意而非形声也。说稍有不同。以周公誓命言，则用戈毁则，正合会意。昨则切，一部。今字从戎作贼。"（《段注》630 页）

按：据段注，贼有三种解释：形声字，从戈，则声；会意字，从戈或刀毁贝；会意，从戈毁则。从戎作贼是隶变之字。我们倾向认为是形声字。解为"用戈若刀毁贝"，同时用同义的刀和戈作会意构件，没有必要。则，子德切，精母德韵，上古精母职部。贼，昨则切，从母德韵，上古从母职部。二字同部，精从旁纽。则作声符，符合音理。贼，金文作_{散氏盘}，则，金文作_{史墙盘}，贼和则都从鼎，不从贝。

（39）鸷。——《鸟部》："鸷，击杀鸟也。从鸟，执声。"（脂利切）（《说文》155 页）

段改说解作："从鸟从执。"注："各本作'从鸟，执声'。非也。许说会意，郑说形声，皆可以知此字之非执声也。不曰从执鸟而曰从鸟从执者，恶其以鸟杀鸟，伤其类，切容所杀不独鸟也。杀鸟必先攫搏之，故从执。《小正》传曰：'韦杀，故言挚。'然则挚者，执也。脂利切，古音在十二部。"（《段注》155 页）

按：段说执非声符，不确。挚应该是一个亦声字，从执从鸟，执亦声。执是执拿之义，鸷是"攫搏"之鸟，二者实同源。王筠《说文句读》："《广雅》：鸷，执也，谓能执服众鸟也。"[1] 段不认为执为声符，主要是从古音角度即韵部不同来考虑的。鸷，脂利切，章母至韵，上古章母质部。执，之入切，章母缉韵，上古章母缉部。虽章母双声，但质缉不谐。段的认识片面。－p 韵尾的入声字到中古可转为去声字。如纳（合

---

① 王筠：《说文句读》，上海古籍书店 1983 年版，第 41 页。

韵）和内（队韵），盍（盍韵）和盖（泰韵），立（缉韵）和位（至韵），枼（叶韵）和世（祭韵）。立（缉韵）和位（至韵）与执（缉韵）和鸷（至韵）最有可比性。

（40）逐。——《辵部》："逐，追也。从辵从豚省。"（直六切）（《说文》41 页）

段改说解作："从辵，豕省声。"注："按铉本作'从豚省'，锴本、《韵会》作'豕省'，二字正豕省声三字之误也。直六切，三部。"（《段注》74 页）

按：段改误。逐实为会意字。逐，甲骨文作䝅前三·三二·二，金文作㣛逐簋。罗振玉《增订殷墟书契考释》："此或从豕，或从犬，或从兔；从止（按，篆体从辵，从止与从辵同）。象兽走圹而人追之，故不限何兽。许云'从豚省'，失之矣。"（《今释》257 页）从古音分析，逐，直六切，澄母屋韵，上古定母觉部，段的三部。豕，丑玉切，彻母烛韵，上古透母屋部，段的三部。段认为二字定透旁纽，同属三部，故认逐的声符是豕。但二字实有屋觉之分，由于段合屋觉为一，故有此误。且古文字从豕不从豕。

（41）狄。——《犬部》："狄，赤狄，本犬种。狄之为言淫辟也。从犬，亦省声。"（徒历切）（205 页）

段注："按亦当作束。李阳冰云，蔡中郎以豊同丰，李丞相持束作亦。所谓持束作亦者，指迹狄二字言，迹，籀文作速，狄之籀文亦必作（左犬右束）。"（《段注》476 页）

按：段认为是束省声，无据。他认为亦非声。狄，徒历切，定母锡韵，上古定母锡部。束，七赐切，清母寘韵，上古清母锡部。亦，羊益切，以母昔韵，上古以母铎部。段认为狄亦锡铎不合，而狄束锡部叠韵，所以他认狄为束声。迹的籀文确实作速（速与束精清旁纽，锡部叠韵），但"狄之籀文亦必作（左犬右束）"，是猜测之词。现在所发现的甲金、简帛文字，狄没有从束的。狄的金文字体是䨒墙盘，㣇狄钟，鈇曾伯簠。都是从犬从火。张世超等著《金文形义通解》① 认为从犬，赤省声，鈇文郝的声

---

① 张世超、孙凌安、金国泰、马如森：《金文形义通解》，日本京都市中文出版社 1996 年版，第 2411 页。

符亦省为火。赤和狄上古声母都为舌音，叠韵。此可备一说。

（42）尒（同"尔"）。——《八部》："尒，词之必然也。从入丨八；八象气之分散。"（儿氏切）（《说文》28页）

段本作："从一八，八象气之分散。入声。"注："今本无此二字（按，指'入声'），上文从入丨八，此依《韵会》所引小徐本订正。入声在七部，而尒在十五、十六部间者，于双声求之也。"（《段注》48页）

按：段改可疑。尒，儿氏切，日母纸韵，它的上古韵部，按语音系统从中古往上古推，属第十六支部，按《诗经》押韵，属第十五脂部。故段说"尒在十五、十六部间"。入，人执切，日母缉韵，上古缉部。二字韵部相隔甚远，而声母相同，故段说"于双声求之也"。段对很多主谐字与被谐字声通韵不通者，往往以"以双声合韵"或"于双声求之也"解释，但这个说法似乎没有被当代大多数语言学家认同。而且尒的结构不是很明朗，金文作 [中山王鼎]，其结构、本义如何，尚需研究，但可以肯定不从入声。

（43）告。——《告部》："告，牛触人，角箸横木，所以告人也。从口，从牛。《易》曰：'僮牛之告。'凡告之属皆从告。"（古奥切）（《说文》30页）

段注："如许说则告即福衡也。于牛之角寓人之口为会意，然牛与人口非一体，牛口为文，未见告义，且字形中无木，则告意未显，且如所云是未尝用口，是告可不用口也，何以为一切告字见义哉。愚谓此许因童牛之告而曲为之说，非字义，故木部福下不与此为转注。此字当入口部，从口，牛声。牛可入声读玉也。《广韵》：'告上曰告，发下曰诰。'古沃切，三部，音转古到切。"（《段注》53页）

按：段氏谓"从口，牛声"，但告字难解。告，故奥切，见母号韵，上古见母觉部（告谐声通入，如梏，古沃切，又古岳切。又告也可读入声古沃切）。牛，语求切，疑母尤韵，上古疑母之部。玉，鱼欲切，疑母烛韵，上古疑母屋部。段说"牛可入声读玉"，没有押韵和谐声根据。告与牛，见疑旁纽，觉之合韵，但相隔似嫌稍远。有学者对告的会意之旨另有解释。《金文诂林》："高田忠周曰，告字本义，当为祭告，祭必献牛羊，又必具册词，《论语》告朔之饩羊可证，告字从牛从口，会意之恉甚显然矣；告诰古今字，……又《释诂》诰，告也，以正字释异文也；《史记·殷本纪》帝诰，《书序》则作帝告，亦当证告诰同字矣。”（《集注》238页）据此，告是用牛祭神祝告之义，是会意字。或以为告是把舌的中间一竖向上突出，以表示言告之义。

（44）戟（后作戟）。——《戈部》：“戟，有枝兵也。从戈倝。《周礼》：‘戟长丈六尺。’读若棘。”（臣铉等曰：“倝非声。义当从榦省。榦，枝也。”纪逆切）（《说文》266页）锴本“从戈倝”作“从戈，倝声”。（《繫传》247页）

段改说解作：“从戈，榦省。”删去“读若棘”。注：“从榦犹从弋，谓柲长丈有六尺也。从戈者，其器，戈之属也。纪逆切。按大徐有读若棘三字，非也。《释名》：‘戟，格也，傍有枝格也。’古音《秦风》与泽、作为韵，古音在五部。读如脚。”（《段注》629页）

按：段说有理，但“读若棘”并不错。小徐本定戟为形声，段定为从戈榦会意，戈表戟之类别，榦，树榦，以喻戟之柄，段说有理，似可从。但倝为声符，也有可说。倝，古案切，见母翰韵，上古见母元部。戟，纪逆切，见母陌韵，上古见母铎部。二字见母双声，元铎通转。歌月元和鱼铎阳由于主元音相同，可以通转。倝作声符，未为不可。又段删去“读若棘”，武断。棘，纪力切，见母职韵，上古见母职部。戟是见母铎部。二字双声，职铎虽不同韵部，但都收－k，是可以旁转的。例如，若是铎部，匿是职部。王筠《说文句读》：“读若棘，所以关假借也。《明堂位》‘越棘大弓’，《左隐·十一年传》‘子都拔棘以逐之’，注并训棘为戟。”（《说文句读》135页）春秋晚期鼎侯吴戈作，从各声，各和戟上古都是见母铎部。战国平阿左戟的戟作，从丯声，丯，古介切，上古见母月部，与戟双声，月铎通转。

（45）帥。——《巾部》：“帥，佩巾也。从巾、𠂤。帨，帥或从兑，又音税。”（所律切）（《说文》158页）

段改说解作：“从巾，𠂤声。”注：“声（按，𠂤声之声）字大徐夺，所律切，十五部。”（《段注》357页）

按：段说不确。段说的音理根据是，帥，所律切，生母术韵，上古齿音心母物部。帥所从之𠂤，即堆的本字，都回切，端母灰韵，上古舌音端母微部。韵部微物对转。声母舌齿偶尔也可相谐。但“帥”的字形有讹变。甲骨文作無想241，金文作五祀卫鼎，师虎簋。季旭升《说文新证上

册》：（甲骨文）其字从二爪持丨（巾的象形。高鸿缙《中国字例》二篇244 页）。金文加意符"巾"，强化佩巾的意义，变作从巾、𠂤声的形声字。大徐本《说文》谓"从巾自"，段注已指明其误。但段注以为"从巾，自声"，则又不知"自"本为𠂤之讹。金文"𠂤"旁已逐渐讹变，秦汉以后讹同"自""阝"。（620—621 页）

（46）窔。——《穴部》："窔，空大也。从穴，乙声。"（乌黠切）（《说文》152 页）

段注："按此篆当是从乙鸟之乙，非甲乙也。"（《段注》345 页）

按：段说非确诂。窔为乌黠切，影母黠韵，上古影母月部。乙鸟之乙，乌黠切，与燕为同源词，与燕（於甸切，上古影母元部）影母双声，阳入相转，乙上古是影母月部。甲乙之乙，於笔切，影母质韵，上古影母质部。乙与窔影母双声，质月同为以 t 为韵尾的入声韵，可以相谐，乙也有资格作窔的声符。乙与乙字形近易混，到底窔从乙还是从乙，现在已经难以判明。段氏在没有确实的证据下改篆，有失审慎。

（47）威。——《女部》："威，姑也。从女，从戌。《汉律》曰：'妇告威姑。'"（徐锴曰：土盛于戌，土，阴之主也。故从戌，於非切。）（《说文》259 页）

段改说解作："从女，戌声。"注："按徐铉本作戌声，而复以会意释之。於非切，十五部。"（《段注》615 页）

按：徐锴之说无稽。威解作姑，典籍不见用例。罗汝怀《说威》："威下当作威姑也，而后引《汉律》威姑以证之。若威即谓姑，则威姑不成重文乎？威姑者犹严父之谓。妇之畏姑如子之畏父，故威之为义专属于姑，而引申为凡有畏之称。而《广雅·释亲》姑谓之威者，则殆其时有此省文之称，犹今之称父为家严。"（《集注》2608 页）此说可谓精当。威的本义应该是威力、威严。《左传·襄公三十一年》："有威而可畏谓之威。"《释名·释言语》："威，畏也，可畏惧也。"威，金文作𫕷叔向簠、𫕷虢叔旅钟。《文源》："戌非声，威当与畏同字（王孙锺威仪作畏仪），𫕷戌，象戈戮人女见之，女畏慑之象。"（《集注》2608 页）此说有理。故威是会意字，非形声字。

（48）壻。——《女部》："壻，夫也，从士，胥声。《诗》曰：'女也不爽，士贰其行。'士者，夫也。读与细同。婿，或从女。"（苏计切）

（《说文》14 页）

段改说解作："从士胥。"注："铉本有声（按，胥声之声）字，误。《周礼注》《诗笺》皆曰：'有才知之称。'又曰：'胥读如谞。'谓其有才知为什长。《说文·言部》曰：'谞，知也。'然则从胥者，从谞之省。"（《段注》20 页）

按：段改形声为会意，误。许慎解为"从士，胥声"，正确。胥，相居切，心母鱼韵，上古心母鱼部。壻，苏计切，心母霁韵，上古韵部，没有韵文可以验证，但朱骏声不从段氏，仍把壻归入豫部，即鱼部。《王力古汉语字典》也定为鱼部。故壻与胥双声叠韵。

（49）㹜。——《犬部》："㹜，犬张龂怒也。从犬，来声，读又若银。"（鱼仅切）（《说文》205 页）

段注："此从犬来会意，声字衍。当删。"（《段注》475 页）

按：段把形声改为会意，似不妥。犬来很难会"犬张龂怒"之义。许慎说"从犬，来声，读又若银"，明明是说此字当时有两个音，一个是"来声"，另一个是"若银"。后世制韵书者，根据"读又若银"定为鱼仅切，疑母震韵。而来是落哀切，来母咍韵，与"鱼仅切"声韵俱不合，故段疑来不是声符。我们试从音韵上分析一下。一字两读，两读之间一般相近或有音转关系。"来声"和"读又若银"也应该有相近或音转关系。来为来母，㹜为疑母，根据今人研究，来母 l 在五音中与喉牙音最通，还有学者拟为 ŋL－式复辅音。㹜的古韵部在韵文中无证，中古为震韵，故段、朱、《王力古汉语字典》都定为真部。但中古的真韵系分属上古的真文二部，如"巾银吝辰晨忍蜃震振刃邻彬贫旻"在上古都是文部，中古都入真韵系。根据许慎的释语，㹜与龂可能同源，而龂是文部。所以我们可定㹜是文部。来是之部，之部和文部因为主元音相同（高本汉、王力、李方桂、白一平都定为 ə），可以通转。类似的例子有才（之部）和存（文部）、怪（职部）和圣（物部）。所以，来应该可作㹜的声符。

与之相似的例子有敏，敏的声符每，上古之部，但敏为真韵，之部可以转为中古的真韵。

（50）牖。——《片部》："牖，穿壁以木为交窻也。从片、户、甫。谭常以为甫上日也，非户也，牖所以见日。"（与久切）（《说文》143 页）

段改说解作："从片、户，甫声。"注："盖用合韵为声也。与久切，

三部。"（《段注》318 页）

按：段作"甫声"，是从徐锴本。甫作会意构件，不好解释。作声符，不合。牖，与久切，以母有韵，上古以母幽部。甫，方矩切，非母麌韵，上古帮母鱼部。声母以帮不谐，韵部鱼幽不谐。可另作解释。牖，竹简作 秦·睡·日书153，西汉·老甲20，西汉·阳甲45，西汉·老甲226，西汉·稽158，西汉周21。

季旭升《说文新证上册》：甲骨文、金文未见"牖"字。《睡虎地秦墓竹简》"牖"字从"片"、从"日"，会木壁透日光之处之意。其下似从"甫"，但西汉《马王堆汉墓》"牖"字五见，右下都从"用"，当为"用"声。用，余颂切，上古音属东部合口三等，声属喻四；牖，上古音属幽部开口三等，幽部为冬部阴声，与东部韵近，"用""牖"二字声同韵近。……秦文字及《说文》小篆右下从"甫"，当属形近而讹。《说文》引谭长说"甫上日也，非户也"，是对的，小篆从"户"为讹形。（567—568 页）

（51）敕。——《攴部》："敕，诚也。臿地曰敕。从攴，束声。"（耻力切）（《说文》68 页）

段改为："从攴束。"注："各本有声（按，束声之声）字，误，今删。攴而收束之，二义皆于此会意。非束声也。耻力切，一部。"（《段注》123 页）

按：段改有误。敕，耻力切，彻母职韵，上古透母职部；束，书玉切，书母烛韵，上古书母屋部。二字韵部不谐，故段改形声为会意。秦公簋铭文作𢾭，从攴从朿，构形初义不明。或认为朿是声符（朿是熏的省体，古韵属文部，敕属职部，之职蒸与微物文类通转）。朿或作束（秦公镈），与小篆形同。

（52）繀。——《糸部》："繀，马髦饰也。从糸，每声。《春秋传》曰：'可以称旌繀乎？'"（附袁切）（《说文》276 页）

段改说解作："从糸每。"注："各本下有声（按，每声之声）字，非也。今删。每者，艸盛上出，故从糸每会意也。……附袁切，十四部。"（《段注》658 页）

按：段改武断。繀，后作"繁"，附袁切，奉母元韵，上古并母元部。每，武罪切，明母贿韵，上古明母之部。繀与每声韵俱不谐。故段改为会意字。但很难说"每"不能作为声符。认为是会意字是牵强的，"每"义为"艸盛上出"（《说文》45页），但不是确解。每，甲骨文作 𡴋 存下7443，金文作 杞伯每亡簋。《说文新证》："甲骨文从女；金文或从母，上象发饰盛美。小篆发饰形简化。"（上册，56页）每和母上古可能是一个字，都是明母之部，后来"母"表达本义，"每"表达假借义。故把"每"解为繁盛，理据不足。我们认为"每"还是声符，正如"敏"的声符是"每"一样。"每"在上古是阴声韵，以"每"为声符的"敏"和"繁"都是前鼻音阳声韵，而"每"和"敏""繁"的声母都是双唇音。

（53）恬。——《心部》："恬，安也。从心，甜省声。"（徒兼切）（《说文》218页）

段改为"舌声"，注："庄子曰：以恬养知，以知养恬。从心，舌声。各本篆作恬，解作甜省声。今正。谷部舌下曰：舌皃，从谷省，象形。他念切。按许书木部栝及此恬字本从舌声，转写从舌，乃改为甜省声矣。徒兼切。七部。"（《段注》503页）

按：段氏没有根据而仅据古音改字，失之武断。舌也不像舌，非"舌皃"。《字源》：象形字。舌是"簟"的本字，本义为"席"。甲骨文舌就是簟席的象形。《说文》"席"字的古文作 𠩟，所从的 囗 尚存古义。战国文字中的"弼""弻"均以此字为形旁，《说文》古文与《说文》小篆都是讹变形体。《说文》所说的"舌皃。从谷省，象形"不足信，但"一曰竹上皮。读若沾……弼字从此"等注语为正确考释此字提供了极有价值的线索。（161页）

据此可知，舌形与舌形相去甚远，故不可能恬栝铦等字都是讹舌为舌。但是许慎说"甜省声"，虽然符合音理，也没有根据。不如解为"舌声"。舌，食列切，上古月部；恬，徒兼切，上古谈部。二字声母都是舌音，韵部通转，因为根据当代音韵学家的拟音，谈部和月部的主元音都是 a。

（54）舂。——《臼部》："舂，舂去麦皮也。从臼、干，所以舂之。"（楚洽切）（《说文》146页）

段改为"从臼，干声"。注："从臼，干声。一曰干所㠯舂之。此依韵会所据锴本。干声在十四部，与十五部冣近。舂櫐字本在十五部。舂又

转入于八部，音楚洽切也。一曰干所以臿之，则爲会意，干犹杵也。"（《段注》334 页）

按：段改殆误。臿，楚洽切，上古清母盍部。干，古寒切，上古见母元部。二字声韵都有差距。"一曰干所以臿之，则为会意，干犹杵也"，把臿解为会意字，应该是不错的。郭沫若和马叙伦都怀疑干是午的讹变，（见李圃编《古文字诂林》第二册，上海教育出版社 2004 年版，654—655 页）午即杵，用杵捣取放在石臼中的谷物之壳，所谓"舂去麦皮也"。

（55）窌。——《穴部》："窌，窖也。从穴，卯声。"（匹皃切）（《说文》151 页）

段改篆为窌，并注："考工记匠人注曰：穿地曰窌。吕览：穿窦窌。月令、淮南皆作窖。从穴，卯声。卯声各本作卯声。今正。窌见左传释文。音力救力到二反。则从卯双声可知矣。汉公孙贺南窌侯，表作南窌。字皆从卯，音力救切。讹从卯，乃匹皃切矣。三部。"（《段注》345 页）

按：段改误。窌和窌实为异体字，卯和卯为一字，段玉裁强分为二字，甚无谓。卯和卯都来自甲骨文 ♦ 铁39.4，金文 ♦ 旅鼎。甲骨文、金文构形不明。"字皆从卯，音力救切。讹从卯，乃匹皃切矣"，说明上古有复辅音 ml 的可能，不能作为改篆的根据。段从许慎说，认为卯是酉的古文。"酉，就也。八月黍成，可为酎酒。象古文酉之形。凡酉之属皆从酉。与久切。卯，古文酉从卯。卯为春门，万物已出；酉为秋门，万物已入。一，闭门象也。"（311 页）《说文》认为酉的古文是卯，甚可疑，许慎的解说，不可信。所谓古文实即战国六国文字，现在出土的秦简和楚简没有发现酉作卯的。颇怀疑卯即卯，与酉音近，故用以借指酉。如《说文》认为夙的古文是 ♦，（142 页）实则夙的本义是早晨， ♦ 就是宿字，本义是人在席上就寝。二字音同，故许慎误认 ♦ 是夙的古文。再如《说文》认为次的古文是 ♦，实则次从人张口，丫像人的口液形，本义是咨询。而 ♦ 像帐篷形，引申之，解为驻扎。二字音同，故许慎认为 ♦ 是次的古文。

（56）衮。——《衣部》："衮，天子享先王，卷龙绣于下幅，一龙蟠阿上乡。从衣，公声。"（古本切）（《说文》169 页）

段改为"衮"，注："从衣，公声。公见口部及水部。古文沇州字也。

袞以为声。故礼记作卷。……公与袞虽双声。非同部。今正。按尔雅音义曰：袞，说文云从衣从公。公，羊喙反。或云从公衣。从公当作公声。或云从公衣五字非许语也。许明云天子衣矣。十四部。"（《段注》388 页）

按：段改误。段说音理甚辩，但不符合古文。师訇鼎铭文作〇，吴方彝铭文作〇，分明从公。公与袞双声。或认为是会意字，袞是天子王公之衣也。公，不见于甲金文和战国文字，小篆构形不明。

（57）䎱。——《欠部》："䎱，笑不坏颜曰䎱。从欠，引省声。"（式忍切）（《说文》179 页）

段改为㱈，注："各本篆作䎱。今正。考广韵：䎱式忍切，笑不坏颜也。集韵、类篇同。今按曲礼：笑不至矧。注云：齿本曰矧，大笑则见此。然则笑见齿本曰矧，大笑也。不坏颜曰㱈，小笑也。二义不当同音，浅人因己与弓略相似，妄合之耳。玉篇于㱈欣二文下曰：㱈，呼来切。笑不坏颜也。此希冯时所据说文也。于斂歈二文之间曰：㱈，式忍切。笑不坏颜也。此孙强、陈彭年所据误本说文也。学者可以悟矣。广雅：㱈，笑也。楚辞、吴都赋作咍。齿本曰矧，谓矧即断之叚借也。大戴：高柴执亲之丧，未尝见齿。卢注曰：哂则齿见，笑则矧见。按论语：夫子哂之。马曰：哂，笑也。盖哂即矧。卢语未核。说文无哂，后人因哂矧造䎱耳。从欠己声。各本作引省声。式忍切。今正。呼来切。一部。"（《段注》411 页）

按：段氏根据《曲礼》注"齿本曰矧，大笑则见此"，改为㱈，改音读为"呼来切"，实属武断。《论语》"夫子哂之"，哂乃微笑之义，所谓笑不坏颜，即不大张口露出齿本即牙龈也，䎱和吲乃其异体字，读式忍切。㱈与咍是异体字，乃嘲笑、大笑之义，如《楚辞·九章·惜颂》："行不群以巅越兮，又众兆之所咍。"放着典籍彰明较著的例子不用，而根据《曲礼》注，认为䎱是大笑，咍是微笑，实属武断。再从音理上说，䎱乃前鼻音韵尾，发这个音节末尾时，是要把舌尖放在上齿牙龈上的，是不能开口大笑的。㱈是开音节，发音是开口的，是可以解为大笑的。

段氏所据，王宗涑有反驳："说文续考曰：玉篇㱈，呼来切，笑不坏颜也。适当说文䎱字之次，疑本说文，今作䎱者，传写之讹。盖说文䎱字次于欣后，玉篇**攺**字亦次于欣后，故钮氏云尔。段氏据其说，改弞为**攺**，引省声为己声，且谓玉篇弞字系后人增入。按广韵震部弞字两见，一读式忍切，一读徐忍切，皆训笑不坏颜，而无**攺**字。若说文本作**攺**，玉篇弞字系后人增，广韵何以遗**攺**字而独收弞字？以此推之，玉篇，弞，式忍切，笑不坏颜也，正顾希冯之真本。**攺**，呼来切，笑不坏颜也，乃孙强陈彭年所增入耳。一切经音义，哂，字书作吲，或作弞，同式忍反，无**攺**字，亦不云呼来反。”①

（58）廟。——《广部》：“廟，尊先祖皃也。从广，朝声。庿，古文。”（眉召切）（《说文》193 页）

段氏认为是会意字，注：“声字盖衍。古文从苗为形声。小篆从广朝。谓居之与朝廷同尊者；为会意。”（《段注》446 页）

按，段误。廟，上古明母。朝，上古定母。声母不谐，故段氏认为朝非声。但金文即假借朝为廟，芈伯簋铭文：“用孝宗朝，享夙夕。”宗朝即宗廟。后加广为廟，以朝为声符。

（59）閔。——《火部》：“閔，火皃。从火，㒼省声。读若粦。”（良刃切）（《说文》207 页）

段注：“火皃。从火。㒼省声。”（《段注》481 页）

按：段改误。閔甲骨文作后2.41.15，侯马盟书作。应解为从火，门声。閔，良刃切，上古来母文部。门，莫奔切，上古明母文部。二字叠韵，声母可能是复辅音 ml。

（60）契。——《大部》：“契，大约也。从大，从㓞。《易》曰：后代圣人，易之以书契。”（苦计切）（《说文》213 页）

段改为“从大，㓞声”。（《段注》493 页）

按：段改误。契从大从刀从丯，大是人形，丯像刻物，契应解为人持刀刻物，乃锲的本字，引申为契约。异体字作栔。《说文》有“㓞”，但“㓞”在先秦典籍中并不单独使用，是许慎从契或栔中分离出来的部件。

（61）没。——《水部》：“没，沈也。从水，从𠬛。”（莫勃切）（《说文》233 页）

① 李圃：《古文字诂林》第七册，上海教育出版社 2004 年版，第 796 页。

段改为"从水，叟声。"注："湛也。湛各本作沈，浅人以今字改之也。今正。没者全入于水，故引伸之义训尽。小雅：曷其没矣。传云：没、尽也。论语没阶，孔安国曰：没、尽也。凡贪没、干没皆沈溺之引伸。从水，叟声。莫勃切。十五部。"（《段注》557 页）

按：段改误。没和叟是一字，叟不单独存在。应分析为从水从回从又，也可分析为水是累加意符。回是渊水之渊的象形字，又，手也。没的本义即人沉没于渊水下。或把回看作声符，回，上古微部。没，上古物部。二字阴入对转。

（62）匽。——《匸部》："匽，侧逃也。从匸，丙声。一曰：箕属。臣铉等曰：丙非声，义当从内，会意。疑传写之误。"（卢候切）（《说文》267 页）

段注："按丙声不可通。大徐云，当是从内会意，传写之误。玉裁按或从谷部之丙声。艸部茵从丙声，而读若陆。陆与漏音相近也。卢候切。四部。广韵无此字。"（《段注》635 页）

按：段氏认为"或从谷部之丙声。艸部茵从丙声，而读若陆，陆与漏音相近也"，不可信。匽，实即陋，卢候切，上古来母侯部。丙，兵永切，上古帮母阳部。二字声韵俱不谐。匽也不可能从丙声，丙是簟的初文，他念切，上古透母谈部。丙与匽的韵部相差远。"艸部茵从丙声，而读若陆"，也有疑问。许椿《读说文记》："（茵）读若陆。段氏从错本作侠；朱文藻曰：别本读若势，则与直例反合。"[1]《广韵》直例反，不读陆。徐铉注："丙非声，义当从内，会意。疑传写之误。"有一定的道理。陋的本义是隐藏。《睡虎地秦墓竹简》《日书甲》16 反："囷居宇西南匽，吉。"即谷仓位居屋宇的西南角，吉利。

（63）與，党與也。从舁，从与。（余吕切）（《说文》59 页）

段注："从舁与，会意，共举而与之也。舁与皆亦声。余吕切。五部。"（《段注》105 页）

按：段注殆误。與，春秋黧镈铭文作𢌳，春秋晚期乔君钲铖铭文作𢌱。从舁，牙声，本义是举，是舁的加注声符牙的后起字。或解为"共

---

① 汉语大字典编辑委员会：《汉语大字典》（第二版），四川长江出版集团 2010 年版，第3411 页。

举而与之"，本义是赐予，牙声。"党羽"恐是与的假借义。

（64）燮。——《又部》："燮，和也。从言，从又、炎。籀文从羊。羊音饪。"（稣叶切）（《说文》56 页）

段改为"炎声"。（《段注》115 页）

按：段氏殆误。甲骨文作 ⚏ 前5.33.4，金文作 ⚏ 曾伯簠。甲骨文从三个火，从手持棍。甲骨文从二个火，从手持棍。本义是用手持棍拨火调节火力大小，后泛指调和。后火棍讹为辛，或讹为芦，或讹为羊，或讹为言。羊并不单独存在，是许慎从南字中误析出来的，南本来是一个象形字，像瓦器或钟形。

（65）肇。——《攴部》："肇，击也。从攴，肁省声。"（治小切）（《说文》67 页）

段删此篆，注："按古无肇戴二字。戴者，土部坏之籀文。肇者，戈部肈之俗字。玉篇云：肇，俗肈字。五经文字云：肈作肇讹。可证也。经典释文、开成石经肈皆从戈。近经典皆改从攴，妄人窜入说文，甚矣此书考正之不可缓也。今删二字以还古。"（《段注》629 页）

按：段改误。甲金文既有从攴之肇，又有从戈之肈。甲骨文作 ⚏ 合21623，金文作 ⚏ 叔作南宫鼎。甲骨文疑从毌（盾牌），从攴。金文从攴，从户，聿声。又甲骨文作 ⚏ 佚340背，金文作 ⚏ 服方尊。甲骨文疑从毌（盾牌），从戈。金文从戈，从户，聿声。两种形体实为异体字，戈和攴作为意符可以互换，像击打盾牌或门户之义。许慎误分为二字，段氏认为肇是肈的俗字，并且删去，实误。或疑聿上古为物部，作声符不谐。但書字，聿亦作声符。可能是方言问题，造成了现在一些不好理解的谐声现象。

（66）敹。——《攴部》："敹，择也。从攴，朿声。《周书》曰：敹乃甲冑。"（洛箫切）（《说文》68 页）

段改为会意字，注："从攴朿。各本有声，误。今删。朿或粜字，冒也。从攴朿者，击其冒昧而择之。洛萧切。依今音在二部。周书曰：敹乃甲冑。"（《段注》124 页）

按：段说误。西周金文齐叔夷镈作 ⚏，从尾从米从攴。战国陈 ⚏ 簋盖作 ⚏，从老从米从廾，廾作为意符，可与攴互换，都表示动作。"或从粜字"，粜从网从米。小篆从步从米从攴。上述诸字都从攴从米，而字义是

"择也"，我们可以推断，敕是从攴，棗声。棗从米声。段氏改为会意，"击其冒昧而择之"之说无根据。而米声与敕的洛箫切声韵不谐，还需深入研究。

（67）瞢。《目部》："瞢，惑也。从目，荣省声。"（户扃切）（《说文》73 页）

段氏改为"荧省声"，注："从目，荧省声。荧各本作荣。今正。凡营茔瞢鉴裴荧荣字皆曰荧省声，而此字尤当从荧会意。荧者、火光不定之皃。火星偶荧惑。户扃切。十一部。"（《段注》135 页）

按：瞢应从焱声，焱是荧的初文。焱，荧作周公簠作 ☰，五祀卫鼎作 ☷，像两个火把交叉之形，后加注意符作荧。

（68）樛。——《木部》："樛，下句曰樛。从木，翏声。"（吉虯切）（《说文》119 页）

段删此篆，在枓字下注："枓，高木下曲也。从木丩，丩亦声。此韵会所据小徐本也，今二徐本皆分樛枓为二篆。樛训下曲，枓训高木，乃张次立以铉改锴而然。锴云：诗作樛，尔雅作枓，依诗为正。锴意许书作枓未是也。今考释木曰：下句曰枓。南有樛木毛传曰：木下曲曰樛。下曲即下句也，樛即枓也。一字而形声不同。许则从丩声者，容许当日毛诗亦作枓也。玉篇分引诗、尔雅而云二同，甚为明晳。丩者、相纠缭也。凡高木下句，垂枝必相纠缭。故曰从木丩，丩亦声。吉虯切。三部。"（《段注》250 页）

按：段改误。樛和枓实为异体字，声符翏和丩可以代换，都解为树木向下弯曲。许慎可能昧于文字的音义关系，分为二字二义，训樛为"下句"，训枓为"高木下曲"，"下句"即"下曲"，实则一也。今本毛诗作"南有樛木"，段氏说"容许当日毛诗亦作枓也"，武断之甚。战国晚期四年相邦樛斿戈铭文樛作 ☶，从木翏声。江陵楚简作 ☴，从木，丩声。二字并存。

（69）贰。——《贝部》："贰，副益也。从贝，弍声。弍，古文二。"（而至切）（《说文》130 页）

段注："形声包会意。"（《段注》281 页）

按：贰的本义应是数字二，是二的大写，是古人为了避免篡改而加繁的字，副益是引申义。贰，珊生簋铭文作 ![字形]，从戌，从贝，从二。戌像斧头形。中山王壶作 ![字形]，从戈，从肉，从二。戈与弋形近，故小篆讹为从弋，从贝，从二。从戌或戈或弋，无义，只起到繁化的作用。故段氏认为"形声包会意"是不对的。

（70）晖。——《日部》："晖，光也。从日，军声。"（许归切）（《说文》123 页）

段改篆为暈，注："暈，光也。按光也二字当作日光气也四字。篆体晖当作暈。周礼暈作辉，古文叚借字。视祲掌十辉之法，以观妖祥，辨吉凶。一曰祲，二曰象，三曰镵，四曰监，五曰闇，六曰瞢，七曰弥，八曰叙，九曰隮，十曰想。郑司农云：辉谓日光气也。按日光气谓日光卷结之气。释名曰：暈，卷也，气在外卷结之也。日月皆然。孟康曰：暈，日旁气也。篆体日在上，或移之在旁，此篆遂改为晖，改其训曰光，与火部之辉不别，盖浅者为之，乃致铉以暈为新附篆矣。从日军声。军者，圜围也。此以形声包会意。王问切。十三部。大徐许归切，非。"（《段注》304 页）

按：段误。晖，既可读为许归切，与辉、煇为异体字，即光辉之义。又可读为王问切，即日月周围的光圈。后来字形分化，第一义写作晖，第二义写作暈，都以军为声符。晖，阴声韵；暈，阳声韵。所谓阴阳相转。段氏所举周礼的例子即读为暈。一个字可以表示两种或多种词义，而这两种或多种词义都与这个字的字形有关，也就是说，一个字可以有两个本义。许慎只是解释了一个本义，而段氏用另一种本义来否定许慎，是不对的。晖解为光辉，先秦例子多有，如《易·未济》："君子之光，其晖吉也。"

（71）儽。——《人部》："儽，垂皃。从人，纍声。一曰：嬾解。"（落猥切）（《说文》164 页）

段氏改为傫，注："垂皃。老子曰：儽儽兮若无所归。王弼、陆希声本同。今按此傫傫之误。河上公本作累累。傫从积累之累，与垂义相近。乐记：纍纍乎端如贯珠。音义云：本又作累，即累字。傫傫爲垂皃，则与累累义同也。从人累声。各本篆皆作儽，解皆作纍声，今正。累者，增也，从厽从糸，厽亦声。在古音十六部。纍者，缀得理也，亦大索也，从糸畾声，在古音十五部。二字古形古音皆不同，而后人乱之。人部有像，有儽，形音义皆各殊也。广韵六脂曰：儽亦作㒚。㒚是儽非，累即㒚也。集韵脂、类篇皆首列像，次列儽，知像为正体矣。惟玉篇、广韵、集韵力追力罪切，皆不若集韵入五寘力伪一切合于古。一曰懒儽。廣雅曰：像儽，疲也。是其义也。今广雅字尚从糸不误。史记纍纍若丧家之狗，韩诗外传作累乎若丧家之狗，然则正當作像也。集韵五寘：病困谓之儽。字体亦误。"（《段注》373 页）

按：段误。段氏凭"儽儽兮若无所归"断定从㒚声，武断。儽儽是一个摹状词，一个连绵词，连绵词的字形多样，只要这个字切合这个词音，就可以用这个字来表示这个词。许慎分㒚、畾为二字，实则二字是异体字。㒚像三土堆垒重叠，畾像三田堆垒重叠，音义应该是一样的。但《广韵》㒚，力委切；畾，鲁回切。读音不同，实乃《广韵》以雷的音注畾。雷，《说文》小篆定为从雨，畾声。而雷是鲁回切。段玉裁定畾是十五部，即脂部（包括今天的微部），定㒚是十六部，即支部。支脂之三分是段氏的成就，也是他引以为豪的地方。其实，㒚和畾都是十五部。为什么"惟玉篇、广韵、集韵力追力罪切，皆不若集韵入五寘力伪一切合于古"？因为力追是脂韵，力罪是賄韵，这两个韵，段氏定为十五脂部。力伪是寘韵，段氏定为十六支部。段氏为了证明自己的观点，不惜否定古人的反切。

（72）傷。——《人部》："傷，创也。从人，煬省声。"（式羊切）（《说文》167 页）

段改为"煬省声"。（《段注》378 页）

按：段误。楚系简帛文字都从易声。如包2.24①，郭.语4.2②。

（73）哭。——《丌部》："哭，具也。从丌，吅声。"（苏困切）（《说文》99 页）

段注："形声包会意。卪部曰。吅、二卪也，哭从此。按二卪者，具意也。"（《段注》200 页）

按：哭，甲骨文作（《甲骨文编》376 页），像两个人跪跽逊服之

---

① 张守中：《包山楚简文字编》，文物出版社 1996 年版。

② 张守中：《郭店楚简文字编》，中华书局 2000 年版。

状，后二人的双腿向下延长，两人腿部中间贯一横线，讹为畀，为小篆所本。或在两人腿部中间贯穿两个线，到隶书讹为巽。故巽的本义是谦逊，非"形声包会意"。

（74）糴。——《入部》："糴，市谷也。从入，从糴。"（徒历切）（《说文》109 页）

段注："米部曰：糴、榖也。故市榖从入糴，糴亦声。"（《段注》224 页）

按：段说可商。《说文》解糴为榖，但典籍文献未见用例。糴就是糴和粜的初文，犹古文字中学兼有教和学二义，貰兼有借入和贷出二义。糴、糴和糴都从翟声。糴如果解为卖米，读长入（从王力先生说），后写为糶，他吊切。如果解为买米，读短入，后写为糴，读徒历切。

（75）艅。——《舟部》："艅，船行不安也。从舟，从刖省。读若兀。"（五忽切）（《说文》176 页）

段改为"刖省声"，注："方言说舟曰：儓谓之扤。扤，不安也。郭云：儓音讹，船动摇之兒也。扤吾敎反。按艅者，正字。扤者，假借字也。书阢陧，易麀虁皆不安也。从舟，刖省声。声字旧夺，今补。读若兀。五忽切。十五部。广韵曰：俗作舤。"（《段注》403 页）

按：段说可商。"从舟，从刖省"无义，故段改为"刖省声"。刖，鱼厥切，上古疑母月部。艅，五忽切，上古疑母物部。二字双声，月物旁转。但是刀怎么能代替刖，解为"刖省声"呢？这就像哭解为狱省声一样突兀。"广韵曰：俗作舤"，倒能给我们提供一点线索。或许舤就是本字，兀讹为刀，故作艅。刀作𠃌，兀作𠘧，形近而讹。

（76）硍。——《石部》："硍，石声。从石，良声。"（鲁当切）（《说文》195 页）

段改篆为"硍"，注："石声。从石艮声。此篆各本作硍，从石，良声。鲁当切。今正。按今子虚赋：礧石相击，硍硍礚礚。史记、文选皆同。汉书且作琅，以音求义则当为硍硍，而决非硍硍。何以明之？此赋言：水虫骇波鸿沸，涌泉起奔扬会，礧石相击，硍硍礚礚，若雷霆之声，闻乎数百里之外。谓水波大至动摇山石，石声礚天。硍硍者，石旋运之声也。礚礚者，石相触大声也。硍篇、韵音谐眼切。古音读如痕。可以兒石旋运大声，而硍硍字祇可兒清朗小声。非其状也。音不足以兒义，则断知其字之误矣。……古音在十三部。"（《段注》450 页）

按：段说误。大徐本无硍，段改碈为硍，武断。他的理由是："硍篇、韵音谐眼切。古音读如痕。可以兒石旋运大声，而碈碈字祇可兒清朗小声。"段氏说碈不能模拟大浪击石之声，大误。从良声之字，有明朗、高大之义，明朗和高大的词义是相通的。朗是月光明亮；阆是门高大；浪是水涌起的大波；桹是高木；锒是响亮的钟声。盖良上古音为来母阳部，阳部的主元音，学者一般都拟为 a，是一个张口度最大的音，声音自然洪亮，可以用来表示明朗、高大之义。而硍"古音读如痕"，上古为文部，文部的主元音，学者一般拟为 ə，张口度小，自然不能表示明朗、高大之义。

(77) 彖。——《彑部》："彖，豕也。从彑，从豕。读若弛。"（式视切）（《说文》197 页）

段注："按古音在十六、十七部间。广韵尺氏切，是也。蠡（段注原文从彖从蚰）从蚰彖声。傺（段注原文从心从彖）从心，彖声。古音皆在十六部。今韵蠡入荠，傺入佳皆不误，而字形从彖则误。"（《段注》456 页）

按：段注有误。彖，解为"豕也"，就是豕的异体字，彖突出了豕的头部。而大徐音式视切，就是豕的音，上古脂部，就是段氏的第十五部。而段氏认为彖在古音第十六部、第十七部间，他把《广韵》的支韵系归入第十六部，故他认为"广韵尺氏切，是也"，尺氏切就是《广韵》的支韵系的上声。大徐的注音取自《唐韵》，而《唐韵》是早于《广韵》的。段氏用《广韵》否定《唐韵》，是武断的。实际上，豕、彖和彖是一字。彖是豕头和豕身相连，彖是豕头和豕身分离。彖在古文字中，或有绳索系豕颈，或有箭矢中豕体，都反映了古人捕捉野猪家养之义。同样一个字形，可以代表两个或多个不同音的词，如大，像成年人正面站立之形，故既可表示大小之大，也可表示成年男人之夫。彖，像豕形，而豕善遁逃，故可解为遁，音转为通贯切，易经之彖辞，乃假借为断。所以纠缠一个字的是从彖还是从彖，是没有意义的，彖是彖的繁笔。

(78) 茨。——《艸部》："茨，以茅苇盖屋。从艸，次声。"（疾兹切）（《说文》24 页）

段注："释名曰：屋以艸盖曰茨。茨、次也，次艸为之也。从艸，次声。此形声包会意。"（《段注》42 页）

按：段误。次的本义是咨询之咨，与"以茅苇盖屋"无关，故只作声符。

（79）薾。——《艸部》："薾，华盛。从艸，爾声。《诗》曰：彼薾惟何。"（儿氏切）（《说文》22 页）

段注："此于形声见会意。薾为华盛，瀰为水盛。儿氏切。十六部。"（《段注》38 页）

按：段误。尔甲骨文作 _{前7.36.1}，构形不明，或曰像络丝架，在薾中不参与字义构成，只作声符。

（80）苴。——《艸部》："苴，履中艸。从艸，且声。"（子余切）（《说文》25 页）

段注："贾谊传：冠虽敝，不以苴履。引伸为苞苴。从艸，且声。且、荐也。此形声包会意。"（《段注》44 页）

按：段说可商。甲骨文作 _{甲2351}，像祖先的神主牌位，故引申为祖先。或曰像俎之初文。但是与甲骨文不侔，故不可信。且不参与苴的字义构成，只作声符。

（81）犅。《牛部》："犅，特牛也。从牛，冈声。"（古郎切）（《说文》29 页）

段注："公羊传曰：鲁祭周公，何以为牲？周公用白牡，鲁公用骍犅，群公不毛。何休云：骍犅赤脊。按说文冈训山脊，故何谓犅为牛脊。但毛诗祇作刚。许说犅同特，与何异。从牛，冈声。亦可云从刚省，会意。"（《段注》50 页）

按：段说"亦可云从刚省，会意"，可商。犅是公牛，《玉篇·牛部》："犅，特牛赤色也。""骍犅"与"白牡"相对，就是赤色的公牛，赤色的公牛自然是赤脊。"毛诗祇作刚"，只能说明刚是假借字。故犅是形声字，非会意字。

（82）箬。《竹部》："箬，楚谓竹皮曰箬。从竹，若声。"（而勺切）（《说文》86 页）

段注："若，择菜也。择菜者绝其本末。此形声包会意也。"（《段注》189 页）

按：段说可商。若，甲骨文作 _{甲205}，像人双手理顺头发之形，本义是顺从，如《诗·小雅·大田》："播厥百谷，既庭且硕，曾孙是若。"故若不参与箬的字义构成，只作声符。

（83）覃。——《旱部》："覃，长味也。从旱，鹹省声。《诗》曰：实覃实吁。"（徒含切）（《说文》111 页）

段注："当作鹹省，鹹亦声。以从鹹，故知字本义为味长也。"（《段注》229 页）

按：段说误。覃，商代晚期亚共覃父乙簋铭文作 <!-- 字形 -->，为象形字，上像盛放盐卤的袋子，下像罈子。本义是罈子，解为长味，是假借义。或谓即盐字，盐味深长，故后世泛指深长。

（84）延。——《延部》："延，长行也。从延，丿声。"（以然切）（《说文》44 页）

段改为"从延，厂声"，注："本义训长行，引伸则专训长。方言曰：延，长也。凡施于年者谓之延。又曰：延，徧也。从延厂声。厂部曰：象抴引之形。余制切。虒延曳皆以为声。今篆体各异，非也。厂延虒曳古音在十六部，故大雅施于条枚，吕氏春秋、韩诗外传、新序皆作延于条枚。延音读如移也，今音以然切。则十四部。"（《段注》77 页）

按：段说误。康侯簋铭文作 <!-- 字形 -->，秦简作 <!-- 字形 -->（见方勇《秦简牍文字编》，福建人民出版社 2012 年版，第 51 页）。金文从彳从止，会人在路上向前行走之义，秦简在止上加一无意义的饰笔丿，讹为小篆的延。乃会意字，非形声字。

（85）㳛。——《㳛部》："㳛，水行也。从㳛、㐬。㐬，突忽也。流，篆文从水。"（力求切）（《说文》239 页）

段注："㐬，突忽也。㐬之本义谓不顺忽出也。引申为突忽，故流从之。"（《段注》567 页）

按："流"字的结构向来几无异议，大都认为是会意字。许慎《说文解字·㳛部》（239 页）："㳛，水行也。从㳛、㐬。㐬，突忽也。力求切流，篆文从水。"段玉裁《说文解字注》（567 页）："会意。力求切，三部。㐬，突忽也。㐬之本义谓不顺忽出也，引申为突忽。故流从之。"段玉裁同意许慎之说，解"流"义为水突忽而出。《说文解字·㐬部》（31 页）："㐬，不顺忽出也。从到子。《易》曰：突如其来。如不孝子突出，不容于内也。凡去之属皆从去。_{他骨切}充或从到（按：即'倒'）古文'子'，即《易》突字。"解"去"为不孝子不顺父母，突忽而出。或解为不孝子不容于母亲体内，突忽而出。但这个解释不合逻辑，小孩还没出生，怎么判定其为不孝子呢？朱骏声《说文通训定声》（637 页）似乎认可后一种说法，注"去"："按：子生，首先出，惟到（即'倒'）乃顺。故育字、流字皆从之。"他认可"去"是"首先出，惟到乃顺"，但仍认可许慎的解释"不顺忽出""不顺"和"忽出"是矛盾的。

许慎解"充"的本义和妇女生小孩没关系，他说"充"从"古文到'子'"，古文"子"作🖐，像小孩长发形，倒置之则为"充"。《说文解字·子部》（39 页）："子，十一月阳气动，万物滋，人以为偁。象形。凡子之属皆从子。�，古文子从巛，象发也。"故许慎的原意是不孝之子不顺从家长，突忽而出，即《易》"突"字，后人据之而定音为"他骨切"，与"突"同音。这个音自然不能与"流"的"力求切"谐声。许慎解"充"为"突"没有根据，小孩头朝下看不出不孝之子突忽而出之意，突忽而出和"水"也会不出"流水"之意。

《汉语大字典》（312 页）似乎不同意许慎之说，没有引用许慎的说法，注：

充同"旒"。《集韵·尤韵》："旒，或作充。"一说"荒"的讹字。《字汇补·宀部》："充，同荒。见《汉隶释》。"按：汉佚名《郃阳令曹全碑》："威布烈，按殊充。"字作"厷"。《字汇补》误。

"充"可以假借为"旒"，并不是说"充"的本义是"旒"。

李学勤主编《字源》对"充"的解释可取：

按：去为"倒子"，谓其出于内（母体）之形。去下数点（即充甲骨文作🐟之下半部分）为羊水，甲骨文"育（毓）"字从此。是"流"字以子之突出、加水以会水之流动意。①

《字源》对"充"的构形和意义的解释是对的，但是说"以子之突出、加水以会水之流动意"，使人不得其所谓。

流，战国晚期𫘪羞壶铭文作🧎。《金文形义通解》解为形声字，并据

---

① 李学勤：《字源》，天津古籍出版社 2012 年版，第 114 页。

上述金文作注：

金文从水，㐬声。声符“㐬”讹变失形，作，复于形下左右分增饰笔作，张政烺曰：“流，笔画讹变，不能以六书绳之。然就文义看，确是流字无疑。”《说文》“流”字以籀文叙列，从二水，即㳅，石鼓文作，为其所本，今经典皆从小篆作“流”。①

《金文形义通解》解为形声字，但没有解释“㐬”的字形，也没有解释“㐬”作为声符的音理根据。石鼓文的时代没有定论，应该不晚于战国晚期的𪯐䖒壶铭文，故可以认定“流”从水，从㐬。

我们同意《字源》的说法，“㐬”应是“毓”的简写，义为生育。《说文解字·𠫓部》（31 页）：“育，养子使作善也。从𠫓，肉声。《虞书》曰：教育子。毓，育或从每。”许慎释为教育小孩，𠫓，不孝之子也。许慎的说法可商。《甲骨文编》（557 页）“毓”作 甲818， 甲842。《金文编》（容庚，1985：989）“毓”作 毓且丁卣， 吕仲仆爵。甲骨文和金文都有两种字形，从母，从倒“子”，或从母，从倒“子”，下有水。像妇女生孩子形，水乃羊水之义。“𠫓”和“㐬”分别是上述两种字形的简写。

对“流”可以有两种解释：一是解为会意字，字形像小孩头朝下顺产如流水。现在还有流产一词。二是解为形声字，从水，㐬声，或解为“毓省声”。我们倾向第二种说法。音理根据如下（以下反切均采用《广韵》）。

1. 声母相通的证明

流，力求切，上古来母幽部。育，余六切，以母屋韵，上古以母觉部。以母即喻$_{四}$母，音韵学界都认同喻$_{四}$母近定母的说法，故以母和来母都是舌尖音，都是浊音。郑张尚芳《上古音系》（2003：90）为上古以母的音值就是 l，即来母。我们可以从以下方面证明以母和来母是相通的。

有些字有以母和来母两读。

游，以周切，上古以母幽部，解为游动、游泳。又通“旒”，即古代旗帜正幅下沿的垂饰，迎风可以游动。旒，力求切，上古来母幽部。《史

① 张世超、孙凌安、金国泰、马如森：《金文形义通解》，日本京都市中文出版社 1996 年版，第 2647 页。

记·秦本纪》："帝舜曰：'咨尔费，赞禹功，其赐尔皂游。'"司马贞《索隐》："游音旒，谓赐以皂色旌旗之旒。"

栎，郎击切，来母锡韵，木名，即麻栎。又音以灼切，以母药韵，地名，栎阳，治所在今西安市临潼区渭水北岸。

有些字可以兼谐以母和来母。

聿，余律切，以母术韵。律（聿声），吕戌切，来母术韵。

翊（立声），与职切，以母职韵。立，力入切，来母缉韵。

盐，《说文》（1963：247）："鹹也。从卤、监声。古者宿沙初作煮海盐。"余廉切，以母盐韵。览，《说文》（1963：177）："观也。从见、监，监亦声。"卢敢切，来母敢韵。

蠃（蠃声），郎果切，来母果韵。蠃（蠃声），以成切，以母清韵。

2. 韵部相通的证明

有些字可以兼谐幽部和觉部（每一组第一个是上古幽部，第二个是上古觉部）。

攸，以周切，以母尤韵。儵（攸声），式竹切，书母屋韵。

由，以周切，以母尤韵。迪（由声），徒历切，定母锡韵。

酋，自秋切，从母尤韵。嫉（酋声），七宿切，清母屋韵。

九，举有切，见母有韵。旭（九声），许玉切，晓母烛韵。

寿，殖酉切，禅母有韵。璹（寿声），殊六切，禅母屋韵。

周，职流切，章母尤韵。倜（周声），他历切，透母锡韵。

丑，敕九切，彻母有韵。衄（丑声），如六切，日母屋韵。

尤，羽求切，云母尤韵。蹴（从就声，就从尤声），七宿切，清母屋韵。

蓼（翏声），卢鸟切，来母筱韵。戮（翏声），力竹切，来母屋韵。

矛，莫浮切，明母尤韵。鍪，桨（翏声），莫卜切，明母屋韵。

叉，侧绞切，庄母巧韵。策（叉声），仓历切，清母锡韵。

包，布交切，帮母肴韵。雹（包声），蒲角切，并母觉韵。

冒，莫报切，明母号韵。勖（冒声），许玉切，晓母烛韵。

燠（奥声），乌晧切，影母晧韵。奠（奥声），於六切，影母屋韵。

晧（告声），胡老切，匣母晧韵。鹄（告声），胡沃切，匣母沃韵。

鸼（舟声），七由切，清母尤韵。叔（未声），式竹切，书母屋韵。

箫（肃声），苏彫切，心母萧韵。肃，息逐切，心母屋韵。

斆，下巧切，匣母巧韵。學，胡觉切，匣母觉韵。

叟，苏后切，謏韵。谡（叟声），所六切，生母屋韵。

保，博抱切，帮母晧韵。槑（保声），胡狄切，匣母锡韵。

州，职流切，章母尤韵。弜（州声），之六切，章母屋韵。

在《诗经》中，幽部字和觉部字可以相谐（去声字从《汉语大字典》归入阴声幽部）。

中谷有蓷，暵其修（幽部）矣。有女仳离，条其啸（幽部）矣。条其啸矣，遇人之不淑（觉部）兮！（《国风·王风·中谷有蓷》第二章）

有兔爰爰，雉离于罦（幽部）。我生之初，尚无造（幽部）；我生之后，逢此百忧（幽部）。尚寐无觉（觉部）！（《国风·王风·兔爰》第二章）

清人在轴（觉部），驷介陶陶（幽部）。左旋右抽，中军作好（幽部）。（《国风·郑风·清人》第三章）

扬之水，白石皓皓（幽部）。素衣朱绣，从子于鹄（觉部）。既见君子，云何其忧（幽部）？（《国风·唐风·扬之水》第三章）

流言以对，寇攘式内。侯作侯祝（觉部），靡届靡究（幽部）。（《大雅·荡》第三章）

据上，“流”的声符就是“㐬”，二者声母都是舌音，韵部幽觉阴入对转。

段氏也认为是会意字，可商。流应是形声字。从㐬，实即毓字，简作育，像生小孩形，头朝下，下面是羊水。作声符。流，力求切，来母幽部。育，余六切，以母觉部。来母和以母都是舌音，韵部阴入对转。

（86）朸。——《木部》：“朸，木之理也。从木，力声。平原有朸县。”（卢则切）（《说文》119 页）

段注：“以形声包会意也。防下曰地理，朸下曰木理，泐下云水理，皆从力。力者，筋也，人身之理也。”（《段注》252 页）

按：段说可商。力，甲骨文作甲211，金文作中山王鼎，像耒，一种农具，持柄踩耜可以翻土，不参与朸的字义构成，作声符，非会意字。

（87）暨。——《旦部》：“暨，日颇见也。从旦，即声。”（其冀切）

（《说文》140 页）

段注：“即，小食也。日不全见。故取其意。亦举形声包会意。”
（《段注》308 页）

按：段说可商。暨，解为“日颇见”，即太阳微微露出地平面之义。既，甲骨文作 _{前7.18.1}，金文作 _{作册大方鼎}，像一人吃完饭掉头而去之形，非“小食也”，故不参与字义构成，只作声符。

第四节 段玉裁以古音改动文字结构存疑例

（1）次。——《欠部》：“次，不前不精也。从欠，二声。㳄，古文次。”（七四切）（《说文》180 页）

段注：“当作从二，从欠。从二故为次。七四切，古音在十二部，读如漆，是以鲁漆室之女，或作次室。”（《段注》413 页）

按：段说有理，但还不是确论。次，七四切，清母至韵。二，而至切，日母至韵。二字虽然叠韵，但日母和清母不谐。现代学者对次的解释，歧义纷出。李孝定《甲骨文字集释》：“ ，不似从二，盖象人口气出之形，其义不详。”（《集注》1853 页）或以为像人在说话，二点像口水，乃咨之初文，乃咨询、商议之义。

（2）短。——《矢部》：“短，有所长短，以矢为正。从矢，豆声。”（都管切）（《说文》110 页）

段注：“按《考工记》曰：‘豆中县。’谓县绳正豆之柄也。然则豆声当作从豆，从豆之意与从矢同也。都管切，十四部。”（《段注》227 页）

按：段说不为确论。短，都管切，端母缓韵，上古端母元部；豆，徒候切，定母候韵，上古定母侯部。二字虽端定旁纽，但韵部相隔太远，故段不认豆为声符。他解为会意，也不很可信。矢由于很直，可量长短，故短以矢为形，很合理。此字存疑可也。

（3）𢇛。——《廾部》：“𢇛，持弩拊。从廾肉，读若逑。”（渠追切）（《说文》59 页）

段改说解作：“从廾，肉声。”注：“按肉声故读如逑，逑古音同仇。足部踤、页部頯皆读如仇也。小徐云：‘肉非声。’大徐径删声字，误矣。

古音在三部，今渠追切。"（《段注》104 页）

按：此字难解。犿，渠追切，群母脂韵。中古一些脂韵系合口字从上古幽部或觉部而来，如轨、匦、宄，居洧切，旨韵，从九声，上古幽部。遾，渠追切，脂韵，从奎，奎从先声，先从六声，六，力竹切，是觉部。就韵部来说，段说得有理。但犿字可疑，典籍未见用例。从字形看，像双手持肉，为会意字也未可知。

（4）臬。——《木部》："臬，射准的也。从木，从自。"（五结切）（《说文》123 页）

段改说解作："从木，自声。"注："臬古假艺为之。《上林赋》：'弦矢分，艺殪仆。'文颖曰：'所射准的为艺。'《左传》：'陈之艺极。'皆是也。五结切，十五部。李阳冰曰：'自非声。'以去入为隔碍也。"（《段注》264 页）

按：段说有理，但也非定论。段注说明臬的上古音是入声月部。艺，鱼祭切，疑母祭韵，上古疑母月部。臬，五结切，疑母屑韵，因臬通艺，故臬上古是疑母月部。自，疾二切，从母至韵，上古从母质部。臬自月质旁转。唐写本木部残卷、小徐本、《韵会》均引作"从木，自声"。但也有学者解为会意字。臬，甲骨文作_{前五·一三·五}，上像鼻形。朱骏声《说文通训定声》臬下注："从木从自会意。从自者，鼻子面居中特出之形，凡臬似之。"（《定声》684 页）王筠《说文释例》："臬以木为之，故从木。射者之鼻与臬相直，则可以命中，故从自，自，鼻也。"[1]

（5）虔。——《虍部》："虔，虎行皃。从虍，文声。读若矜。"（渠焉切）（《说文》103 页）

段注："按声（按，文声之声）当是衍字，虎行而箸其文，此会意。""虔古音当在十二十三部也。"（《段注》209 页）

按：虔应归十四元部。《诗经·商颂·殷武》以"山丸迁虔梴间安"为韵，都为元部字。虔，群母元部。文，无分切，微母文韵，上古明母文部。二字声韵不很谐。段不认为形声，有道理。《文源》[2] 认为从文，虎声，本义是恭敬。虎，上古晓母鱼部，与虔声母旁纽，韵部通转。

---

① 王筠：《说文释例》，中华书局 1987 年版，第 176 页。

② 李学勤：《字源》，天津古籍出版社 2012 年版，第 434 页。

（6）詹。——《言部》："詹，徒歌。从言肉。"（余招切）（《说文》52 页）

段改说解作："从言，肉声。"注："各本无声字。《缶部》罄从缶，肉声，然则此亦当曰肉声无疑。肉声则在第三部，故繇即由字，音转入第二部，故詹繇皆读如谣。詹谣古今字也。谣行而詹废矣。……余招切，二部。《篇》《韵》皆曰詹与周切，从也，此古音古义。"（《段注》93 页）

按：段氏证明了詹及从詹之字古音在第三幽部，转入中古宵韵系，而肉即古音三部，故可作声符。但段氏没有考虑声母，而且詹解为会意字，也合情理。詹义为徒歌，即歌唱时不用乐器伴奏，只用歌喉，故从肉。此字不见甲金文，楚简作𧥳，从言肉木。

（7）狖。——《豸部》："狖，鼠属，善旋。从豸，穴声。"（余救切）（《说文》198 页）

段改为："从豸，宂声。"注："此宂散之宂，俗讹作穴声，今正。宂之古音在三部。"（《段注》458 页）

按：狖字难解。蒋冀骋《说文段注改篆评议》（95 页）同意段的改篆。穴，胡决切，匣母屑韵，上古匣母质部。狖，余救切，以母宥韵，上古以母幽部。二字声韵不谐，故段改为"宂声"。按，段的三部是幽部、觉部和屋部。宂，而陇切，日母肿韵，上古日母东部，段氏的第九部。声母方面可以说是准旁纽（以母近定，日母近泥）。韵母方面，段氏认为第三幽部和第九东部同入，即狖与宂因同入可以相谐。应该说，狖和宂是幽东旁对转。但是段氏缺乏旁证。能否把狖解为会意字呢？狖是鼠类，鼠善打穴，故以豸穴会意。

《金文形义通解》（2369 页）认为周客鼎的狖与狖是异体字，即鼬，黄鼠狼也，穴乃鼬的蓬松的尾巴的讹变，可备一说。

（8）赢。——《贝部》："赢，有余贾利也。从贝，赢声。"（以成切）（《说文》130 页）

段注："按惟嬴嬴字可云赢声，赢字当云从贝赢。赢者，多肉之兽也，故以会意。《女部》嬴当云赢省声。今本多误，以成切，十一部。"（《段注》281 页）

按：段说会意之旨，牵强。赢，以成切，以母清韵，上古以母耕部。赢，郎果切，来母果韵，上古来母歌部。上古来以都是舌音，可以相通，但歌耕相隔，故段改为会意字。但段的解释，可信性不是很大。赢作声符，也可解释。赢是歌部，可对转为元部（如鼍，歌部，其声符单，元部。觯，歌部，其声符单，元部），元部和耕部可通，故赢可以赢为声。如，复，有休正（耕部）和许县（元部）两切。平，有房连（元部）和符兵（耕部）两切。袁，雨元切，元部；袁的声符睘，渠营切，耕部。

（9）戠。——《戈部》："戠，阙。从戈，从音。"（之弋切）（《说文》266页）

段注："其义其音皆盖阙矣。考《周易》朋盍簪，虞翻本簪作戠，云：'戠，聚合也。'……按此戠当以音为声，故与晉声、聿声为伍。然《尚书》厥土赤埴，古文作赤戠，是戠固在古音第一部也。一部内意亦从音，音未必非声。盖七部与一部合韵之理。之弋切，一部。"（《段注》632页）

按：段说能够自足。戠，之弋切，章母职韵，上古章母职部。但由于戠"与晉声、聿声为伍"，而晉、聿是缉部，故段定音为戠的声符，即戠为侵部。这在音理上是说得通的，因为一般的古音学家把之职部与侵缉部的主元音都拟为 ə，可以通转。戠的形义难明。林义光《文源》："（戠）即题识本字，言在戈上者，戈有识也。"（《集注》2678页）林把戠解为会意字，于理为胜。

（10）冃。——冃，小虫也。从肉，口声。一曰：空也。（乌玄切）（《说文》90页）

段该说解为"从肉口"，注："虫部蜎下曰：冃也。考工记注云：谓若井中虫蜎蜎。按井中孑孑，虫之至小者也。不独井中有之。字从肉者，状其耎也。从口者，象其首尾相接之状也。从肉口。各本有声字。非也。"（《段注》177页）

按：段说能够自足。此字不见甲金文，无以征信。但许慎之说也有可取之处。口是圆的初文，圆，王权切，上古匣母元部。冃，乌玄切，上古影母元部。二字旁纽叠韵。

（11）欻。——《欠部》："欻，有所吹起。从欠，炎声。读若忽。"（许物切）（《说文》179页）

段注："西京赋：欻从背见。薛注：欻之言忽也。按此篆久讹。从炎非声。盖本从𡗾声，讹而爲炎，莫能諟正。倘去声字、说以从炎会意，亦恐非也。许勿切。十五部。"（《段注》411 页）

按：炎，于廉切，上古匣母盍部。欻，许物切，上古晓母物部。二字旁纽，但韵部不谐。故段氏认为是𡗾声，因为𡗾《集韵》音许物切，与欻同音。但是欻无古文字可资佐证，而且炎和𡗾字形相距很远，不大可能讹𡗾为炎。欻通忽，是一个摹状词，解为迅疾、突然的样子，如梁·范缜《神灭论》："夫欻而生者，必欻而灭。"欻也作歘，炎和焱乃火也，所谓电光石火，忽然而生，忽然而灭。故可把欻字看作会意字。

（12）祟。——《示部》："祟，神祸也。从示，从出。"（虽遂切）（《说文》9 页）

段注："按出亦声。"（《段注》8 页）

按：祟甲骨文作 𠂤河472，楚简作 𥘿包2.239。甲骨文像燃木于神主前以祭祀，后木多有讹变，小篆从出，可能是声化。出，《广韵》赤律切，又音尺类切。祟，虽遂切。二字叠韵，声母舌齿可以相谐。

第 五 章

段玉裁《说文解字注》谐声字
"之言"同源词研究

　　关于同源词，王力在《同源字典·同源字论》①中有精辟的论述。所谓同源字，就是同源词，因为字是代表词的。他这样论述同源词的概念："凡音义皆近，音近义同，或义近音同的字，叫做同源字。这些字都有同一来源。或者是同时产生的，如'背'和'负'；或者是先后产生的，如'氂'（牦牛）和'牦'（用牦牛尾装饰的旗子）。同源字，常常是以某一概念为中心，而以语音的细微差别（或同音），表示相近或相关的几个概念。"他这样分析同源词的形成原因和同源词的特点："（有些词）因为它们在原始的时候本是一个词，完全同音，后来分化为两个以上的读音，才产生细微的意义差别。有时候连读音也没有分化（如'暗、闇'），只是字形不同，用途也不完全相同罢了。同源字产生的另一个原因是方言的差异"，"同源字必然是同义词，或意义相关的词"，"通假字不是同源字，因为它们不是同义词，或意义相近的词"，"异体字不是同源字，因为它们不是同源而是同字，即一个字的两种或多种写法"，"这样，我们所谓同源字，实际上就是同源词。我们从语言的角度来看同源字，就会发现，同字未必同源，不同字反而同源"，"语言中的新词，一般总是从旧词的基础上产生的。……同源字中有此一类"，"还有一类同源字，那就是分别字（王筠叫做'分别文'）。"他这样论述同源字的判定方法："判断同源字，主要是根据古代的训诂。有互训，有同训，有通训，有声

---

　　① 王力：《同源字典》，商务印书馆 1982 年版，第 3—6 页。

训","声训,是以同音或音近的字作为训诂,这是古人寻求语源的一种
方法。声训,多数是唯心主义的,其中还有许多是宣扬封建礼教的,应
该是予以排斥的。但是也有一些声训是符合同源字的,不能一概抹杀"。

在《说文解字注》中,段玉裁不仅分析字形,解释字的本义,而且
还探讨字所代表的词的来源,并举出丰富的例证,这样就使人们更深入
地理解字义。段氏声训的术语是"之言"。根据段氏的训释实践,"之言"
不仅训释同源词,也说明假借,例如:

(1)诗,志也。从言,寺声。(书之切)(51页)

段注:诗,志也。毛诗序曰:诗者,志之所之也。在心为志,发言
为诗。按许不云志之所之,径云志也者,序析言之,许浑言之也。所以
多浑言之者,欲使人因属以求别也。又特牲礼诗怀之注:诗犹承也。谓
奉纳之怀中。内则诗负之注,诗之言承也。按正义引含神雾云:诗,持
也。假诗为承,一部与六部合音最近也。上林赋葳持,持音惩。从言寺
声。书之切。一部。(90页)

按:诗之言承,在"诗怀之""诗负之"中,诗是假借字,承是本
字。二字义异音通。诗是一部之部,承是六部蒸部,阴阳对转,"一部与
六部合音最近也"。

(2)魅,厉鬼也。从鬼,失声。(丑利切)(188页)

段注:魅,厉鬼也。厉之言烈也。厉鬼谓虐厉之鬼,厉或作疠。
非。《左传》曰:其何厉鬼也。月令注曰:昴有大陵积尸之气,气佚则厉鬼随
而出行,虚危有坟墓四司之气,为厉鬼将随强阴出害人。从鬼,失声。
丑利切。按失声古音在第十二部。集韵、类篇又丑栗切。(435页)

按:厉之言烈,在"厉鬼"一词中,厉是本字,烈是本字。"厉鬼"
即凶恶之鬼。二字义异音通。厉是粗磨石,烈是凶猛。厉和烈上古都是
来母月部。

(3)亦,人之臂亦也。从大、象两亦之形。凡亦之属皆从亦。(羊益
切)(213页)

段注:亦,人之臂亦也。玉篇今作掖。公羊传:大火为大辰,伐为
大辰,北辰亦为大辰。亦之言犹大也、甚也。若周颂亦有高廪,亦服尔
耕。郑笺云:亦,大也。是谓亦即奕奕之假借也。介部曰:奕,大也。
又或假为射,或假为易。从大,象两亦之形。谓左右两直,所以象无形

之形。羊益切。古音在五部。凡亦之属皆从亦。（493 页）

按：亦之言犹大，在"亦有高廪，亦服尔耕"中，亦是假借字，大是本字。二字义异音通。亦是"腋"的初文，义为腋窝。大是高大、很甚之义。亦，羊益切，上古以母铎部（即"五部"）。大，唐佐切，上古定母歌部。以母近定，韵部通转。

（4）懿，专久而美也。从壹，从恣省声。（乙冀切）（214）

段注：懿，嫥久而美也。嫥者，壹也。释诂、诗烝民传皆曰：懿，美也。周书谥法曰：柔克为懿，温柔圣善曰懿。许益之以专久者，为其字从壹也。专壹而后可久，可久而后美。壹亦声者，国语卫武公作懿戒以自儆，韦注懿读曰抑，大雅之抑诗也。大雅：懿厥哲妇。笺云：有所痛伤之声也。金縢：对曰信懿。马云：犹噫也。小雅：抑此皇父。笺云：抑之言噫。古懿抑同用，懿抑壹三字同音，可证。古音读如一。十二部。今乙冀切。（496 页）

按：抑之言噫，卫武公作《抑》诗，抑是假借字，噫是本字。抑是压抑，噫是"有所痛伤之声"，卫武公作此诗感叹痛伤以警戒自己。抑，於力切，上古影母职部。噫，於其切，上古影母之部。二词双声，韵部阴入对转。

（5）露，润泽也。从雨，路声。（洛故切）（242 页）

段注：露，润泽也。泽与露叠韵。五经通义曰：和气津凝为露。蔡邕月令曰：露者，阴之液也。按露之言胪也。故凡陈列表见于外曰露。亦段路为之，如孟子神农章赢露字作路是也。从雨路声。洛故切。五部。（573 页）

按：露之言胪，在露布、揭露等词中，露是假借字，胪是本字。露是露水，胪是陈列。《后汉书·孔融传》："前以露袁术之罪，今复下刘表之事。"唐·刘肃《大唐新语·孝行》："王君操父，大业中为乡人李君则殴死。贞观初，君则以运代迁革，不惧宪纲……遂诣州府自露。"胪和露上古都是来母鱼部。

（6）鲐，海鱼名。从鱼，台声。（徒哀切）（244 页）

段注：鲐，海鱼也。各本也作名，今依史记正义、汉书注、文选七命注正。鲐亦名侯鲐，即今之河豚也。吴都赋：王鲔侯鲐。以王侯相俪，改作鯸者，非。鲐状如科斗，背上青黑，有黄文诗，黄发台背。毛曰：

台背，大老也。笺云：台之言鲐也。大老则背有鲐文。是谓台为鲐之叚
借字。今尔雅作鲐背。从鱼台声。徒哀切。一部。（586 页）

按：台之言鲐，在"黄发台背"中，台是假借字，鲐是本字。据
《说文》（32 页）台是"怡"的初文，义为怡悦。鲐即河豚，背上青黑，
"鲐背"即老年人背部青黑。台，与之切，上古以母之部。鲐，徒哀切，
上古定母之部。二字以母近定，叠韵。

（7）瑟，庖牺所作弦乐也。从珡，必声。（所栉切）（267 页）

段注：瑟，庖牺所作弦乐也。弦乐，犹磬曰石乐。清庙之瑟亦练朱
弦。凡弦乐以丝为之。象弓弦，故曰弦。淇奥传曰：瑟，矜庄貌。旱麓
笺曰：瑟，絜鲜貌。皆因声假借也。瑟之言肃也。楚辞言秋气萧瑟。从
珡，琴之属，故从琴，必声。所栉切。十二部。（634 页）

按：瑟之言肃，在"秋气萧瑟"中，瑟是假借字，肃是本字。瑟，
所栉切，上古心母质部。肃，息逐切，上古心母觉部。二字双声，韵部
都是入声。

（8）鼎，三足、两耳，和五味之宝器也。籀文以鼎为贞字。凡鼎之
属皆从鼎。（都挺切）（143 页）

段注：鼎，三足两耳，和五味之宝器也。三足两耳谓器形，非谓字
形也。古叚鼎为丁，如贾谊传春秋鼎盛、匡衡传匡鼎来皆是。鼎之言当
也，正也。都挺切。十一部。（319 页）

按：鼎之言正，在"春秋鼎盛""匡（匡衡）鼎来"中，鼎是假借
字，正是本字，"春秋鼎盛"谓正当壮年，"匡鼎来"谓匡衡正将来。鼎，
都挺切，上古端母耕部。正，之盛切，上古章母耕部。二字准双声，
叠韵。

段氏的"之言"声训，涉及的大部分是谐声字。段氏生活在清朝，
清朝是训诂学大盛的时期，古音学昌明，学者对文字形音义的关系理解
得更深刻，段氏更是训诂古音大家，他的声训大部分科学可靠，取得了
很高的成就。下面是段氏"之言"声训、探究同源词可信的例子：

（1）礿，夏祭也。从示，勺声。（以灼切）（8 页）

段注：礿，夏祭也。周礼，以禴夏享先王。《公羊传》曰：夏曰礿。
注：始熟可礿，故曰礿。释天曰：春祭曰祠，夏祭曰礿，秋祭曰尝，冬
祭曰蒸。孙炎曰：祠之言食。古音在第二部。礿亦作禴。勺禴同部。（5

页）

按：祠之言食，祠以食为语源。祠即祭祀，给祖先鬼神上供祭品，供其食用。祠，似兹切，邪母之韵，上古邪母之部。食，乘力切，船母职韵，上古船母职部。二词声母都是舌音，韵部阴入对转。

（2）祼，灌祭也。从示，果声。（古玩切）（8 页）

段注：祼，灌祭也。诗毛传曰：祼，灌鬯也。周礼注曰：祼之言灌。灌以郁鬯，谓始献尸求神时，周人先求诸阴也。从示果声。古玩切。按此字从果为声，古音在十七部。（6 页）

按：祼之言灌，祼以灌为语源。二词同音，古玩切，见母换韵，上古见母元部。祼，以香酒灌地而求神。《书·洛浩》："王入太室祼。"孔颖达疏："王以圭瓒酌郁鬯之酒以献尸，尸受祭而灌于地，因奠不饮，谓之祼。""按此字从果为声，古音在十七部"，应该说，"果"是十七歌部，但"祼"是十四元部，属于阴阳对转。

（3）士，神也。数始于一，终于十。从一，从十。孔子曰：推十合一为士。凡士之属皆从士。（鉏里切）（14 页）

段注：事也。豳风、周颂传凡三见。大雅武王岂不仕传亦云：仕，事也。郑注表记申之曰：仕之言事也。士事叠韵。引伸之，凡能事其事者偁士。白虎通曰：士者，事也，任事之称也。故传曰：通古今，辩然不，谓之士。鉏里切。一部。凡士之属皆从士。（20 页）

按：仕之言事，即士之言事，士以事为语源，能做事任事之人即士人。士，鉏里切，崇母止韵，上古从母之部（即"一部"）。事，鉏吏切，崇母志韵，上古从母之部。二词双声叠韵。

（4）屮，艸木初生也。象丨出形，有枝茎也。古文或以为艸字。读若彻。凡屮之属皆从屮。尹彤说。（15 页）

段注：艸木初生也。象丨出形，有枝茎也。丨读若囟，引而上行也。枝谓两旁茎枝，柱谓丨也。古文或曰为艸字。汉人所用尚尔，或之言有也，不尽尔也。丑列切。十五部。（21 页）

按：或之言有，或和有都解为肯定性无指代词，泛指某个人或某个物。或，胡国切，匣母德韵，上古匣母职部。有，云九切，云母有韵，上古匣母之部。二词双声，韵部阴阳对转。"或"代人，如《论语·为政》："或谓孔子曰：子奚不为政？"《史记·秦本纪》："景公母弟后子针有宠，景公母弟富，或潛之，恐诛，乃奔晋，车重千乘。""或"代事物，如《史记·陈丞相世家》："奇计或颇秘，世莫能闻也。""有"解为某物，如《易·姤九五》："有陨自天。"即某物从天上降下。《尚书·盘庚中》："盘庚曰：乃有不迪不吉。"即有人不循道，不良善。《后汉书·王充王符仲长统列传论》："或推前王之风，可行于当年，有引救敝之规，宜流于长世。""或"和"有"平行并列，都解为"有人"。

（5）蘐，令人忘忧艸也。从艸，宪声。《诗》曰：安得蘐艸。（况袁切）蘐，或从暖。萱或从宣。（16页）

段注：蘐，令人忘忧之艸也。见毛传。蘐之言谖也。谖，忘也。从艸，宪声。况袁切。十四部。诗曰：安得蘐艸。卫风文。今诗作焉得谖草。（25页）

按：蘐之言谖，蘐以谖为语源，谖是忘记，蘐艸，古人认为可以使人忘忧，故又称忘忧草。蘐和谖同音，况袁切，晓母元韵，上古晓母元部（即"十四部"）。唐·韩愈《江汉答孟郊》诗："何为复见赠，缱绻在不谖。"《文选·谢灵运〈西陵遇风献康乐〉诗》："积愤成疢痗，无萱将如何。"刘良注："言累积愤怨成其疢病，萱草可以忘忧也。"

（6）莞，艸也，可以作席。从艸，完声。（胡官切）（17页）

段注：莞，艸也，可㠯作席。小雅：下莞上簟。笺云：莞，小蒲之席也。裁谓：莞之言管也。凡茎中空者曰管，莞盖即今席子艸，细茎，圆而中空。郑谓之小蒲，实非蒲也。广雅谓之葱蒲。从艸，完声。胡官切。在十四部。（27页）

按：莞之言管，莞以管为语源，莞是茎中空有管道的蒲草，可以做席。莞，《广韵》胡官切，又音古丸切，见母桓韵，上古见母元部（即"十四部"）。管，古满切，见母缓韵，上古见母元部。二词双声叠韵。张衡《同声歌》："思为莞蒻席，在下蔽匡床。"

（7）苔，薢苔也。从艸，后声。（胡口切）（20页）

段注：苔，薢苔也。从艸，后声。菱以角得名，菱之言棱也。苔之言角也，苔角双声，同在第三部，唐韵胡口切。薢苔双声。（33页）

按：薢苔是菱的别名。《说文·艸部》："菱，芰也。楚谓之芰；秦谓之薢苔。"唐·段成式《酉阳杂俎·草篇》："芰，一名水栗，一名薢苔。"菱之言棱，苔之言角，菱以棱为语源，苔以角为语源，即菱是有棱角的水生植物。菱，力膺切，来母蒸韵，上古来母蒸部。棱，鲁登切，来母登韵，上古来母蒸部。二词双声叠韵。苟，古厚切，见母厚韵，上古见母侯部。角，古岳切，见母觉韵，上古见母屋部。二词双声，韵部阴入对转。"苟角双声，同在第三部"说法有误，"苟角"非双声，"苟"是段氏四部，"角"是段氏三部，应该都归入段氏四部。

（8）菡，菡萏，芙蓉华未发为菡萏，已发为芙蓉。从艸，闭声。（徒感切）（17）

段注：菡萏，扶渠华。许意菡之言含也，夫之言敷也，故分别之。高诱曰：其华曰夫容，其秀曰菡萏。与许意合。华与秀散文则同，对文则别。夫容今本作芙蓉，俗字也。从艸，闭声。徒感切。八部。（34）

按：菡之言含，菡以含为语源，菡萏是含苞未吐的荷花。含，胡男切，匣母覃韵，上古匣母侵部。菡，胡感切，匣母感韵，上古匣母侵部。二词双声叠韵。夫之言敷，即芙之言敷，芙以敷为语源，敷是铺展，芙是展开的荷花。《书·大禹谟》："文命敷于四海，祗承于帝。"蔡沈集传："禹既已布其文教于四海矣，于是陈其谟以敬承于舜。"

（9）菹，茅藉也。从艸，租声。《礼》曰：封诸侯以土，菹以白茅。（子余切）（24页）

段注：菹，茅藉也。司巫：祭祀共蒩馆。杜子春云：蒩读为菹。菹，藉也。玄谓菹之言藉也。祭食有当藉者，馆所以承菹。士虞礼：苴刌茅长五寸，实于筐。按郑谓仪礼之苴，即周礼之菹也。从艸，租声。子余切。又子都切。五部。（42页）

按：菹之言藉，都解为用草席做衬垫物。菹，则吾切，精母模韵，上古精母鱼部（即"五部"）。藉，慈夜切，从母祃韵，上古从母铎部。二词声母旁转，韵部阴入对转。《周礼·地官·乡师》："大祭祀，羞牛牲，共茅菹。"郑玄注："郑大夫读菹为藉，谓祭前藉也。"《楚辞·九歌》："蕙肴蒸兮兰藉。"

（10）芜，远荒也。从艸，九声。《诗》曰：至于芜野。（巨鸠切）（21页）

段注：远荒也。芜之言究也，穷也。从艸，九声。《诗》曰："至于芜野。"巨鸠切。三部。（45页）

按：芜之言究也，穷也，芜以究和穷为语源，究和穷是终极、尽头，芜是终极、尽头的荒原之地。芜,巨鸠切,群母尤韵,上古群母幽部(即"三部")。究,居佑切,上古见母幽部。芜和究旁纽叠韵。穷,渠弓切,群母东韵,上古群母冬部。芜和穷双声,韵部阴阳对转。《诗·小雅·小明》:"我征徂西,至于芜野。"毛传:"芜野,远荒之地。"《诗·大雅·荡》:"侯作侯祝,靡届靡究。"毛传:"究,穷也。"《易·说卦》:"(《巽》)其究为躁卦。"孔颖达疏:"究,极也。"《列子·汤问》:"飞卫之矢先穷,纪昌遗一矢,既发,飞卫以棘刺之矢扞之,而无差焉。"张湛注:"穷,尽也。"

(11)龠,乐之竹管,三孔,以和众声也。从品、侖。侖,理也。凡龠之属皆从龠。(以灼切)(48页)

段注:龠,乐之竹管,此与竹部钥异义。今经传多用钥字,非也。三孔,孔同空。目和众声也。和众声,谓奏乐时也。万舞时只用龠以节舞,无他声。从品侖。惟以和众声,故从品。侖,理也。亼部曰:侖,思也。按思犹媤,媤理一也。大雅:于论鼓钟。毛传曰:论,思也。郑曰:论之言伦也。毛郑意一也。从侖,谓得其伦理也。以灼切。二部。凡龠之属皆从龠。(85页)

按:论之言伦,论以伦为语源,伦是条理,论是有条理地说明和分析事理。论,卢昆切,来母魂韵,上古来母文部。伦,力迍切,来母谆韵,上古来母文部。二词双声叠韵。《逸周书·宝典》:"悌乃知序,序乃伦;伦不腾上,上乃不崩。"宋·王安石《进洪范传表》:"臣闻天下之物,小大有彝,后先有伦。"南朝·梁·刘勰《文心雕龙·论说》:"是以论如析薪,贵能破理。"

(12)竖,竖立也。从臤,豆声。(臣庾切)豎,籀文竖从殳。(65页)

段注:竖,竖立也。竖立谓坚固立之也。竖与尌音义同,而竖从臤,故知为坚立。周礼内竖,郑云:竖,未冠者之官名。盖未冠者才能自立,故名之竖。因以为官名,竖之言孺也。从臤豆声。臣庾切。古音在四部。豎,籀文竖从殳。(118页)

按:竖之言孺,竖以孺为语源,孺是未成年人,竖是未成年的仆人,即童仆。孺,而遇切,日母遇韵,上古日母侯部。竖,臣庾切,禅母麌韵,上古禅母侯部(即"四部")。二词旁纽叠韵。《后汉书·安帝纪》:

"恭勤慈顺，在孺而勤。"李贤注："孺，幼也。"《楚辞·天问》："有扈牧竖，云何而逢？"洪兴祖补注："竖，童仆之未冠者。"

（13）殂，往死也。从歹，且声。《虞书》曰：勋乃殂。（昨胡切）（85页）

段注：往死也。殂之言徂也。徂，往也。故曰往死。玉篇曰：殂今作徂。从歹且声。昨胡切。五部。（162页）

按：殂之言徂，殂以徂为语源，徂解为往，殂即往死。二词同音，昨胡切，从母模韵，上古从母鱼部（即"五部"）。《诗·豳风·东山》："我徂东山，慆慆不归。"郑玄笺："我往之东山，既久劳矣。"殂乃死的委婉语，离世而往，犹言逝世。

（14）骭，骹也。从骨，干声。（古案切）（86页）

段注：骭，骹也。吕览注引孟子：拔骭一毛而利天下。宁戚歌：短布单衣适至骭。按骭之言干也，干者，本也。人体之址也。从骨干声。古案切。十四部。（166页）

按：骭以干为语源，干是树干，骭是小腿，小腿处于人体下部支撑人体，似树干。骭和干同音，古案切，见母翰韵，上古见母元部（即"十四部"）。《古诗源·饭牛歌》："生不逢尧与舜禅，短布单衣适至骭。"《淮南子·俶真训》："明于生死之分，达于利害之变，虽以天下之大，易骭之一毛，无所概于志也。"

（15）胫，胻也。从肉，巠声。（胡定切）（88页）

段注：胻也。厀下踝上曰胫。胫之言茎也，如茎之载物。从肉巠声。胡定切。十一部。（170页）

按：胫之言茎，胫和茎同源，小腿直而长为胫，草干直而长为茎。胫，胡定切，匣母径韵，上古匣母耕部。茎，户耕切，匣母耕韵，上古匣母耕部。二词双声叠韵。《书·泰誓下》："今商王受狎侮五常，荒怠弗敬，自绝于天，结怨于民，斮朝涉之胫，剖贤人之心。"《楚辞·九歌·少司命》："秋兰兮青青，绿叶兮紫茎。"

（16）腓，胫腨也。从肉，非声。（符飞切）（88页）

段注：腓，胫腨也。咸六二：咸其腓。郑曰：腓，膊肠也。按诸书或言膊肠，或言腓肠，谓胫骨后之肉也。腓之言肥，似中有肠者然，故曰腓肠。从肉，非声。符飞切。十五部。（170页）

按：腓之言肥，腓以肥为语源，腓是小腿肚，多肥。二词都是符飞切，並母微韵，上古並母微部（即"十五部"）。《韩非子·扬权》："腓大于股，难以趣走。"

（17）耦，耒广五寸为伐，二伐为耦。从耒，禺声。（五口切）（93页）

段注：耦，耒广五寸为伐，二伐为耦。耕，各本作耒，今依太平御览正。匠人：耜广五寸，二耜为耦，一耦之伐。广尺深尺，谓之畎。注：古者耜一金两人并发之，其垄中曰畎，畎土曰伐。伐之言发也。"长沮、桀溺耦而耕"，此两人并发之证。引伸为凡人耦之俪。俗借偶。从耒，禺声。五口切。四部。（184页）

按：伐之言发，伐即垡，以发为语源。发是开发，垡是犁头开发出来的土块。垡，房越切，並母月韵，上古並母月部。发，方伐切，帮母月韵，上古帮母月部。二词旁纽叠韵。《国语·周语上》："王耕一墢，班三之，庶民终于千亩。"韦昭注："王耕一墢，一耜之发也。"墢即垡也。

（18）笰，竹列也。从竹，亢声。（古郎切）（86页）

段注：笰，竹列也。列，玄应书作次。竹列者，谓竹之生，疏数偃仰，不齐而齐。笰之言行也。行，列也。古郎切。十部。按依尔雅音义户刚反。其衣笰，衣桁，韵书下浪切。（190页）

按：笰之言行，笰以行为语源，行是行列，笰是竹子的行列。笰，古郎切，见母唐韵，上古见母阳部。行，胡郎切，匣母唐韵，上古匣母阳部。二词旁纽叠韵。

（19）竿，竹梃也。从竹，干声。（古寒切）（97页）

段注：梃，竹梃也。木部曰：梃，一枚也。按梃之言挺也，谓直也。卫风曰：籊籊竹竿。引伸之木直者亦曰竿。凡干旄、干旟、干旌皆竿之假借。又庄子竿牍即简牍也。从竹，干声。古寒切。十四部。（194页）

按：梃之言挺，梃以挺为语源，挺是直，梃是直的植物的干、茎。挺和梃同音，徒鼎切，定母迥韵，上古定母耕部。《周礼·考工记·弓人》："于挺臂中有柎焉，故剽。"郑玄注："挺，直也。"《荀子·劝学》："虽有槁暴，不复挺者，輮使之然也。"杨倞注："挺，直也。"《孟子·梁惠王上》："杀人以梃与刃，有以异乎？"唐·柳宗元《封建论》："负锄梃谪戍之徒，圜视而合从，大呼而成群。"

（20）篚，车笭也。从竹，匪声。（敷尾切）（97页）

段注：篚，车笭也。释器曰：舆，革前谓之鞎，后谓之第。竹前谓之御，后谓之蔽。按此对文则别之，散文则不别。诗言簟笰。毛曰：簟，方文席也。笰，车之蔽也。周礼巾车，蒲蔽棻蔽等，蔽即第也，故郑引翟茀以朝作翟蔽以朝。竹前竹后，许所谓车笭也。茀，诗硕人从艸，载驱从竹，从竹者误也。茀之言蔽也。篚是正字，茀是假借字。如仪礼今文作厞，古文作茀，厞、茀同字。从竹，匪声。敷尾切。十五部。按依许匪匚之匪不从竹，在匚部。从竹者专谓车笭。（195页）

按：茀之言蔽，蔽是遮蔽，茀是古代车子上的遮蔽物。敷勿切，滂母物韵，上古滂母物部。蔽，必袂切，帮母祭韵，上古帮母月部。二词双声，韵部旁转。《礼记·内则》："女子出门，必拥蔽其面。"《诗·卫风·硕人》："翟茀以朝。"孔颖达疏："茀，车蔽也。妇人乘车不露见，车之前后设障以自隐蔽谓之茀。"

（21）筚，藩落也。从竹，毕声。《春秋传》曰：筚门圭窬。（卑吉切）（99页）

段注：筚，藩落也。藩落犹俗云篱落也。筚之言蔽也。从竹，毕声。卑吉切。十二部。《春秋传》曰："筚门圭窬。"见襄十年《左传》。杜曰：筚门，柴门。广韵曰：织荆门也。（198页）

按：筚之言蔽，筚以蔽为语源，蔽是遮蔽，筚是用来遮拦屏蔽的篱笆。筚，卑吉切，帮母质韵，上古帮母质部（即"十二部"）。蔽，必袂切，帮母祭韵，上古帮母月部。二词旁纽，韵部旁转。

（22）餫，野馈曰餫。从食，军声。（王问切）（108页）

段注：餫，野馈曰餫。左传：晋荀首如齐逆女，宣伯餫诸穀。杜云：野馈曰餫。运粮馈之，敬大国也。按餫之言运也，远词也。穀，齐地。鲁之礼不当至此，是野馈也。牺象不出门，嘉乐不野合。传书餫者讥之也。小雅黍苗笺云：营谢转餫之役，有负任者，有挽辇者，有将车者，有牵彷牛者。可证餫为运粮。从食，军声。王问切。十三部。（221页）

按：餫之言运，餫以运为语源，义为运粮以赠人。餫和运同音，王问切，云母问韵，上古匣母文部（即"十三部"）。《左传·成公五年》："晋荀首如齐逆女，故宣伯餫诸谷。"杜预注："野馈曰餫。运粮馈之，敬大国也。"

（23）麸，小麦屑皮也。从麦，夫声。（甫无切）（112 页）

段注：小麦屑皮也。麸之言肤也。屑小麦则其皮可饲兽。大麦之皮不可食用，故无名。从麦夫声。甫无切。五部。麱，麸或从甫。（232 页）

按：麸之言肤，麸和肤同源，麸是小麦麦粒的外皮，肤是人的表皮。二词同源，甫无切，帮母虞韵，上古帮母鱼部。

（24）韠，韨也，所以蔽前以韦。下广二尺，上广一尺，其颈五寸。一命缊韠，再命赤韠。从韦，毕声。（卑吉切）（113 页）

段注：韨也。市部曰：韠也。市，小篆作韨。所曰蔽前者，郑注礼曰：古者佃渔而食之，衣其皮。先知蔽前，后知蔽后。后王易之以布帛，而独存其蔽前者，不忘本也。按韠之言蔽也，韨之言亦蔽也。目韦，故从韦。许于此言一命缊韠，再命赤韠，于市下言天子朱市，诸侯赤市，大夫赤市葱衡。许意卑者偁韠，尊者偁韨，说与郑少异。缊者，赤黄之间色，所谓韎也，緼之假借字也。从韦，毕声。卑吉切。十二部。（234 页）

按：韠之言蔽也，韨之言亦蔽。蔽是遮蔽，韠和韨都是皮制的蔽膝，古代朝觐或祭祀用以遮蔽在衣裳前。蔽，必袂切，帮母祭韵，上古帮母月部。韠，卑吉切，帮母质韵，上古帮母质部。韠和蔽双声，韵部旁转。韨，分勿切，帮母物韵，上古帮母月部。韨和蔽双声叠韵。《汉书·王莽传上》："于是莽稽首再拜，受绿韨衮冕衣裳。"颜师古注："此韨谓蔽膝也。"《诗·桧风·素冠》："庶见素韠兮，我心蕴结兮，聊与子如一兮。"朱熹《诗集传》："韠，蔽膝也，以韦为之。冕服谓之韨，其余曰韠。韠从裳色，素衣素裳，则素韠矣。"按朱熹注，则古代大夫以上的蔽膝称韨，其余的称韠。此说不可信，韨和韠应表达一个词，语音的微异可能是方言或历时造成的。

（25）韘，射决也，所以拘弦。以象骨，韦系着右巨指。从韦，枼声。《诗》曰：童子佩韘。（失涉切）䪝，韘或从弓。（113 页）

段注：韘，射决也。所以拘弦，卫风：童子佩韘。毛曰：韘，决也。能射御则带韘。小雅车攻传曰：决，所以钩弦也。郑注周礼曰：抉，挟矢时所以持弦饰也。注乡射礼、大射仪云：决犹闿也。以象骨为之，箸右大巨指以钩弦闿体。按即今人之扳指也。经典多言决，少言韘。韘惟见诗，毛公释为决，而笺云：韘之言沓，所以彄沓手指。此以礼经之极释韘也。用韦为系，箸右巨指，故字从韦，枼声。失涉切。八部。释文大涉切。《诗》曰："童子佩韘。"弽，韘或从弓。

按：韘之言沓，韘以沓为语源，沓是相合、套，韘是套在右手大拇指上用来勾弦的扳指。韘，失涉切，审母叶韵，上古审母盍部。沓，徒合切，定母合韵，上古定母盍部。二词准旁纽叠韵。《文选·扬雄〈羽猎赋〉》："出入日月，天与地沓。"李善注引应劭曰："沓，合也。"《汉书·外戚传下·孝成赵皇后》："（皇后）居昭阳舍，其中庭彤朱，而殿上髹漆，切皆铜沓黄金涂。"颜师古注："切，门限也……沓，冒其头也。"《诗·卫风·芄兰》："芄兰之叶，童子佩韘。"毛传："韘，玦也。能射御则佩韘。"

（26）楷，木也。孔子冢盖树之者。从木，皆声。（苦骇切）（115 页）

段注：楷，木也。孔子冢盖树之者。皇览云：冢茔中树以百数，皆异种。传言弟子各持其方树来种之。按楷亦方树之一也。儒行曰：今世行之，后世以为楷。楷，法式也。楷之言稽。我稽古，而后世又于此焉稽也。从木，皆声。苦骇切。十五部。以下言木名，故先之以孔冢所树。（239 页）

按：楷之言稽，楷以稽为语源，楷是可用以稽考的法式。楷，苦骇切，溪母骇韵，上古溪母脂部。稽，古溪切，见母齐韵，上古见母脂部。二词旁纽，叠韵。《易·系辞下》："于稽其类。"孔颖达疏："稽，考也。"《礼记·儒行》："儒有今人与居，古人与稽，今世行之，后世以为楷。"孔颖达疏："楷，法式也。言儒者行事，以为后世楷模法式。"

（27）柽，河柳也。从木，圣声。（敕贞切）（117 页）

段注：河柳也。释木、毛传同。陆机云：生水旁，皮正赤如绛，一名雨师。罗愿云：叶细如丝。天将雨，柽先起气迎之，故曰雨师。按柽之言赪也，赤茎故曰柽。广韵释杨为赤茎柳，非也。从木，圣声。敕贞切。十一部。（245 页）

按：柽之言赪，柽以赪为语源，赪是赤色，柽是赤色的河柳。二词同音，敕贞切，彻母清韵，上古透母耕部（即"十一部"）。《诗·大雅·皇矣》："启之辟之，其柽其椐。"朱熹《诗集传》："柽，河柳也，似杨，赤色，生河边。"《说文》："赬，赤色也。从赤，巠声。"《诗》曰：'鲂鱼赬尾。'赪，赬或从贞。"（213 页）

（28）桷，榱也。椽方曰桷。从木，角声。《春秋传》曰：刻桓宫之

桷。（古岳切）（120 页）

段注：桷，榱也。榱也者，浑言之。释宫云桷谓之榱是也。下文椽方曰桷者，析言之。从木角声。形声包会意也。古岳切。三部。椽方曰桷。桷之言棱角也。椽方曰桷，则知桷圜曰椽矣。周易：或得其桷。虞曰：桷，椽也。方者谓之桷。《春秋传》曰："刻桓宫之桷。"左氏庄二十四年经文。（255 页）

按：桷之言棱角，桷以角为语源，桷是方形的有棱角的椽子。二词同音，古岳切，见母觉韵，上古见母觉部（即"三部"）。三国·魏·嵇康《与山巨源绝交书》："足下见直木必不可以为轮，曲者不可以为桷，盖不欲枉其天才，令得其所也。"

（29）檐，樀也。从木，詹声。（120 页）

段注：檐，樀也。檐之言隒也，在屋边也。明堂位重檐注云：重檐，重承壁材也。姚氏鼐云：汉时名檐为承壁材，以其直垂而下如壁。从木，詹声。余廉切。八部。俗作簷。按古书多用檐为儋何之儋。（225 页）

按：檐之言隒，檐和隒同源，檐是屋檐，是房屋之边；隒是崖岸，河流之边。檐，余廉切，以母盐韵，上古舌音以母谈部（即"八部"）。隒，鱼检切，上古牙音疑母琰韵。二词叠韵，声母喉牙音和舌音相通。《诗·王风·葛藟》："绵绵葛藟，在河之漘。"毛传："漘，水隒也。"孔颖达疏："隒是山岸，漘是水岸，故云水隒。"《礼记·明堂位》："复庙，重檐。"

（30）樀，户樀也。从木，啻声。《尔雅》曰：檐谓之樀。读若滴。（都历切）（120 页）

段注：樀，户樀也。按户樀谓门檐也。郭注尔雅及篇、韵皆云屋梠，则不专谓门。从木，啻声。樀之言滴也，与溜滴相近。都历切。十六部。读与滴同。（255 页）

按：樀之言滴，樀以滴为语源，樀是滴水的屋檐。二词同音，都历切，端母锡韵，上古端母锡部（即"十六部"）。

（31）楷，木参交，以枝炊篯者也。从木，省声。读若骊驾。臣铉等曰：骊驾。未详。（122 页）

段注：楷，木参交，以支炊篯者也。支各本作枝。今依集韵、类篇正。竹三交之木是为楷。从木，省声，所绠切。十一部。读若骊驾。汉平帝纪：礼娶亲迎，立轺併马。服虔曰：立轺，立乘小车也。併马，骊驾也。按骊之言丽也。骈下云：驾二马也。驾二马为丽驾。棝读若骊驾之骊，此清支二部合韵也。

按：骊之言丽，骊以丽为语源，丽是二物成双，骊是二马并驾。丽，郎计切，来母霁韵，上古来母支部。骊，郎奚切，来母齐韵，上古来母支部。二词上古双声叠韵。《周礼·夏官·校人》："丽马一圉，八丽一师。"郑玄注："丽，耦也。"《汉书·王莽传上》："宰衡位宜在诸侯王上，赐以束帛加璧，大国乘车、安车各一，骊马二驷。"颜师古注："骊马，并驾也。"

（32）椄，续木也。从木，妾声。（子葉切）（123页）

段注：椄，续木也。今栽华植果者以彼枝移椄此树而华果同彼树矣。椄之言接也。今接行而椄废。从木，妾声。子葉切。八部。（264页）

按：椄之言接，椄以接为语源，椄即嫁接。二词同音，子葉切，精母葉韵，上古精母盍部（即"八部"）。

（33）柷，枕乐也。从木，空声。（苦江切）（124页）

段注：柷，乐木柷也，乐上当有枕字。柷各本作空，误。周颂毛传曰：枕，木柷也。圉，楬也。许所本也。今更正。盖柷之言空也，自其如桼桶言之也。枕之言触也，自其椎柄之撞言之也。臯陶谟：合止柷敔。郑注云：柷状如桼桶而有椎。合之者，投椎其中而撞之。尔雅郭注云：柷如桼桶，方二尺四寸，（风俗通广雅云三尺五寸）深一尺八寸，（风俗通云尺五寸）中有椎柄，连底挏之，令左右击。止者，其椎名。刘熙云：柷，祝也。故训为始。以作乐也。从木，祝省声。昌六切。三部。（265页）

按：柷之言空，柷以空为语源，柷是一种打击乐器，即枕，形状如木桶，中空。柷，苦江切，溪母江韵，上古溪母东部。空，苦红切，溪母东韵，上古溪母东部。二词双声叠韵。《礼记·乐记》："然后圣人作为鼗、鼓、柷、楬、壎、篪，此六者，德音之音也。"郑玄注："柷、楬谓枕、敔也。"

（34）梡，楁木薪也。从木，完声。（胡本切）（125页）

段注：梡，楁木薪也。对析言之。梡之言完也。从木，完声。胡本切。玉篇口管胡管二切。十四部。（269页）

按：梡之言完，梡以完为语源。完是完整，梡是完整的未劈开的木头。梡，胡本切，匣母混韵，上古匣母元部（即"十四部"）。完，胡官切，匣母桓韵，上古匣母元部。二词双声叠韵。

（35）狋，艸木实狋狋也。从生，豨省声。读若绥。（儒佳切）（127 页）

段注：狋，艸木实狋狋也。狋与蕤音义皆同。狋之言垂也。从生豕声，豕与狋皆在十六部。锴作豕声㝡善。铉作豨省声，非也。唐玄应引亦云豕声。读若绥。绥当作綏。礼家綏与蕤通用，故知之。儒追切。古音在十六部。（274 页）

按：狋之言垂，狋以垂为语源，狋狋，草木之实下垂之貌。狋，儒追切，日母脂韵，上古日母微部。垂，是为切，禅母支韵，上古禅母歌部。二词旁纽，韵部旁转。段注："古音在十六部"，即支部。"狋"不见用于韵文韵脚，《汉语大字典》归为微部，即段氏的十五部。

（36）贺，以礼相奉庆也。从贝，加声。（胡个切）（130 页）

段注：贺，以礼物相奉庆也。物字依韵会、玉篇补。相奉庆，玉篇作相庆加，为长。心部曰：庆行贺人也。是庆与贺二字互训。贺之言加也，犹赠之言增也。古假贺为嘉。觐礼：余一人嘉之。今文嘉作贺是也。广韵曰：贺，担也，劳也。此谓或假贺为儋何字也。儋何，俗作担荷。从贝加声。胡个切。十七部。（280 页）

按：贺之言加，贺以加为语源，加是增益、增加，贺是增益礼物表示庆祝。贺，胡个切，匣母个韵，上古匣母歌部。加，古牙切，见母麻韵，上古见母歌部。二词双声叠韵。《诗·大雅·下武》："受天之佑，四方来贺。"孔颖达疏："武王既受得天之佑福，故四方诸侯之国皆贡献庆之。"

赠之言增，赠以增为语源，增是增加，赠是增送礼物给人。赠，昨亘切，从母嶝韵，上古从母蒸部。增，作滕切，精母登韵，上古精母蒸部。二词旁纽叠韵。《诗·郑风·女曰鸡鸣》："知子之来之，杂佩以赠之。"

（37）邦，国也。从邑，丰声。（博江切）（131 页）

段注：邦，国也。周礼注曰：大曰邦，小曰国。析言之也。许云：邦，国也。国，邦也。统言之也。周礼注又云：邦之所居亦曰国。此谓统言则封竟之内曰国，曰邑，析言则国野对偶。周礼体国经野是也。古者城郭所在曰国，曰邑，而不曰邦。邦之言封也。古邦封通用。书序云：邦康叔，邦诸侯。论语云：在邦域之中。皆封字也。周礼故书：乃分地邦而辨其守地。邦谓土畍。杜子春改邦为域，非也。从邑丰声。博江切。九部。之，适也。所谓往即乃封。古文封字亦从之土。（283 页）

按：邦之言封，封是封土种树为边界，边界之内即邦国。邦，博江切，帮母江韵，上古帮母东部。封，府容切，帮母钟韵，上古帮母东部。二词双声叠韵。《左传·僖公三十年》："（晋）既东封郑，又欲肆其西封。"杜预注："封，疆也。"《庄子·齐物论》："夫道未始有封。"成玄英疏："夫道无不在，所在皆无，荡然无际，有何封域。"《书·尧典》："百姓昭明，协和万邦。"《诗·大雅·皇矣》："王此大邦，克顺克比。"

（38）启，雨而昼姓也。从日，启省声。（康礼切）（138 页）

段注：启，雨而昼姓也。启之言闿也。姓者，雨而夜除星见也。雨而昼除见日则谓之启，启亦谓之姓。从日，启省声，康礼切。十五部。按集韵又轻甸切，语之转也。今苏州俗语云：启昼不是好晴。正作此音。（304 页）

按：启之言闿，启以闿为语源，闿即开，启为云开日出天晴。启，康礼切，溪母荠韵，上古溪母脂部。闿，苦亥切，溪母海韵，上古溪母微部。二词双声，韵部旁转。

（39）㬎，众微杪也。从日中视丝。古文以为显字。或曰：众口兒。读若唫唫。或以为茧。茧者，絮中往往有小茧也。（五合切）（139 页）

段注：㬎，众微杪也。从日中视丝。此九字广韵作众明也，微妙也，从日中视丝十一字。疑当作众明也，从日中见丝，丝微眇也。……茧之言结也，释名则谓可以煮烂牵引幂之絮外。说无不合。以㬎为此茧，则㬎古典切。七部。（307 页）

按：茧之言结，茧以结为语源，茧是蚕蛹所结的囊状保护物。茧，古典切，见母铣韵，上古见母真部。结，古屑切，见母屑韵，上古见母质部。二词双声，韵部阳入对转。

（40）牒，札也。从片，枼声。（徒叶切）（143 页）

段注：牒，札也。木部云：札，牒也。左传曰：右师不敢对，受牒而退。司马贞曰：牒，小木札也。按厚者为牍，薄者为牒。牒之言枼

也，叶也。竹部篓义略同。史记段谍为牒。从片，枼声。徒叶切。八部。（318 页）

按：牒之言枼，枼即葉，树葉，牒是古代用以书写的薄如葉片的简札。牒，徒协切，定母帖韵，上古定母盍部。枼，与涉切，以母葉韵，上古以母盍部。二词以母近定，叠韵。《汉书·路温舒传》："取泽中蒲，截以为牒，编用写书。"颜师古注："小简为牒，编联次之。"

（41）穅，谷皮也。从禾、从米，庚声。（苦冈切）（145 页）

段注：穅，谷之皮也。云谷者，晐黍稷稻梁麦而言。谷犹粟也。今人谓已脱于米者为穅，古人不两。穅之言空也，空其中以含米也。凡康宁、康乐皆本义空中之引伸。今字分别乃以本义从禾，引伸义不从禾。从禾米，庚声。庚毛刻作康，误，今正。苦冈切。十部。康，穅或省作。（324 页）

按：穅之言空，穅以空为语源，穅是稻、麦、谷子等子实上脱下的空的皮或壳。穅，苦冈切，溪母唐韵，上古溪母阳部（即"十部"）。空，苦红切，溪母东韵，上古溪母东部。二词双声，韵部旁转。

（42）稔，孰也。从禾，念声。《春秋传》曰：鲜不五稔。（而甚切）（146 页）

段注：稔，孰也。稔之言饪也。从禾念声。而甚切。七部。《春秋传》曰："不五稔。"是。昭元年左传文。（326 页）

按：稔之言饪，稔和饪同源，稔是庄稼熟，饪是饭菜熟。二词同音，而甚切，日母寝韵，上古日母侵部。《论语·乡党》："失饪不食。"何晏集解："孔曰：失饪，失生熟之节。"《韩诗外传》卷一："于是岁大稔，民给家足。"

（43）稍，出物有渐也。从禾，肖声。（所教切）（146 页）

段注：稍，出物有渐也。稍之言小也，少也。凡古言稍稍者皆渐进之谓。周礼：稍食，禄廪也。云稍者谓禄之小者也。从禾肖声。所教切。二部。（327 页）

按：稍之言小，稍以小为语源，小是事物小，稍是禾的小的末端。稍，所教切，声母效韵，上古心母宵部。小，私兆切，心母小韵，上古心母宵部。二词双声叠韵。

（44）瘺，半枯也。从疒，扁声。（匹连切）（155 页）

段注：痶，半枯也。尚书大传：禹其跳，汤扁。其跳者，踦也。郑注云：其发声也。踦，步足不能相过也。扁者，枯也。注言汤体半小扁枯。按扁即痶字之叚借，痶之言偏也。从疒扁声。匹连切。十一部。（351 页）

按：痶之言偏，痶以偏为语源，痶是偏半之身不遂的症状。二词同音，匹连切，滂母仙韵，上古滂母元部。"十一部"是"十四部"之误，"十四部"即元部。

（45）幭，盖幭也。从巾，蔑声。一曰：襌被。（莫结切）（159 页）

段注：幭，盖幭也。幭之言幦也。大雅浅幭传曰：浅，虎皮浅毛也。幭，覆式也。按幭之本义不专为覆轼，而覆轼其一端也。司马彪、徐广曰：乘舆车文虎伏轼，龙首衡轭。文虎伏轼即经之浅幭，龙首衡轭即经之金厄也。说详诗经小学。从巾，蔑声。莫结切。十五部。一曰襌被。别一义。被，寝衣也。（360 页）

按：幭之言幦，幭和幦同源，都解为用作覆盖的巾幔。幭，莫结切，明母屑韵，上古明母月部。幦，莫狄切，明母锡韵，上古明母锡部。二词双声，韵母都是入声。《吕氏春秋·知化》："夫差将死，曰：'死者如有知也，吾何面以见子胥于地下？'乃为幦以冒而死。"《诗·大雅·韩奕》："鞹鞃浅幭。"毛传："幭，覆式也。"孔颖达疏："言鞹鞃者，盖以去毛之皮施于轼之中央持车使牢固也。"

（46）帑，金币所藏也。从巾，奴声。（乃都切）（160 页）

段注：金币所藏也。此与府库廥等一律。帑读如奴。帑之言囊也。以币帛所藏，故从巾。从巾奴声。乃都切。五部。小雅常棣传曰：帑，子也。此叚帑为奴。周礼曰：其奴男子入于罪隶，女子入于舂槀。本谓罪人之子孙为奴，引伸之则凡子孙皆可偁奴。又叚帑为之。鸟尾曰帑，亦其意也。今音帑藏他朗切，以别于于妻帑乃都切。（361 页）

按：帑之言囊，帑以囊为语源，帑是盛放财物的囊，泛指收藏金帛的仓库。《广韵》帑，他朗切，透母荡韵，上古透母阳部。囊，奴当切，泥母唐韵，上古泥母阳部。二词旁纽叠韵。《旧唐书·郑絪传》："罢郡，有钱千缗，寄州帑。后郡数陷，盗不犯郑使君寄库钱。"

（47）佚，佚民也。从人，失声。一曰：佚忽也。（夷质切）（166 页）

段注：佚，佚民也。……从人，失声。夷质切。十二部。一曰佚，

忽也。心部曰：忽，忘也。按忘之言亡也。（380 页）

按：忘之言亡，忘以亡为语源，亡是丢失、丧失，忘是忘记，所记之事丢失。忘，巫放切，明母漾韵，上古明母阳部。亡，巫方切，明母阳韵，上古明母阳部。二词双声叠韵。《庄子·骈拇》："臧与谷二人相与牧羊，而俱亡其羊。"

（48）袳，衣张也。从衣，多声。《春秋传》曰：公会齐侯于袳。（尺氏切）（171 页）

段注：袳，衣张也。张篇、韵皆作长。非。按袳之言侈也。经典罕用袳字者，多作移、作侈。表记曰：衣服以移之。注云：读如禾泛移之移，犹广大也。……从衣，多声。尺氏切。古音在十七部。（394 页）

按：袳之言侈，袳以侈为语源，侈是宽大，袳是衣服宽大。二词同音，尺氏切，昌母纸韵，上古昌母歌部（即"十七部"）。《礼记·杂记下》："凡弁绖，其衰侈袂。"《新唐书·韦坚传》："蒿工柁师皆大笠、侈袖、芒屦，为吴楚服。"

（49）襚，衣死人也。从衣，遂声。《春秋传》曰：楚使公亲襚。（徐醉切）（173 页）

段注：襚，衣死人也。士丧礼：君使人襚。注：襚之言遗也。公羊传曰：车马曰赗，货财曰赙，衣被曰襚。注：襚犹遗也。遗是助死之礼，知生者赗赙，知死者赠襚。从衣遂声。徐醉切。十五部。（397 页）

按：襚之言遗，襚以遗为语源，遗是赠送，襚是赠送死者的衣服。襚，徐醉切，邪母至韵，上古邪母微部（即"十五部"）。遗，以醉切，以母至韵，上古以母微部。二词声母都是舌音，叠韵。《仪礼·士丧礼》："君使人襚，彻帷，主人如初，襚者左执领，右执要，入升致命。主人拜如初，襚者入衣尸出，主人拜送如初。"郑玄注："襚之言遗也，衣被曰襚。"《书·大诰》："宁王遗我大宝龟，绍天明即命。"

（50）船，舟也。从舟，铅省声。（食川切）（176 页）

段注：船，舟也。二篆为转注。古言舟，今言船。如古言屦，今言鞋。舟之言周旋也，船之言溯沿也。从舟㕣声。各本作铅省声。非是。口部有㕣字，水部有沿字，㕣声。今正。食川切。十四部。（403 页）

按：船之言溯沿，船以沿为语源，沿是顺着，船是顺着河流而行的水上交通工具。船，食川切，船母仙韵，上古船母元部。沿，与专切，以母仙韵，上古以母元部。二词声母同为舌音，叠韵。《书·禹贡》："沿于江海，达于淮泗。"孔传："顺流而下曰沿。"

（51）欻，有所吹起。从欠，炎声。读若忽。（许物切）（179页）

段注：欻，有所吹起。从欠炎声，读若忽。西京赋：欻从背见。薛注：欻之言忽也。按此篆久讹。从炎非声。盖本从桒声，讹而为炎，莫能谋正。倘去声字，说以从炎会意，亦恐非也。许勿切。十五部。（411页）

按：欻之言忽，欻和忽同源，都解为忽然、突然。欻，许勿切，晓母物韵，上古晓母物部。忽，呼骨切，晓母没韵，上古晓母物部。二词双声叠韵。南朝·梁·范缜《神灭论》："夫欻而生者必欻而灭，渐而生者必渐而灭。"

（52）髤，用梳比也。从髟，次声。（七四切）（185页）

段注：髤，用梳比也。比者今之篦字。古只作比。用梳比谓之髤者，次第施之也。凡理发先用梳，梳之言疏也。次用比，比之言密也。周礼追师，为副编次，注云：次者，次第发长短为之，疑次即髤。从髟次声。此举形声包会意。七四切，十五部。（427页）

按：梳之言疏，梳以疏为语源，疏是稀疏，梳是齿稀疏的整理须发的用具。梳和疏同音，所菹切，生母鱼韵，上古心母鱼部。比之言密，即篦之言密，篦以密为语源，密是密比，篦是齿密比的整理须发的用具。密，美必切，明母质韵，上古明母质部。篦，边兮切，帮母齐韵，上古帮母脂部。二词旁纽，韵部阴阳对转。

（53）驾，马在轭中。从马，加声。（古讶切）（200页）

段注：驾，马在轭中也。毛传曰：轭，乌噣也。乌噣即释名之乌啄。辕有衡，衡，横也，横马颈上，其扼马颈者曰乌啄。下向叉马颈，似乌开口向下啄物时也。驾之言以车加于马也。从马加声。古讶切。十七部。（464页）

按：驾之言以车加于马，驾以加为语源，驾是把车加在马身上，即套车驾马之义。驾，古讶切，见母禡韵，上古见母歌部（即"十七部"）。加，古牙切，见母麻韵，上古见母歌部。二词双声叠韵。《诗·小雅·车攻》："四黄既驾，两骖不猗。"

（54）騤，马突也。从马，旱声。（侯旰切）（201页）

段注：駻，马突也。駻之言悍也。淮南书作馯，高曰：馯马，突马也。从马，旱声。侯旰切。十四部。（467 页）

按：駻之言悍，悍是凶悍，駻是奔突凶悍的马。駻和悍同音，侯旰切，匣母翰韵，上古匣母元部（即"十四部"）。汉·贾谊《治安策》："陛下之臣虽有悍如冯敬者，适启其口，匕首已陷其胸矣。"《韩非子·外储说右下》："马退而却，策不能进前也；马駻而走，辔不能正也。"

（55）鼢，鼠也。从鼠，番声。读若樊。或曰：鼠妇。（附袁切）（206 页）

段注：鼠也。三字为句。各本皆删一字，浅人所为也。以下皆同。广雅谓之白，王氏念孙曰：鼢之言皤也。从鼠番声，读若樊。附袁切。十四部。（478 页）

按：鼢之言皤，皤是白，鼢是白鼠。鼢，附袁切，并母元韵，上古并母元部（即"十四部"）。皤，薄波切，并母戈韵，上古并母歌部。二词双声，韵部阴阳对转。《玉篇·鼠部》："鼢，白鼠。"《说文》："皤，老人白也。从白，番声。《易》曰：贲如皤如。"（160 页）皤泛指白色，非单指"老人白也"。

（56）尯，股尯也。从尣，亏声。（乙于切）（215 页）

段注：尯，股尯也。尯之言纡也。纡者，诎也。从尣亏声。乙于切。五部。（496 页）

按：尯之言纡，纡是弯曲，尯是大腿弯曲。尯和纡同音，乙于切，影母虞韵，上古影母鱼部（即"五部"）。《周礼·考工记·矢人》："中弱则纡，中强则扬。"

（57）意，志也。从心，察言而知意也。从心，从音。（於记切）

段注：意，志也。志即识，心所识也。意之训为测度，为记。训测者，如论语毋意毋必，不逆诈，不亿不信，亿则屡中，其字俗作亿。训记者，如今人云记忆是也，其字俗作忆。大学曰：欲正其心者，先诚其意。诚谓实其心之所识也，如恶恶臭，如好好色，此之谓自谦。郑云谦读为慊，慊之言厌也。按厌当为猒。猒者，足也。从心音。会意。於记切。一部。古音入声。於力切。察言而知意也。说从音之意。（502 页）

按：慊之言厌，慊和厌同源，都解为满足。慊，《集韵》诘协切，溪母帖韵，上古溪母盍部。厌，於艳切，影母艳韵。二词旁纽，韵部阳入对转。《孟子·公孙丑上》："行有不慊于心，则馁矣。"赵岐注："慊，快也。"《庄子·天运》："今取猨狙而衣以周公之服，彼必龁啮挽裂，尽去而后慊。"成玄英疏："慊，足也。"《老子》："带利剑，厌饮食，财货有余，是谓盗竽。"《汉书·鲍宣传》："今贫民菜食不厌，衣又穿空，父子夫妇不能相保，诚可为酸鼻。"颜师古注："厌，饱足也。"

（58）汭，水相入也。从水、从内，内亦声。（而锐切）（229 页）

段注：汭，水相入兒。兒，各本作也，今依玉篇、广韵正。上下文皆水兒，则兒字是也。水相入兒者，汭之本义也。周礼职方之汭，即汉志右扶风汧县之芮，水名也。大雅之汭，亦作芮。毛云：水厓也。郑云：汭之言内也。尚书妫汭、渭汭，某氏释为水北。雒汭，某氏释为雒入河处。左传汉汭、渭汭、雒汭、滑汭，杜氏或云水内也，或云水之隈曲曰汭，大意与大雅郑笺相近。郑笺之言云者，谓汭即内也。凡云某之言某，皆在转注假借间。从水内，与枘同意。内亦声。而锐切。十五部。（546 页）

按：汭之言内，汭以内为语源，内是纳入，汭是一条河流纳入另一条河流的地方。汭，而锐切，日母祭韵，上古日母物部。内，纳的古字，奴答切，泥母合韵，上古泥母缉部。二词准双声，韵部通转。《书·禹贡》："东过洛汭。"孔传："洛汭，洛入河处。"《资治通鉴·晋愍帝建兴二年》："汉中山王曜、赵染寇长安。六月，曜屯渭汭，染屯新丰。"胡三省注："《春秋左氏传》曰：'虢公败戎于渭汭。'杜预曰：'水之隈曲曰汭。'王肃曰：'汭，入也。'吕忱曰：'汭者，水相入也。即渭水入河处。'"《孟子·万章上》："思天下之民，匹夫匹妇，有不被尧舜之泽者，若己推而内之沟中。"汉·王符《潜夫论·德化》："是故凡立法者，非以司民短而诛过误，乃以防奸恶而救祸败，检淫邪而内正道尔。"汪继培笺："内，读为纳。"

（59）演，长流也。一曰：水名。从水，寅声。（以浅切）（229 页）

段注：演，长流也。演之言引也，故为长远之流。周语注曰：水土气通为演。引伸之义也。一曰水名。未详。从水，寅声。以浅切。古音在十二部。（547 页）

按：演之言引，演以引为语源，引为延长，演为水延伸长流。演，以浅切，以母狝韵，上古以母真部。引，余忍切，以母轸韵，上古以母真部。二词双声叠韵。《文选·木华〈海赋〉》:"尔其为大量也,则南澲朱崖,北洒天墟,东演析木,西薄青徐,经途瀺溟,万万有余。"李善注:"《说文》曰:'演,长流也。'言流至析木之境。"《诗·小雅·楚茨》:"子子孙孙,勿替引之。"孔传:"引,长也。"

（60）渎,沟也。从水,卖声。一曰:邑中沟。（徒谷切）（232 页）

段注:渎,沟也。谓井间广四尺,深四尺者也。从水卖声。徒谷切。三部。一曰邑中曰沟。曰字依玄应补。不必井间,亦不必广四尺深四尺也。按渎之言窦也。凡水所行之孔曰渎。小大皆得称渎。释水曰:注浍曰渎。又曰:江河淮济为四渎。水经注谓古时水所行今久移者曰故渎。（554 页）

按:渎之言窦,窦是孔穴,渎是沟渠,沟渠似孔穴。渎,徒谷切,定母屋韵,上古定母屋部。窦,徒候切,定母候韵,上古定母屋部。二词双声叠韵。《论语·宪问》:"（管仲）岂若匹夫匹妇之为谅也,自经于沟渎而莫之知也?"《史记·屈原贾生列传》:"彼寻常之污渎兮,岂能容吞舟之鱼!"《庄子·外物》:"天之穿之,日夜无降,人则顾塞其窦。"

（61）渥,沾也。从水,屋声。（於角切）（234 页）

段注:渥,沾也。小雅:即优即渥。考工记:欲其柔滑而腛脂之。注:腛读如沾渥之渥。按渥之言厚也。濡之深厚也。邶风传曰:渥,厚渍也。从水,屋声。於角切。古音在三部。（558 页）

按:渥之言厚,渥和厚同源,都解为厚,浓厚。渥,於角切,影母觉韵,上古影母屋部。厚,胡口切,匣母厚韵,上古匣母侯部。二词旁纽,韵部阴入对转。《韩非子·说难》:"夫旷日离久,而周泽既渥,深计而不疑,引争而不罪,则明割利害以致其功,直指是非以饰其身,以此相持,此说之成也。"汉·王充《论衡·齐世》:"万物之生,俱得一气。气之薄渥,万世若一。"

（62）泮,诸侯乡射之宫,西南为水,东北为墙。从水、半,半亦声。（普半切）（237 页）

段注:泮,诸侯飨射之宫,诸侯上当有泮宫二字。飨,大徐作乡,今依小徐。飨者,谓乡饮酒也。鲁颂曰:思乐泮水。又曰:既作泮宫。毛曰:泮水,泮宫之水也。天子辟廱,诸侯泮宫。王制曰:天子曰辟廱,诸侯曰頖宫。郑云:辟,明也。廱,和也。所以明和天下。頖之言班也。

所以班政教也。许书无頖字，盖礼家制頖字，许不取也。小戴三云頖宫。西南为水，东北为墙。从水半，鲁颂笺云：辟廱者，筑土雝水之外圆如璧，四方来观者均也。泮之言半也。盖东西门以南通水，北无也。白虎通曰：独南面礼仪之方有水耳。半亦声。普半切。十四部。（566页）

按：泮之言半，泮以半为语源，"泮之言半也。盖东西门以南通水，北无也"。泮，普半切，滂母换韵，上古滂母元部（即"十四部"）。半，博漫切，帮母换韵，上古帮母元部。二词旁纽叠韵。《诗·鲁颂·泮水》："既作泮宫，淮夷攸服。"

（63）拍（后写作拍），拊也。从手，百声。（普百切）（252页）

段注：拊也。释名曰：拍，搏也。手搏其上也。按许释搏曰索持，则古经搏训拍者，字之叚借。考工记：搏埴之工。注曰：搏之言拍也。云之言者，见其义本不同也。从手，百声。普百切。古音在五部。读如粨。（598页）

按：搏之言拍，搏和拍同源，都解为拍打。搏，补各切，帮母铎韵，上古帮母铎部。拍，普伯切，滂母陌韵，上古滂母铎韵。二词旁纽叠韵。《孟子·告子上》："今夫水，搏而跃之，可使过颡。"《史记·田叔列传》："田叔取其渠率二十人，各笞五十，余各搏二十，怒之曰：'王非若主邪？何自敢言若主！'"《韩非子·功名》："一手独拍，虽疾无声。"晋·郭璞《游仙诗》之三："左挹浮丘袖，右拍洪崖肩。"

（64）揫，暂也。从手，斩声。（昨甘切）（253页）

段注：揫，斩取也。各本斩取二字作暂，今正。长杨赋：麾城揫邑。苍颉篇曰：揫，拍取也。郑曰：揫之言芟也。按芟，刈艸也。揫本训芟夷。从手斩声。昨甘切。八部。广韵作揫，斩取也。山槛切。（602页）

按：揫之言芟，揫和芟同源，都解为芟杀。揫，昨甘切，从母谈韵，上古从母谈部。芟，所衔切，生母衔韵，上古心母谈部。二词旁纽叠韵。《礼记·礼器》："君子之于礼也，有直而行也……有揫而播也。"郑玄注："揫之言芟也，谓芟杀有所与也。"汉·张衡《东京赋》："其遇民也，若薙氏之芟草，既蕴崇之，又行火焉。"《旧唐书·李元谅传》："芟林薙草，斩荆榛。"

（65）探，远取之也。从手，罙声。（他含切）（255页）

段注：探，远取之也。探之言深也。易曰：探赜索隐。从手罙声。

他含切。古音在七部。（605 页）

按：探之言深，探以深为语源，探是深入摸取。探，他含切，透母谭韵，上古透母侵部。深，式针切，书母侵韵。二词准旁纽，叠韵。《汉书·宣帝纪》："毋得以春夏摘巢探卵，弹射飞鸟。"

（66）媒，谋也，谋合二姓。从女，某声。（莫杯切）（259 页）

段注：媒，谋也，以叠韵为训。谋合二姓者也。虑难曰谋。周礼媒氏注曰：媒之言谋也。谋合异类使和成者。从女，某声。莫梧切。古音在一部。（613 页）

按：媒之言谋，媒以谋以语源，谋是谋划，媒是谋合二姓使成婚的人。媒，莫杯切，明母灰韵，上古明母之部（即"一部"）。谋，莫浮切，明母尤韵，上古明母之部。二词双声叠韵。《诗·豳风·伐柯》："取妻如何？匪媒不得。"

（67）婢，女之卑者也。从女、卑，卑亦声。（便俾切）（260 页）

段注：婢，女之卑者也。内则：父母有婢子。郑曰：所通贱人之子。是婢为贱人也。而曲礼自世妇以下，自偁曰婢子。左传秦穆姬言晋君朝以入，则婢子夕以死。是贵者以婢子自谦。婢亦称婢子，与内则婢子不同也。郑注曲礼曰：婢之言卑也。从女卑，会意。卑亦声。据韵会，小徐无此三字。便俾切。十六部。（616 页）

按：婢之言卑，婢以卑为语源，婢是地位卑下的女仆。婢，便俾切，并母纸韵，上古并母支部（即"十六部"）。卑，府移切，帮母支韵，上古帮母支部。二词旁纽叠韵。《汉书·刑法志》："妾愿没入为官婢，以赎父刑罪，使得自新。"《易·系辞上》："卑高以陈，贵贱位矣。"

（68）匽，匿也。从匚，㚫声。（於蹇切）（267 页）

段注：匽，匿也。匽之言隐也。周礼宫人：为之井匽。郑司农云：匽，路厕也。后郑云：匽猪谓雷下之池畜水而流之者。按二说皆谓隐蔽之地也。从匚，㚫声。於蹇切。十四部。（635 页）

按：匽之言隐，匽和隐同源，都解为隐匿，掩蔽。匽特指隐匿之处的厕所。匽，於蹇切，影母阮韵，上古影母元部。隐，於谨切，影母隐韵，上古影母文部。二词双声，韵部旁转。《战国策·燕策二》："今宋射天笞地，铸诸侯之象，使侍屏匽，展其臂，弹其鼻。"匽即厕所。

（69）甄，康瓠破罂。从瓦，臬声。（鱼例切）（269 页）

段注：瓶，康瓠。按当有谓之瓶三字。破罂也。康之言空也。瓠之言壶也。空壶谓破罂也。罂已破矣，无所用之。瓶之言滞而无用也。法言曰：甄陶天下者，其在和乎。刚则瓶，柔则坏。此引申之义也。从瓦，臬声。鱼列切。十五部。广韵五计切。玉篇邱滞切。（639页）

按：瓠之言壶，瓠以壶为语源，瓠是结实如壶的一种蔬菜类植物。瓠，胡误切，匣母暮韵，上古匣母鱼部。壶，户吴切，匣母模韵，上古匣母鱼部。二词双声叠韵。《诗·小雅·南有嘉鱼》："南有樛木，甘瓠累之。"

（70）绐，丝劳即绐。从糸，台声。（徒亥切）（271页）

段注：丝劳即绐。即当为则，古书即则多互讹。丝劳敝则为绐。绐之言怠也，如人之券怠然。古多段为诒字。言部曰：诒者，相欺诒也。从糸台声。徒亥切。一部。（645页）

按：绐之言怠，绐以怠为语源，怠是疲劳，绐是用久疲劳易断破旧之丝。绐和怠同音，徒亥切，定母海韵，上古定母之部（即"一部"）。

（71）缒，以绳有所县也。《春秋传》曰：夜缒纳师。从糸，追声。（持伪切）（276页）

段注：以绳有所县也。县者，系也。以绳系物垂之是为缒。缒之言垂也。玄应引县下有镇。《春秋传》曰："夜缒纳师。"见左传襄十九年。从糸，追声。持伪切。按当持位切。古音在十五部。（657页）

按：缒之言垂，缒以垂为语源，缒是以绳悬物垂下。缒，持伪切，澄母寘韵，上古定母微部。垂，是为切，禅母支韵，上古禅母歌部。二词声母都是舌音，韵部旁转。《左传·僖公三十年》："（烛之武）夜缒而出。"

（72）緉，履两枚也。一曰：绞也。从糸，从两，两亦声。（力让切）（277页）

段注：履网枚也。齐风：葛屦五两。履必两而后成用也，是之谓緉。一曰绞也。一曰犹一名也。方言：緉、缫，绞也。关之东西或谓之缫。绞通语也。按緉之言两也，缫之言双也，绞之言交也。从糸、两，两亦声。力让切。十部。（661页）

按：緉之言两，緉以两为语源，两是成双的人或物，緉是成双的鞋。两，良奖切，来母养韵，上古来母阳部。緉，力让切，来母漾韵，上古来母阳部。二词双声叠韵。三国·魏·曹植《冬至献履袜颂表》："拜表奉贺，并献文履七緉，袜百副。"

（73）蠓，蠛蠓也。从虫，蒙声。（莫孔切）（281页）

段注：蠛蠓也。各本蠛作蠓，无此字。今正。蠛之言末也，微也。尔雅作蠓，非古也。释虫曰：蠓，蠛蠓。孙炎曰：此虫小于蚊。郭图赞曰：小虫似蛾，风春雨碓。谓其飞上下如春则天风，回旋如磨则天雨。从虫，蒙声。莫孔切。九部。（668页）

按：蠛之言末，段注改字，实蠛之言末，蠛和末同源，末是细小、轻微，蠛是细小、轻微的小蠓虫。蠛，莫结切，明母屑韵，上古明母月部。末，莫拨切，明母末韵，上古明母月部。二词双声叠韵。汉·扬雄《法言·学行》："视日月而知众星之蔑也，仰圣人而知众说之小也。"《易·咸》："《象》曰：'咸其脢'，志末也。"《南史·文学传·钟嵘》："嵘虽位末名卑，而所言或有可采。"

段氏的"之言"声训，也有主观随意、牵强附会之处，实不可信的。如：

（1）髆，肩甲也。从骨，尃声。（补各切）（86页）

段注：髆，肩甲也。肉部曰：肩，髆也。单呼曰肩，絫呼曰肩甲。甲之言盖也，肩盖乎众体也。今俗云肩甲者，古语也。释名作肩甲，灵枢经作肩胛，水经注云：如人袒胛，故谓之赤胛山。胛者，甲之俗也。从骨尃声。补各切。五部。（164页）

按：甲之言盖，即胛之言盖，胛（见母盍部）和盖（见母月部）虽然语音相通（月部和盍部通转），但解胛为盖，牵强不可信。

（2）脚，胫也。从肉，却声。（居勺切）（88页）

段注：脚，胫也。东方朔传曰：结股脚。谓跪坐之状，股与脚以郄为中。脚之言却也。凡却步必先胫。从肉却声。居勺切。五部。（170页）

按：虽然脚（见母药部）和却（溪母药部）语音相近（旁纽叠韵），但是"凡却步必先胫"，故"脚之言却"，不可信。

（3）柱，楹也。从木，主声。（直主切）（120页）

段注：柱，楹也。柱之言主也，屋之主也。从木主声。直主切。古音在四部。按柱引伸为支柱柱塞，不计纵横也。凡经注皆用柱，俗乃别造从手拄字。音株主切。（253页）

按：柱（定母侯部）和主（章母侯部）音近（准旁纽叠韵），但说"柱之言主也，屋之主也"，不可信。

（4）赏，赐有功也。从贝，尚声。（书两切）（130 页）

段注：赏，赐有功也。锴曰：赏之言尚也。尚其功也。从贝尚声。书两切。十部。（253 页）

按：赏（书母阳部）和尚（禅母阳部）古音相近（旁纽叠韵），但说"赏之言尚也，尚其功也"，不可信。

（5）曐，万物之精，上为列星。从晶，生声。（桑经切）星，曐或省。（141 页）

段注：星，万物之精，上为列星。星之言散也，引伸为碎散之偁。从晶。从生声。桑经切。十一部。（312 页）

按：星（心母耕部）和散（心母元部）音近（双声，耕部可通元部），但说"星之言散"，不可信。星可引伸指"碎散"，但不能说星和散同源。实际上星和晶（精母耕部）同源，晶是晶莹，星星是晶莹的。

（6）夙，早敬也。从丮持事，虽夕不休，早敬者也。（息逐切）（142 页）

段注：夙，早敬也。召南毛传曰：夙，早也。大雅：载震载夙。毛云：夙，早也。笺云：夙之言肃也。惟夙有敬意，故郑云尔。从丮夕，夕旧夺，今补。息逐切。三部。（315 页）

按：夙和肃同音（心母觉部），但"夙之言肃"，没有根据。夙是早晨，肃是严肃，二词之间没有关系。

（7）稼，禾之秀实为稼，茎节为禾。从禾，家声。一曰：稼，家事也。一曰：在野曰稼。（古讶切）（144 页）

段注：稼，禾之秀实为稼，既言秀又言实者，论语说也，谓禾穗之成曰稼也。稼之言嫁也。毛传曰：种之曰稼。周礼司稼注曰：种谷曰稼，如嫁女以有所生。此说与穑义别。吕览君守篇曰：后稷作稼。（320 页）

按：稼和嫁同音（见母鱼部），但说"稼之言嫁"，是因为"种谷曰稼，如嫁女以有所生"，此说牵强，不可信。

（8）襋，衣领也。从衣，棘声。《诗》曰：要之襋之。（己力切）（170 页）

段注：襋，衣领也。领者，颈项也。因以为衣在颈之名。魏风：要之襋之。毛传曰：要，要也。襋，领也。按裳之上曰要，衣之上曰领，皆以人体名之也。士丧礼云：襚者，左执领，右执要。从衣棘声。棘之言亟也，领为衣之亟者。故曰襋。己力切。一部。《诗》曰："要之襋之。"（390 页）

按：襋和亟同音（见母职部），但说"棘之言亟也，领为衣之亟者，故曰襋"，无据。

（9）澄，清也。从水，徵省声。（直陵切）（231 页）

段注：澂，清也。澂之言持也，持之而后清。方言曰：澂，清也。澂、澄古今字。从水，徵省声。直陵切。六部。（550 页）

按：澂（定母蒸部）和持（定母之部）音近（双声，韵部阴阳对转），但说"澂之言持也，持之而后清"，无据。

（10）沼，池水。从水，召声。（之少切）（232 页）

段注：沼，池也。召南传曰：沼，池也。张揖广雅同。按众经音义两引作小池也。从水，召声。之少切。二部。按沼之言招也，招外水猪之。（553 页）

按：沼（章母宵部，上声）和招（章母宵部，平声）音近，但说"沼之言招也，招外水猪之"，无据。

（11）绖，丧首戴也。从糸，至声。（徒结切）（277 页）

段注：绖，丧首戴也。丧服经且绖，注曰：麻在首在要皆曰绖。绖之言实也，明孝子有忠实之心，故为制此服焉。首绖像缁布冠之缺项，要绖像大带，又有绞带像革带。从糸，至声。徒结切。十二部。（661 页）

按：绖（定母质部）和实（船母质部）音近（准旁纽，叠韵），但说"绖之言实也，明孝子有忠实之心，故为制此服焉"，无据。

（12）棟，栋也。从木，亡声。《尔雅》曰：棟廇谓之梁。（武方切）（121 页）

段注：棟，栋也。从木，亡声。武方切。十部。《尔雅》曰："棟廇谓之梁。"棟廇者，棟之言网也。廇者，中庭也。架两大梁，而后可定中庭也。释宫曰：棟廇谓之梁。其上楹谓之棳。今宫室皆如此。不得谓梁为栋也。（256 页）

按：棟（明母阳部，平声）和网（明母阳部，上声）音近，但说"棟之言网也"，无据。棟是房屋的栋梁，网是捕兽或捕鱼之网，二者义不相关。

（13）彘，豕也。后蹄废谓之彘。从彑，矢声。从二匕，彘足与鹿足同。（直例切）（197 页）

段注：彘，豕也。与豕篆下彘也为转注。后蹄废谓之彘。废，钝置也，彘之言滞也。豕前足仅屈伸，后足行步蹇劣，故谓之废。从彑从二匕，矢声。直例切。十五部。彘足与鹿足同，说从二匕之意也。鹿龟能足皆从二匕。（456 页）

按：彘之言滞，彘和滞同音，上古定母月部，但说“后蹄废谓之彘”，故“彘之言滞也”，无据。彘的甲骨文像猪中箭之形，本义就是猪，非“后蹄废”，与“滞”无关。

（14）献，宗庙犬名羹献，犬肥者以献之。从犬，鬳声。（许建切）（205 页）

段注：宗庙犬名羹献。犬肥者曰献。此说从犬之意也。曲礼曰：凡祭宗庙之礼，犬曰羹献。按羹之言良也，献本祭祀奉犬牲之偁，引伸之为凡荐进之偁。从犬，鬳声。许建切。十四部。

按：羹，上古见母阳部。良，上古来母阳部。二字叠韵，声母可以有复辅音 kl。但说“羹之言良”，羹以良为语源，无据。

结　　语

最后我们对全文进行总结并提出一些困惑。

段玉裁是清朝乾嘉时代的小学大师，一生研究古音、文字、经学，多所发明，著述丰富。段氏出生耕读世家，青年中举，游宦十载，中岁解绂，从此研究学问，著述不辍，终成一代小学宗师。

段氏研究古音的目的是以音韵明文字，以文字明训诂，以训诂明圣贤经传。而谐声字的声符标志着古音，形符标志着古义。他一方面利用谐声字归纳、验证古韵分部，另一方面利用古韵分部解释、校正谐声字。所以从谐声字的角度研究段氏古音学，具有很重要的意义。

段氏最重要的古音学著作有专著《六书音均表》和长篇论文《苔江晋三论韵》，文字学著作《说文解字注》也包含了丰富的古音学材料和古音学思想。

《六书音均表》是在《诗经韵谱》《群经韵谱》的基础上撰写的，乾隆四十九年书成，翌年刻成于四川。此书划古韵为十七部，奠定了古韵分部的基本框架和规模。在江永古韵十三部的基础上，他提出支脂之三分，侯部独立，真文分立，成就巨大。他还提出了丰富深刻的古音学思想，如同声必同部说、古合韵说、古无去声说、异平同入说等，无不启迪后人，泽及后学。

《苔江晋三论韵》是段氏七十八岁时回复江有诰的信，也是一篇非常重要的古音学论文。在文中，段氏对江有诰对自己的修正逐一答辩，接受了以屋承侯、月物分立，采纳了孔广森的冬部独立，确立了晚年古韵十八部的体系。

段氏《六书音均表》的主要错误有：宵部无入，侯部无入，以质承真，月物合部，以月承脂，侵缉合部，谈盍合部。

关于宵部无入。段氏把药部入声字都归为宵部平声字。段氏的理由是宵药相押和宵药相谐的比例较大。段氏揭示的确实是事实，但确凿的事实并不能得出段氏的结论。据王力统计，《诗经》中宵药相押的比例是16.4%。据我们统计，有18个声符可以兼谐宵药，占段氏第二部所列谐声总数的40.9%。宵药相押的比例确实很高，但是和之职、幽觉、侯屋、鱼铎、支锡各以阴入相押相谐并没有本质区别，而段氏承认职部、觉部、屋部、铎部、锡部是入声字。在谐声字上，有25个声符可以兼谐幽觉，数量超过可以兼谐宵药的声符数目。所以段氏单单把药部字转化为平声字，是违反形式逻辑的。

关于侯部无入。段氏采纳了江有诰的意见，屋觉分立，以屋承侯。我们举出可以兼谐侯屋的11个声符，证明以屋承侯的正确性。

关于以质承真。在《诗经》《楚辞》中，至少有四例是严格意义上的脂质相押，而只有一例真质相押。如果按照考古派的观点，客观地以韵文韵脚字来归纳韵部，那么应该如江有诰一样以质承脂，如果认为脂质相押数量少，那么应该像王念孙一样，质部独立。在谐声上，几乎没有声符可以兼谐脂质，有四例可以兼谐真质。

关于月物合一、以承脂部。段氏在《六书音均表》里误解韵例，认为月物相押，所以他月物合一、以承脂部。在《答江晋三论韵》里，段氏采纳王念孙、江有诰月物分押的意见，同意月物分立。但是他仍然以月承脂。在《诗经》及群经韵文里，没有与月部相押的阴声韵，所以他不得不承袭顾炎武的做法，以月承脂。

对于歌部的处理，段氏和戴震均不如江永。在《四声切韵表》里，江永歌月元相配，独具慧眼。在文中，我们通过异文、读若、同源词证明歌月在语音系统上相配。在谐声上，歌月元具有独特的个性。歌月不谐，歌元可以相谐，元月大量相谐。有18个声符可以兼谐元月。

关于以缉承侵、以盍承谈。顾炎武认为在《诗经》中，闭口韵的阳声韵和入声韵相押，所以他以入声韵承阳声韵，有据。江永认为侵缉不相押，谈盍不相押，所以他入声八部有缉部和盍部，缉部和盍部有相对的独立性，也有据。段氏和江永一样，也认为侵缉不相押，谈盍不相押，但他仍然以缉承侵，以盍承谈，无据。段氏另一个理由就是侵缉可以相谐，谈盍可以相谐。事实确实如此，我们举出15个可以兼谐阳入的声符。但是谐声字不是归纳韵部的根本依据，韵文的押韵才是归纳韵部的根本依据。一个声符可以兼谐阴入或兼谐阳入或兼谐阴阳，可能反映了方言的歧异或语音的历时转化。

王力把段氏的古韵十七部发展为三十部，这三十部可以分为三类，第一类是之职蒸、幽觉冬、宵药、侯屋东、鱼铎阳、支锡耕。这六组的入声收 - k 尾，阴入可以相押相谐。第二类是脂质真、微物文、歌月元。这三组的入声收 - t 尾，阴入几乎不相押不相谐，歌月更是不见相押相谐之例。第三类是侵缉、谈盍，入声收 - p 尾，没有相配的阴声韵。我们着重论述第一类有哪些声符可以兼谐阴入。之、疑、异、而、里、来、亥、有、母、不、音、戒 12 个声符可以兼谐之职；攸、由、酉、九、寿、舟、周、丑、尤、翏、矛、焦、叉、包、冒、奥、告、禾、肃、肉、六、学、叟、保、州 25 个声符可以兼谐幽觉；乔、敫、翟、爻、劳、勺、小、高、毛、交、兒、卓、羔、刀、夭、皂、吊、弱 18 个声符可以兼谐宵药；后、娄、亞、箕、主、具、取、臼、谷、殼、束 11 个声符可以兼谐侯屋；支、智、只、是、帝、巂、儿、圭、卑、易、丽、束 12 个声符可以兼谐支锡。

之幽宵侯鱼支六部阴入相押、相谐的比例如下表：

	之职	幽觉	宵药	侯屋	鱼铎	支锡
相押比	10.5%	4.7%	16.4%	8.8%	9.6%	15.4%
相谐比	12.6%	26%	40.9%	20.3%	12.1%	26.6%

第四章是对段氏凭古音改动文字结构的评议。段氏在《说文解字注》里运用古韵学取得了很高的成就。但是由于段氏的古韵十七部还不够完密，较少利用当时的金文研究成果，甲骨文还没有出土，而且他对声母的研究也不够，故他的古音学运用也时有错误。论文主要站在古韵三十部的角度评议段氏对文字结构的改动。他或者把一些谐声字改为会意字，或者把一些会意字改为谐声字，或者对一些谐声字声符的认定不同于许慎。文章举出 55 个例子论证段氏在这方面的成就，举出 40 个例子论证段氏在这方面的缺失，还有 20 个例子存疑。

段玉裁的古音研究属于清代传统语言学研究中的考古派，他发掘排比材料，经过归纳推理，得出客观的结论。段玉裁稍疏于等韵之学，较少音理的揭示，较少注意语音的系统性。20世纪初，现代语言学理论从西方传入中国，古音学的研究重点转到了历史比较、古音构拟阶段。古音构拟是对音理最直观的揭示。站在现代语言学理论的高度，还有许多问题困惑着我们。

（一）上古韵文阴声韵和入声韵可以相押，文字上一些声符可以兼谐阴入。诚然，阴入相押的比例确实很少，但也需要从音理上加以解释。为什么中古就没有阴入相押的例子？现在对于阴声韵的构拟，有元音韵尾派和辅音韵尾派，两派争论得很激烈，迄无定论。现在还有学者如沈建民（2002）提出了另外的观点，他认为一些字在上古有阴入异读，或者是方言的阴入异读，或者是历时的阴入异读。这不是没有可能的，既然有些字有阴阳异读，有些字有阳入异读，为什么就不可以有阴入异读呢？不过从上古到中古，为什么入声异读消失，还有待解释。

（二）如上文所说，上古三十韵部可以分为三类。第一类阴入可以相押相谐，第二类阴入几乎不相押不相谐，第三类则没有与入声相对的阴声韵。这说明了语音的复杂性和语音发展的不平衡性。第三类的阴声韵什么时候消失、转化了？或者根本就没有相配的阴声韵？为什么没有与宵部相配的阳声韵？冬部在上古实际上是从侵部发展而来的，冬部上古早期在语音系统上并不与幽觉相配，幽冬不相押不相谐，觉冬也不相押不相谐。为什么没有与幽部相配的阳声韵？幽宵两部有一定的相似性。王力在《汉语史稿》中把两部的韵尾都拟为 -u，应该说具有很大的合理性。语音发展不平衡性的音理机制是什么？是否与三类的韵尾有关？

（三）为什么第一类的阴入相押和相谐在比例上也有不平衡性？如幽觉相押的比例是4.7%，而阴入相谐的比例却达到了26%？

（四）为什么歌月元三部在押韵和谐声上有着独特的个性？歌月不相押，而且歌月也不相谐？为什么元月可以大量相谐？与此相类似，为什么闭口韵的阳声韵和入声韵也有不少比例的相谐？

这些问题需要现代学者作进一步研究，以给出合理的音理解释。

参考文献

著作类

陈第：《毛诗古音考》，中华书局 1988 年版。

陈复华、何九盈：《古韵通晓》，中国社会科学出版社 1987 年版。

陈彭年：《宋本广韵·永禄本韵镜》，江苏教育出版社 1988 年版。

戴震：《戴震文集》，中华书局 1980 年版。

丁度：《集韵》，上海古籍出版社 1985 年版。

丁福保：《说文解字诂林》，中华书局 1988 年版。

董莲池：《段玉裁评传》，南京大学出版社 2006 年版。

董同龢：《上古音韵表稿》，台北台联国风出版社 1975 年版。

段玉裁：《六书音均表》，中华书局 1983 年版。

段玉裁：《说文解字》，上海古籍出版社 1988 年版。

段玉裁：《经韵楼集》，《续修四库全书》第 1434—1435 册，上海古籍出版社 2001 年版。

高本汉：《中上古汉语音韵纲要》，齐鲁书社 1987 年版。

高本汉：《汉文典》（修订本），上海辞书出版社 1997 年版。

高明：《中国古文字学通论》，北京大学出版社 1996 年版。

顾炎武：《音学五书》，中华书局 1982 年版。

桂馥：《说文解字义证》，上海古籍出版社 1983 年版。

郭沫若：《郭沫若全集》（考古编），科学出版社 2003 年版。

郭锡良：《汉字古音手册》，北京大学出版社 1986 年版。

郭锡良：《汉语史论集》，商务印书馆 2005 年版。

郭在贻：《训诂丛稿》，上海古籍出版社 1985 年版。

何九盈：《中国现代语言学史》，广东教育出版社 1995 年版。

何九盈：《语言丛稿》，商务印书馆 2006 年版。

何九盈：《中国古代语言学史》，北京大学出版社 2006 年版。

洪诚：《洪诚文集》，江苏古籍出版社 2000 年版。

许慎：《说文解字》，中华书局 1963 年版。

江永：《古韵标准》，中华书局 1982 年版。

江永：《四声切韵表》，上海古籍出版社 1996 年版。

江有诰：《江氏音学十书》，上海古籍出版社 1996 年版。

蒋冀骋：《说文段注改篆评议》，湖南教育出版社 1993 年版。

蒋人杰：《说文解字集注》，上海古籍出版社 1996 年版。

孔广森：《诗声类》，中华书局 1983 年版。

李方桂：《上古音研究》，商务印书馆 1980 年版。

李开：《戴震评传》，南京大学出版社 2002 年版。

李开：《文史研习和理论学语》，江苏教育出版社 2005 年版。

李开：《汉语古音学研究》，上海人民出版社 2008 年版。

李新魁：《汉语音韵学研究》，北京出版社 1986 年版。

李新魁：《李新魁音韵学论集》，汕头大学出版社 1997 年版。

李珍华、周长楫：《汉字古今音表》，中华书局 1999 年版。

刘盼遂：《段玉裁先生年谱》，天津古籍书店 1982 年版。

鲁国尧：《鲁国尧语言学论文集》，江苏教育出版社 2003 年版。

陆德明：《经典释文》，中华书局 1983 年版。

陆志韦：《陆志韦语言学著作集》，中华书局 1985 年版。

潘悟云：《汉语历史音韵学》，上海教育出版社 2000 年版。

钱大昕：《十驾斋养新录》，江苏古籍出版社 2000 年版。

裘锡圭：《裘锡圭自选集》，河南教育出版社 1994 年版。

裘锡圭：《文字学概要》，商务印书馆 1996 年版。

容庚：《金文编》，中华书局 1985 年版。

汤可敬：《说文解字今释》，岳麓书社 1997 年版。

唐兰：《中国文字学》，上海古籍出版社 1979 年版。

唐作藩：《上古音手册》，江苏人民出版社 1982 年版。

唐作藩：《汉语史学习与研究》，商务印书馆 2001 年版。

唐作藩：《音韵学教程》，北京大学出版社 2002 年版。

王国维：《观堂集林》，中华书局 2004 年版。

王筠：《说文句读》，上海古籍书店 1983 年版。

王筠：《说文释例》，中华书局 1987 年版。

王力：《汉语音韵学》，中华书局 1956 年版。

王力：《古代汉语》，中华书局 1962—1964 年版。

王力：《龙虫并雕斋文集》（全二册），中华书局 1980 年版。

王力：《楚辞韵读》，上海古籍出版社 1980 年版。

王力：《诗经韵读》，上海古籍出版社 1980 年版。

王力：《汉语史稿》，中华书局 1980 年版。

王力：《汉语音韵》，中华书局 1980 年版。

王力：《中国语言学史》，山西人民出版社 1981 年版。

王力：《同源字典》，商务印书馆 1982 年版。

王力：《汉语语音史》，中国社会科学出版社 1985 年版。

王力：《清代古音学》，中华书局 1992 年版。

王力：《王力古汉语字典》，中华书局 2000 年版。

王力：《王力语言学论文集》，商务印书馆 2000 年版。

王先谦：《释名疏证补》，上海古籍出版社 1984 年版。

王引之：《经义述闻》，江苏古籍出版社 1985 年版。

向熹：《诗经词典》，四川人民出版社 1986 年版。

徐灏：《说文解字注笺》，上海古籍出版社 1996 年版。

徐锴：《说文解字繫传》，中华书局 1987 年版。

徐中舒：《汉语古文字字形表》，四川人民出版社 1981 年版。

徐中舒：《汉语大字典》（缩印本），湖北辞书出版社、四川辞书出版社 1992 年版。

杨树达：《积微居小学述林全编》，中华书局 1983 年版。

臧克和、王平：《说文解字新订》，中华书局 2002 年版。

郑张尚方：《上古音系》，上海教育出版社 2003 年版。

周法高：《金文诂林》，香港中文大学出版社 1974—1975 年版。

周祖谟：《问学集》，中华书局 1966 年版。

周祖谟：《周祖谟语文论集》，河北教育出版社 1989 年版。

朱骏声:《说文通训定声》,中华书局 1984 年版。

朱熹:《诗集传》,上海古籍出版社 1980 年版。

宗福邦:《故训汇纂》,商务印书馆 2003 年版。

论文类

蔡梦麒:《从〈广韵〉看〈汉语大字典〉的注音缺失》,《华东师范大学学报》2006 年第 2 期。

蔡永贵:《复辅音声母:一个并不可信的假说》,《宁夏大学学报》(人文社会科学版) 2005 年第 2 期。

曹礼品:《段玉裁〈说文解字注〉"合二字成文"简论》,《阜阳师范学院学报》(社会科学版) 2007 年第 2 期。

陈东辉:《阮元与段玉裁恩怨探析》,《浙江大学学报》2005 年第 3 期。

陈芳:《姚文田谐声理论研究》,《闽江学院学报》2006 年第 3 期。

陈淑静:《简论入声韵与入声字韵母的关系》,《河北大学学报》1993 年第 3 期。

陈新雄:《梅祖麟〈有中国特色的汉语历史音韵学〉讲辞质疑》,《南京师范大学学报文学院学报》2003 年第 2 期。

陈新雄:《上古阴声韵尾再检讨》,《语文研究》1998 年第 2 期。

陈燕:《顾炎武对入声的认识及其影响》,《语文研究》1998 年第 2 期。

陈燕:《试论段玉裁的合韵说》,《天津师范大学学报》(社会科学版) 1992 年第 3 期。

储泰松:《唐代音义所见方音考》,《语言研究》2004 年第 2 期。

储泰松:《〈三国志〉裴松之音注浅论》,《江苏大学学报》(社会科学版) 2004 年第 5 期。

党怀兴:《〈六书故〉"因声以求义"论》,《陕西师范大学学报》(哲学社会科学版) 1992 年第 1 期。

方孝岳:《关于先秦韵部的"合韵"问题》,《中山大学学报》1956 年第 2 期。

方孝岳:《论谐声音系的研究和"之"部韵读》,《中山大学学报》

1957 年第 3 期。

冯蒸：《〈说文〉中应有两个"去"字说》，《汉字文化》1991 年第2 期。

冯蒸：《论汉语上古声母研究中的考古派与审音派》，《汉字文化》1998 年第 2 期。

冯蒸：《高本汉、董同龢、王力、李方桂拟测汉语中古和上古元音系统方法管窥：元音类型说——历史语言学札记之一》，《首都师范大学学报》（社会科学版）2004 年第 5 期。

高本汉：《高本汉的谐声说》，赵元任译，载《赵元任语言学论文集》，商务印书馆 2006 年版。

高小方：《〈汉语大字典〉音义指瑕》，《古汉语研究》1996 年第3 期。

耿振生、赵庆国：《王力古音学浅探——纪念王力先生逝世十周年》，《语文研究》1996 年第 2 期。

耿振生：《古音研究中的审音方法》，《语言研究》2002 年第 2 期。

耿振生：《论谐声原则——兼评潘悟云教授的"形态相关"说》，《语言科学》2003 年第 2 期。

耿振生：《汉语音韵史与汉藏语的历史比较》，《湖北大学学报》（哲学社会科学版）2005 年第 1 期。

郭锡良：《历史音韵学中的几个问题——驳梅祖麟在香港语言学年会上的讲话》，《古汉语研究》2002 年第 3 期。

郭锡良：《音韵问题答梅祖麟》，《古汉语研究》2003 年第 3 期。

国光红：《释长言、短言——略论入声尾失落的原因》，《山东师范大学学报》1986 年第 3 期。

何九盈：《乾嘉时代的语言学》，《北京大学学报》（哲学社会科学版）1984 年第 1 期。

侯小英：《从〈原本玉篇残卷〉看段校〈说文〉》，《重庆三峡学院学报》2004 年第 3 期。

侯尤峰：《〈说文解字注〉中的同源字研究》，《湖北大学学报》（哲学社会科学版）1996 年第 1 期。

黄丽丽：《江沅和他的〈说文解字音均表〉》，《江苏大学学报》1991

年第 4 期。

黄易青：《论"谐声"的鉴别及声符的历史音变》，《古汉语研究》2005 年第 3 期。

黄易青：《传统古音研究中的概率统计法与渐变观》，《江西社会科学》2006 年第 6 期。

黄英：《段玉裁〈诗经〉"古合韵"考论》，《四川师范大学学报》2000 年第 6 期。

贾艳琛：《"阴阳对转"研究综述》，《甘肃教育学院学报》2003 年第 1 期。

金颖若：《〈诗经〉韵系的时代分野》，《古汉语研究》1993 年第 4 期。

经本植：《段玉裁〈汲古阁说文订〉与〈说文解字注〉——兼及段氏校改〈说文〉文字的缘由》，《四川大学学报》（哲学社会科学版）1985 年第 3 期。

李大遂：《形声字声符表义问题的探索》，《语文建设》1990 年第 6 期。

李尚行：《试论段玉裁"支脂之"三分说阐述的偏颇》，《江西师范大学学报》1985 年第 1 期。

李尚行：《古音学上的"同声同部"说应怎样看待》，《广州大学学报》1988 年第 1 期。

李恕豪：《论段玉裁的古音研究》，《四川师范大学学报》（社会科学版）1987 年第 6 期。

李文：《〈苔江晋三论韵〉与段玉裁的古音十八部》，《淮阴师范学院学报》1998 第 2 期。

李先华：《论〈说文段注〉因声求义》，《河南大学学报》（社会科学版）1984 年第 5 期。

李毅夫：《上古韵是否有个独立的冬部》，《语文研究》1982 年第 2 期。

李毅夫：《上古韵祭月是一个还是两个韵部》，《音韵学研究》1984 年第 1 辑。

李毅夫：《上古韵宵部的历史演变》，《齐鲁学刊》1985 年第 4 期。

刘成德：《论段玉裁对〈说文〉形声字的改说》，《兰州大学学报》（社会科学版）1991 年第 2 期。

刘冠才：《论祭部》，《古汉语研究》2004 年第 2 期。

刘晓南：《朱熹叶音本意考》，《古汉语研究》2004 年第 3 期。

刘晓南：《论朱熹〈诗集传〉叶音对吴棫〈毛诗补音〉的改订》，《浙江大学学报》2005 年第 3 期。

刘晓南：《重新认识宋人叶音》，《语文研究》2006 年第 4 期。

鲁国尧：《读〈论章系归端〉谐声表书后》，《古汉语研究》2000 年第 2 期。

鲁国尧：《论历史文献考证法和历史比较法的结合》，《古汉语研究》2003 年第 1 期。

马建东：《江永〈古韵标准〉的几个问题》，《天水师专学报》1991 年第 2 期。

马树杉：《〈段玉裁先生年谱〉补正》，《山西师范大学学报》（社会科学版）1984 年第 4 期。

马重奇：《颜师古〈汉书注〉中的"合韵音"浅论》，《福建师范大学学报》（哲学社会科学版）1989 年第 1 期。

马重奇：《试论上古音歌部的辅音韵尾问题》，《古汉语研究》1993 年第 3 期。

麦耘：《〈切韵〉"祭泰夬废"四韵不带辅音韵尾》，《中山大学学报》1992 年第 4 期。

乔秋颖：《江有诰、王念孙关于至部的讨论及对脂微分部的作用》，《徐州师范大学学报》2006 年第 3 期。

沈建民：《试论异读——从〈经典释文〉音切看汉字的异读》，《语言研究》2002 年第 3 期。

施向东：《试论上古音幽宵两部与侵缉谈盍四部的通转》，《天津大学学报》1999 年第 1 期。

孙玉文：《晋以前四声别义补例》，《湖北大学学报》（哲学社会科学版）1991 年第 4 期。

孙玉文：《汉语史变调构词研究》，《古汉语研究》1999 年第 4 期。

孙玉文：《"鸟"、"隹"同源试证》，《语言研究》1995 年第 1 期。

孙玉文：《"假""借""丐"变调构词的三则考辨》，《湖北大学学报》（哲学社会科学版）2000 年第 5 期。

孙玉文：《〈汉语历史音韵学·上古篇〉指误》，《古汉语研究》2002年第 4 期。

唐作藩：《江永的音韵学与历史语言学》，《语文研究》2001 年第1 期。

汪寿明：《段玉裁古音学中的几个问题》，《温州师专学报》1986 年第 3 期。

汪业全：《20 世纪以来叶音研究述评》，《学术论坛》2006 年第 8 期。

王金芳：《戴震古音学成就略评》，《江汉大学学报》（人文社会科学版）2002 年第 2 期。

王金芳：《戴震古音学成就略评》，《江汉大学学报》2002 年第 2 期。

王珏：《见系、照三系互谐与上古汉语方言分区》，《华东师范大学学报》2000 年第 4 期。

王军：《自〈说文解字注〉"双声"条例分析段氏上古音声类观》，《河北师范大学学报》（哲学社会科学版）1999 年第 1 期。

王宁、黄易青：《论清儒研究中考古与审音二者的相互推动》，《古汉语研究》2001 年第 4 期。

吴庆峰：《段玉裁古韵研究方法论》，《山东师范大学学报》（人文社会科学版）1990 年第 1 期。

吴泽顺：《论旁转》，《古汉语研究》1989 年第 3 期。

向熹：《论〈诗经〉语言的性质》，《中国韵文学刊》1998 年第 2 期。

向熹：《〈诗经〉注音杂说》，《古汉语研究》2000 年第 1 期。

薛风生：《中国音韵学的性质和目的》，《古汉语研究》2003 年第2 期。

杨剑桥：《〈说文解字〉的读若》，《辞书研究》1983 年第 3 期。

杨剑桥：《段玉裁古音学的评价问题》，《温州师院学报》1988 年第2 期。

杨剑桥：《同源词研究和同源词典》，《辞书研究》1988 年第 5 期。

杨应芹：《戴震与江永》，《安徽大学学报》1995 年第 4 期。

殷方：《清段玉裁的〈古十七部谐声表〉初探》，《汉字文化》1990

年第 2 期。

尹彰浚：《〈说文解字〉中"先古籀后篆"研究》，《四川大学学报》2001 年第 6 期。

于靖嘉：《戴东原〈转语〉（〈声类表〉）解析》，《山西师范大学学报》（哲学社会科学版）1988 年第 4 期。

张觉：《王力上古入声说质疑》，《宁夏大学学报》2002 年第 3 期。

张民权：《顾炎武古音学成就论衡》，《福建师范大学学报》1998 年第 1 期。

张民权：《顾炎武对古韵分部及其演变的研究》，《福建师范大学学报》1999 年第 4 期。

张民权：《功盖千古启牖后人——论顾炎武对 -k 尾入声的离析及其贡献》，《北京师范大学学报》2000 年第 2 期。

张儒：《日母归泥再证》，《山西大学学报》1989 年第 2 期。

赵坚：《段注校勘〈说文〉释例》，《辞书研究》1985 年第 5 期。

赵青：《〈说文〉段注校改质疑》，《长江大学学报》（社会科学版）2006 年第 2 期。

赵彤：《上古音研究中的"内部比较法"》，《语文研究》2005 年第 2 期。

赵永会：《段玉裁对〈说文〉省声字的研究》，《成都大学学报》1996 年第 3 期。

郑贤章：《论段玉裁在〈说文解字注〉中的假借》，《古汉语研究》1998 年第 2 期。

周长楫：《〈诗经〉通韵合韵说释疑》，《厦门大学学报》1995 年第 3 期。

朱承平：《段玉裁的古声类观》，《中南民族大学学报》1993 年第 3 期。